Erno Mahler

Hockeystunden zählen doppelt!

Herstellung und Verlag:
BoD - Books on Demand, Norderstedt

ISBN 978-3-7347-3064-1

<u>Inhaltsverzeichnis:</u>

Die Vase des Hockey- und Tennisclub Bad Neuenahr 1920 e.V.

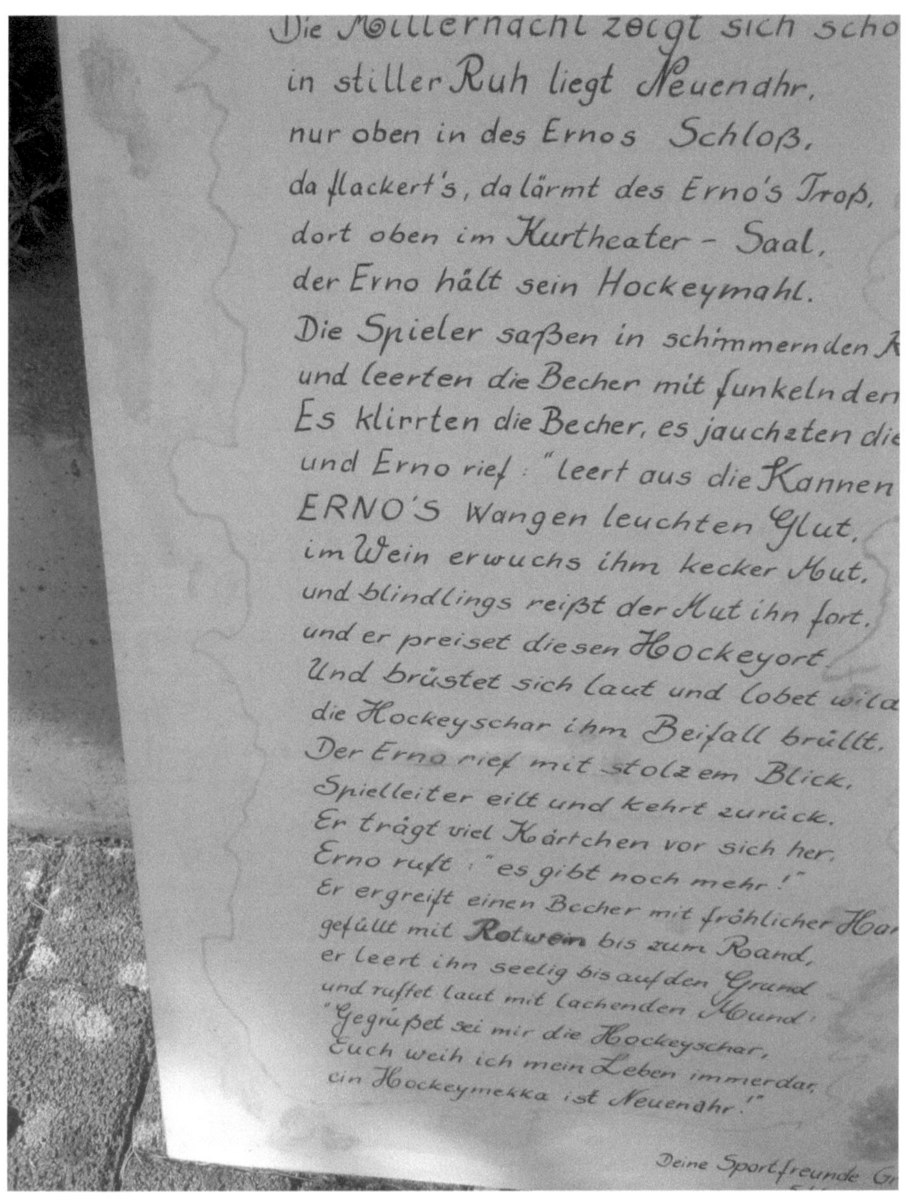

Eine Wandtafel von den Hockeyfreunden aus Großgründlach anl. des Rotweinturniers mitgebracht.

Impressionen vom   8 – Nationen - Herrenturnier

Volle Tribüne,   Einmarsch der Mannschaften mit „Blaue Funken" Köln
Stefan Blöcher erhält Geschenke vom HTC – Vorsitzenden Gunnar Simon.

Hockeyminis wärmen sich vor dem Turnier auf.

3 Hockeystunden zählen doppelt, ...

weil viele Sportleute diesen ihren Sport in sehr fairer, rücksichtsvoller und freudvoller Manier ausüben. Dabei besuchen sie sich gegenseitig, unter Umständen über weite Strecken und auch über Landesgrenzen hinweg.

Jede Sportart hat ihre besonderen Reize zum Tun und irgendwie haben die Menschen dabei ihre eigenen Vorstellungen und Freuden, die sie auskosten wollen. Den Hockeysport gibt es nach dem Buch von Pepo Richert schon seit ca. 4.000 Jahren.

Als der Autor 1947 das erste Mal einen Hockeyschläger in Händen halten durfte musste erst die große Sandwüste eines Sportplatzes von kleineren und größeren Steinen befreit werden. Nach ca. 4 Stunden Fronarbeit mit unzähligem Bücken erhielten die Erwachsenen ein kleines Fässchen Kölsch zum feiern und wir Kinder durften mit gelöschtem Kalk die alten abgespielten Bälle weißen. Der besondere Ball, er wurde nur bei einem Spiel gegen fremde Mannschaften benutzt, war aus Leder gefertigt und sollte direkt aus Indien gekommen sein.

Damalige Hockeyschläger waren ganz gerade gebaut, hatten keinen Vorspann wie man sie heute sieht. In der Mitte des Schaftes erkannte man eine dünne Ledereinlage. Wer einen eigenen Hockeystock hatte, putzte ihn ständig, auch mit Bohnerwachs, und er wurde auch schon mal am Abend zum Schlafen mit ins Bett genommen. Einen Schläger werfen, nein, das machte man nicht.

Die ersten Hockeyfahrten zu den Gegnern in Bonn, Koblenz oder Mayen wurden auf den Ladeflächen der LKWs bestritten, die mit Holzvergasern fuhren. Wir standen oder saßen auf dem Boden des Lastkraftwagens und einer von den Erwachsenen warf immer ein Stück Holz während der Fahrt in den großen Holzvergaser. So blieb das Auto in Bewegung. Bei Regen und Schnee schützten wir uns mit einer Zeltplane.

Vielleicht kann sich ein Leser dieses Buches Anregungen herausfischen, die seinem Verein oder Club zum Segen reichen könnten. Dann wäre diese Ausgabe sicherlich gelungen. Was sich seit der Gründung des HTC Bad Neuenahr e.V. alles so ereignet hat, dies kann man nicht alles behalten und aufschreiben. Viele Begebenheiten sind auch nur verständlich, wenn man dabei war und auch jedes Buch hat seine Grenzen. Ein Vereinswesen verändert sich ständig, nichts bleibt wie es mal war.

Dieses Buch ist gewidmet meiner Familie mit Gisela, Jan und Jennifer, die mit der Verwandtschaft und Clubfreunden am Bau des Clubs maßgeblich beteiligt waren.

An Beispielen in diesem Buch kann man ersehen, welche Freuden, Aufregungen, Schwierigkeiten ein langjähriges Vereinsehrenamt erbringen kann. In einer Nachbetrachtung sieht man, was man alles bewegt hat. Kann sich daran erfreuen, wie man von den warmen hellen Sonnenstrahlen nach einem langen – kalten Winter erwärmt wird und nicht genug bekommen kann von dieser Helligkeit und der Wärme.

Über 60 Jahre begleitet mich Hockey. Ehefrau Gisela, die Kinder Jan und Jennifer spielten nicht nur selbst diesen Sport, sie setzten sich mit unbändiger Tatkraft für die Belange dieser Sportart ein. Den Ehepartnern ist Hockey auch nicht fremd und bei HTC Schwarz – Weiß Neuss, dem Bonner THV und der SG Pallotti Rheinbach schwingen und schwangen die Enkeln die Krummstäbe.

1945, der „Zweite Weltkrieg" war im Mai 1945 zu Ende gegangen, da begannen schnell einige Hockeyenthusiasten, den Hockeysport wieder mit Leben zu erfüllen. Im hiesigen zerstörten Schwimmbad fanden sie ein paar alte Latten, daraus wurden die Tore provisorisch zusammengebaut. Nach dem Training abends wollten die Pioniere sich auch mal zusammensetzen und feiern, doch das Clublokal war im Winter eisig kalt. So wurde vorher im Wald Holz gesammelt für den "Wärme bringenden Ofen". 1949 wurden die erste Kinder- und Jugendmannschaften aufgebaut.

Der damalige Vorstand hatte auch schon früh Zukunftspläne und wir sollten 5,00 Reichsmark an Beitrag bezahlen. Da die Mutter das nicht aufbringen konnte musste diese Schuld schon mit ersten Vereinstätigkeiten wie Frankieren, Abheften, usw. abgegolten werden. So wurde man automatisch an die Vereinstätigkeit herangeführt. So wuchs man voller Freude und Stolz in seinen HTC – Club hinein. Im Winter ruhte die Tennisabteilung, es gab ja noch keine Hallen, doch Hockey wurde auch im Schnee gespielt. Die Bälle wurden einfach bunt angestrichen.

Anfangs der 50er Jahren ging es wirtschaftlich bergauf und es begannen die 50er schwungvollen und heiteren Aufschwungjahre. Der 2. Weltkrieg, alles war so trostlos und grau gewesen, jetzt war alles so bunt, fröhlich. Die neue Musik im alten Dampfradio, die ersten und hellen Kreppsohlen der modischen Schuhe, die Karibikhemden mit ihrem fröhlichen Flair, all dies strömte in die Hockey- und Tennisclubs hinein. Der Apothekersohn Helmut Grünewälder oder der BTHV – Spieler Jan Wassermeyer konkurrierten um das modische beste Aussehen. Diese bunten und fröhliche Zeitgenossen steckten alle anderen Sportfreunde an, die den Krieg gerade hinter sich gelassen hatten. Wir hatten eine fröhliche und heile Hockey- und Tenniswelt, hier fühlten wir uns wohl.

Diese heile Welt hatte es mir angetan. Überall diese fröhlichen Menschen. Gutes Benehmen, keine Streitigkeiten, Partymachen, all das war doch famos. Obwohl meine Erfolge im Tennis damals für mich erfreulicher waren, hatte mich Hockey doch sehr in seinen Bann gezogen. Oft wusste ich nicht, welches meine Schwerpunktsportart eigentlich war. An einem Sonntagmorgen musste ich um 11 Uhr bei uns gegen „White Star" Brüssel Hockey spielen. Eine Stunde vorher um 10 Uhr musste ich mein Tennismedenspiel austragen. Weil ich schnell 0:6, 0:6 verloren hatte, wurde ich vom Tennisobmann 4 Wochen lang zur Strafe gesperrt. Ich hatte zu wenig gekämpft, wollte ich doch um 11 Uhr gegen die Belgier spielen. Da ich zum Spielbeginn um 11 Uhr zu spät angekommen war, hatte mich gleich der Hockeyleiter ebenfalls vom Spielbetrieb für die nächsten 14 Tagen gesperrt. Damals nahm man solche Erziehungsprozesse wortlos hin.

Nach dem 2. Weltkrieg bauten sie ihre Hockeytore selbst aus alten Latten.
Dr. Fuchs, Claessen, Weber, Dr. Weiß, Mauruschatt, N.N.,Cremer, Wershofen,
Peschel, Driescher, Brück

4 Wie kommt man an Spenden für seinen Club?

Jeder Verein, jeder Club benötigt für seine Aktivitäten Geld. An einem Beispiel, Anzeigen für ein erforderliches Programmheft zu bekommen will ich mal zeigen, wie man bei dieser „Bettelei" etwas erfolgreicher sein kann.

1. Gehe morgens zwischen 8.15 Uhr und 10.15 Uhr auf Anzeigenjagd. Vorher sind die Geschäftsleute noch nicht ganz wach. Nach 10 Uhr haben sie möglicherweise schon die ersten Enttäuschungen erlebt, wie zum Beispiel, weniger Kunden im Geschäft als üblich oder sonst einen besonderen Ärger. Zwischen 8.15 Uhr und 10.15 Uhr hatte ich stets den größten Erfolg beim Anzeigenbetteln.
2. Ehrliche Komplimente tun Wunder. Charme und Flirt immer einbauen bei den Bemühungen, um an Geld zu kommen.
3. Strategisch vorgehen, Feingefühl einsetzen. Wenn man selbst merkt, der Ansprechpartner ist im Stress oder er hat im Moment wenig Erfolg in seinem Unternehmen, die Aktion abbrechen und sagen, ich komme in einem Jahr vorbei. Im danach kommenden Jahr hat man den Erfolg, den man sich vorher erhoffte. Man muss langfristig planen und ein sogenanntes richtiges „Netzwerk" aufbauen.
4. Dankbar sein, auch wenn man mal nichts bekommt. Höflichkeit ohne Ende einsetzen. Auch persönlich Angebote machen, seinerseits mal zu helfen oder für das Unternehmen was zu tun. Mal sich einbringen, mit dem Gegenüber ein Tennismatch auszutragen oder sonst wie helfen.
5. Die Eitelkeit des Angesprochenen berücksichtigen. Seinen Namen oder Firmennamen in die Zeitung zu bringen, nein, es muss genau so viel an den Anzeigengeber zurückfließen, wie er gegeben hat. Wer das beachtet merkt schnell, wie das gewünschte Netzwerk sich entwickelt.
6. Den örtlichen Bürgermeister oder Unternehmer als Schirmherr für seine Veranstaltung zu bitten bringt mehr ein als z. B. ein Bundesminister mit seinem Namen. Ein Bürgermeister kann schneller helfen, wie z. B. bei Glatteis im Winter den Platz oder Wege streuen zu lassen oder eine Waldhütte für ein Fest bereit stellen.
7. Auch eine Spendenquittung schickt man nicht mit der Post und das erst nach langer Zeit, nein, eine Spendenquittung bringt man schnell und persönlich mit lieben Worten dorthin.

5 Uli Meyer – ein wirklich guter Helfer und guter Journalist.

Bei der Arbeit.

Wenn ein kleinerer Club wie der unsrige etwas bewegen will, braucht er Hilfe in bestimmten Situationen. Ohne Hilfe zur rechten Zeit wird manche Aktion nicht gelingen und wie ein Blümchen ohne Wasser verenden.

Uli Meyer, damals Chefredakteur der Deutschen Hockey – Zeitung, hat besonders großen Anteil an vielen Höhepunkten in unserem Clubleben. Bei vielen Weltmeisterschaften, Europameisterschaften und olympischen Spielen war Uli Meyer akkreditiert,dies ist rekordverdächtig. Mit seiner Liebenswürdigkeit und Charme hat er viel bewegt.

Ob die EM, internationale Turniere, Rotweinturniere oder Länderspiele bei uns, durch seine fachliche Arbeit auf seinem Gebiet, mit seinem Ideenreichtum, mit den Platzierungen seiner Artikel an günstigen Lesestellen in der DHZ, öffnete er uns bei anderen Clubs, vielen Behörden, Stadtverwaltung, Kreisverwaltung ungewollt manche Tür.

Bei der Damen – EM ist er persönlich mehrere Tage hier vor Ort gewesen und hat sehr ausführlich, auch von den Randereignissen, berichtet. Als Hockeyspieler, Hockeytrainer, Hockeybegeisterter und als fachlich sehr begabter Hockeyjournalist hat er dem Hockey viel gegeben. Wir sind ihm zu Dank verpflichtet.

6 Besondere Aktivitäten.
Für Hockey konnten wir viel bewegen.

20 Nationen spielten beim HTC Bad Neuenahr: Argentinien, Belgien, Chile, China, CSSR, Dänemark, England, Frankreich, Irland, Italien, Luxemburg, Neuseeland, Niederlande, Österreich, Polen, Schottland, Spanien, Ungarn, Wales, Zimbabwe. Fast alle Spiele waren offizielle Länderspiele, manche Länder waren mit Damen- und Herrenmannschaft hier im Einsatz und manche Nationen mehrfach.

2 Europameisterschaften im Hallenhockey: Damen und Herren
2 Deutsche Hochschulmeisterschaften im Hallenhockey Damen & Herren
„German open" (HoTeGo) Hockey-Tennis-Gold, wir waren der Erfinder
Rotweinturniere – mit 64 Teams in 4 Sporthallen, 6 Jahre lang
Internationale Turniere, 40
Nationale Turniere, mit Jugend und Kinder, 150
Bundeswehr – Länderspiel Deutschland gegen Frankreich und Holland
Halleneinweihungsspiel gegen den Europacupsieger Limburger HC
„Ständeturnier" für Kaufleute, Juristen, Mediziner. Freier Dienst, Stud.
Bereitstellung unserer Infrastruktur für Bundesligateams und Racing Paris

Drei Olympiavorbereitungen für jeweils bis zu 21 Tage für die Länder
-   China – Neuseeland – Deutschland für Athen 2004 hier bei uns.

Goldfest für die deutschen Goldherren von Peking, 1 Jahr danach
Goldfest für die deutschen Golddamen von Athen, 1 Jahr danach.

HTC Schwarz – Weiß Neuss, Luisa und Julia

<u>Sonstige Aktivitäten und Besonderheiten:</u>

Jährliche Auslandsfahrt England, Frankreich, Luxemburg, Holland, Belgien
Einladungen an verdiente Hockeyspieler für Autogrammstunde bzw. Trainingseinheit
Einladung an Nationalspieler zu Podiumsgespräche
1953, Hockeytreffen ehemaliger Spieler des Leipziger SC
Sammlungen für ausländische Bedürftige
Fahrt nach Apolda, 1 Woche nach Mauerfall der DDR, Turnierbesuch dort.
235 Pokale während aller Turniere besorgt und ausgegeben
Über 200 Wimpel von anderen Vereinen gesammelt, 160 davon verbrannt, Clubhausfeuer
Alle Mannschaften erhielten von Sponsoren mehrmals Trainingsanzüge
Bei allen hiesigen Länderspielen auf Eintrittsgelder verzichtet, 600 bis 800 Zuschauer
Zuschauerrekord bei unserem Kunstraseneinweihungsspiel 4.800, mit Volker Rühe
Für unsere Jugend waren 15 Fahrten nach München eine wirklich schöne Zeit.

7 Hockey im HTC Bad Neuenahr seit 1920

Von der Gründungszeit bis später..........

1920 wurde der HTC Bad Neuenahr gegründet. 18 vom Hockey begeisterte junge Leute kamen in der Gaststätte „Krupp", von den Einheimischen „op de Kant" genannt, zusammen und riefen den HTC ins Leben Das erste Hockeyspiel fand schon 1921 gegen den Kölner Klub für Rasenspiele statt und wurde überraschenderweise mit 3:1 gewonnen. 1926 wurde der erste Hockeyplatz an der Ecke Landgrafenstraße gebaut.

Ab 1927 nahm der junge Hockeyclub am regelmäßigen Spielbetrieb des westdeutschen Hockeyverbandes teil und Dr. Dr. Erich Rütten war damals auch kurze Zeit nebenbei auch Präsident dieses Verbandes.

Neben der Herrenmannschaft wurde auch schnell eine Damenmannschaft aufgestellt. Nun passierte etwas, was zur damaligen Zeit sehr ungewöhnlich war. Die Damen trainierten regelmäßig entgegen der üblichen Praxis mit den schnelleren und stärkeren Herren. Dadurch wurden die Neuenahrer Damen sehr spielstark und gewannen gegen fast alle Damenmannschaften. In Wien siegten die Spielerinnen von der Ahr gegen den österreichischen Damenmeister und spielten dort gegen die holländische Nationalmannschaft zweimal 0:0. Die HTC – Damen wurden deshalb bei ihrer Rückkehr aus Wien mit einem Fackelzug von der hiesigen Feuerwehrkapelle,

dem Männerchor und vielen Neuenahrer Bürgerinnen und Bürgern am Bahnhof prunkvoll abgeholt.
In den Jahren kurz und während des Zweiten Weltkrieges ruhte das Hockeyspiel in Bad Neuenahr. Viele junge Spieler verloren in dem furchtbaren Krieg ihr Leben.

Der Wiederaufbau des HTC begann ab 1946.

Halbzeitpause – Besprechung

Fahnen auf unserer Tennisanlage

HTC Minis um 2012

Junger Schiedsrichter Moritz

8 Eine Geschichte aus „100 Jahre DHB"
Der DHB berichtete selbst.............

18. Dez 18. Dezember 1987. **Hallen-Europameisterschaft an der Ahr**
Nachdem der HTC Bad Neuenahr und hier stets an vorderster Front E. M. schon viele Veranstaltungen gestemmt hatte, beispielsweise das „Acht – Nationen – Hallenturnier der Herren um den Apollinaris – Cup im Dezember 1984, beginnt heute das sportlich bedeutendste Hockey – Event im Ahrtal: die 5. Hallen-Europameisterschaft der Damen. Titelverteidiger Deutschland und sieben weitere Nationen sind in der

Sporthalle Bachem am Start. Die favorisierte Mannschaft von Bundestrainer Wolfgang Strödter kommt in den drei Gruppenspielen am Freitag und Samstag gegen Frankreich(8:1), Irland 9:2 und Schottland 6:0 zu klaren Ergebnissen, ohne spielerisch sonderlich zu überzeugen. Und auch bei den Strafecken klemmt es.

England zieht ein, morgens um 8 Uhr in der Frühe.

Richtig harte Arbeit ist dann Halbfinale gegen England, wo es bis in die zweite Halbzeit hinein 3:3 steht. Ehe sich die Deutschen mit 6:3 doch noch durchsetzen und damit das Wunschfinale gegen die Niederlande (5:3 Halbfinalsieger gegen Irland) perfekt machen. Dazu später mehr........

20. Dezember 1987: Deutsche pfeift Deutsche im EM – Finale

Das Finale der 5. Hallen – EM der Damen in Bad Neuenahr zwischen Gastgeber Deutschland und den Niederlanden unterscheidet sich nicht nur von der Klasse und der Bedeutung des Spiels deutlich vom Rest der vorausgegangenen Gruppen- und Überkreuzspielen. Der holländische Trainerfuchs Gjis van Heumen sieht die einzige Chance, die Hallenhockey-Weltmacht Deutschland zu besiegen, in einer List. Bis unmittelbar vor dem Anpfiff lässt van Heumen ganz normal seine Stammtorhüterin Alette Pos warmspielen. Als die beiden Teams dann nach der Begrüßung Aufstellung nehmen und es vor 650 erwartungsfrohen Zuschauern los geht, hat die Torhüterin plötzlich zugunsten einer sechsten Feldspielerin auf der Bank Platz genommen. Fast die kompletten 40 Spielminuten ziehen die Oranjes diese Überzahltaktik durch. Der Gegner ist, wie beabsichtigt, überrumpelt und muss sich auf die neue Situation erst einstellen. Der Mannschaft von Bundestrainer Wolfgang Strödter gelingt es – aber nur mit viel Mühe und nur ganz knapp. Dank der individuellen Klasse von Spielerinnen wie Gaby Appel oder Caren Jungjohann glückt der DHB – Auswahl ein 10:8 Sieg über die frechen Holländerinnen, die bis 6 Minuten vor Schluss beim Stand von 8:8 alles offen gehalten hatten. „Unser Sieg war die richtige Antwort auf die Arroganz der Holländerinnen", sagt später Gaby Appel, die bei der Siegerehrung auch zur besten EM – Spielerin gewählt wird.

Ein besonderes Spiel ist das EM – Finale nicht nur wegen der holländischen Überraschungstaktik. Auch die Ansetzung der Schiedsrichterinnen ist beachtlich. Eine Deutsche pfeift Deutschland. Und trotzdem ist es eine „neutrale" Ansetzung, wie es in den Regularien bei solchen internationalen Turnieren vorschreiben. Das Endspiel wird geleitet von Christiane Asselman aus Belgien und Ilona Popp aus Köthen. Die internationale Unparteiische des Deutschen Hockey-Sportverbandes der DDR wurde vom europäischen Verband als neutrale Schiedsrichterin für die EM nominiert – eine „Überraschung", wie sie sich noch Jahre später daran erinnert. Auch an die Schwierigkeiten im Vorfeld. Denn obwohl die Sportlehrerin damals schon zwei internationale Pfeif – Einsätze im kapitalistischen Westen absolviert hatte (Helsinki, Amsterdam), war den Sport- und Politfunktionären des Ostens diese Einladung zunächst nicht geheuer. Popp („Ich war keine Parteigenossin") sollte nicht in die BRD reisen dürfen. Die Sache kam bis zu den höchsten Staatsinstanzen. Margot Honecker höchstpersönlich, die „First Lady" der DDR, genehmigte schließlich die rein entfernungstechnisch kurze, aber sportpolitisch durchaus große Reise der Hockeyschiedsrichterin.

Das Motto „Dabei sein ist alles" trifft für die 43-Jährige nicht zu. Nach drei Vorrundeneinsätzen („einmal zusammen mit meiner westdeutschen Kollegin Bärbel Aichinger"), die alle ganz gut für Ilona Popp verlaufen, wird die Ostdeutsche zusammen mit der erfahrenen Belgierin Asselmann für das Endspiel nominiert. „Ich war viel zu naiv, um mir da vorher irgendwelche Gedanken um eine Endspielteilnahme oder ähnliches zu machen. Es ist halt einfach gut gelaufen", weiß sie damals gar nicht so recht, wie ihr geschah. „Wahrscheinlich war ich deshalb gar nicht besonders aufgeregt".
„Durch den ständigen Einsatz einer Feldspielerin mit Torwartrechten war es auch für uns Schiedsrichter ein sehr anstrengendes Spiel", sagt Ilona Popp, die die Überzahltaktik so extrem angewandt nie zuvor gesehen hat. Letztlich sind auch die beiden Unparteiischen gut damit zurecht gekommen. „Die Beurteilung war okay".
Das Hallen – EM - Finale 1987 wird Ilona Popp rückblickend als „Höhepunkt meiner Karriere" bezeichnen. Zwischen 1982 und 1991 leitete die Köthenerin 42 Feld- und 21 Hallen – Länderspiele.

Das deutsche Hallen – EM – Siegerteam 1987: Susi Wollschläger, Pia Büchel, Dagmar Bremer, Caren Jungjohann, Silke Wehrmeister, Beate Deininger, Gaby Schley, Gaby Appel, Martina Hallmen, Eva Hegener, Bettina Blumenberg, Irina Kuhnt.

9 Briefe des Deutschen Hockey - Bundes an den HTC.

Die DHB – Präsidenten Paul Rheinberg, Dr. Adolf Kulzinger, Jürg Schaefer, Dr. Wolfgang Rommel, Dr. Michael Krause, Dr. Christoph Wüterich und Stephan Abel sowie die Generalsekretäre Reinhold Borgmann oder Uschi Schmitz, sie alle haben während ihrer Amtszeit den einen oder anderen liebenswerten Brief an den HTC Bad Neuenahr geschrieben und sich für unsere Bemühungen bedankt. Die Schreiben ruhen in den Ordnern.

10 Liegt Deutschland neben Griechenland?
**26 Chinesinnen trainierten einen Monat lang an der Ahr für
die olympischen Spielen zu Athen 2004.**

2004 vor den olympischen Spielen von Athen hatte China noch ein 4 wöchentliches
Trainingslager geplant. Sie erhielten jedoch dort keinen entsprechenden
Kunstrasenplatz nebst der nötigen Infrastruktur wie Hotel etc.
Die klugen Chinesen vom dortigen Hockeyverband schauten auf der Landkarte nach.
In den Nachbarstaaten wie Albanien, Slowakei, Rumänien oder Österreich wurden
die Chinesen nicht fündig und riefen einfach in Deutschland beim DHB an. Der fragte
hier bei uns an und weil wir noch keine hockeyspielenden Chinesinnen hier hatten,
sagte der Autor dem Deutschen Hockey – Bund spontan und sehr erfreut direkt zu.

Kleine, flinke Chinesinnen mit ihren schweren Koffern vor dem Hotel Elisabeth bei der Ankunft.

Mit dem sehr freundlichen und uns stets unterstützenden Hotelierehepaar Regeling
vom „Top Hotel Elisabeth" wurde die fernöstliche Hockeygesellschaft zu uns nach
Bad Neuenahr eingeladen. 26 hübsche Hockeyspielerinnen, alle in ihren chinaroten
Trainingsanzügen mit einem großen Trainer- und Betreuerstab staunten nicht
schlecht, als schon bei ihrer Ankunft der Fahnenmast vor dem Hotel ihre China –
Flagge zeigte und vom vierten Stock ein riesiges Begrüßungsschild mit dem Namen
„China – auf dem Weg nach Olympia" hing. Das umsichtige Hotelierehepaar Regeling
hatten zuerst chinesische Essenstäbchen geordert und alles vorbereitet, damit die
Olympiateilnehmer eine wirklich gute Zeit in ihrem Hotel haben sollten.

Im Kreise der älteren, auch teils gebrechlichen Kurgästen, waren die jungen
Sportlerinnen eine unglaubliche Attraktion für die Stammgäste. Wir hatten auf unsere
Kosten einen Schulbus gechartert und die Hockeymädels aus „dem Reich der Mitte"
am Köln/Bonner Flughafen abgeholt und die jungen Asiatinnen mit Gesang begrüßt.
Vier Wochen lang bereicherten die Olympiateilnehmerinnen unseren Kurort an der
Ahr. Schon um 6 Uhr in der Frühe sahen wir die Sportlerinnen an den Bäumen ihre
Spagatübungen machen, bevor es zum Frühstück ging. Sie fühlten sich in ihren
schneeweißen Einzel- oder auch bei einigen in Doppelzimmer äußerst wohl, fanden
unseren Kurort und ihr Hotel so „clean" „but the people in the city so very old".

Überraschenderweise hat die chinesische Crew oft statt der Athletenkost die wohlschmeckende Schonkost der älteren Kurgäste gewählt. So etwas an leckeren Speisen kannten sie noch nicht. Drei verschiedene Vorspeisen, viermal konnte der Hauptgang gewählt werden und gar fünfmal die Nachspeise. Als   gar die „Dopingkontrolleure"   des IOKs im Hotel auftauchten, verstanden die Hotelangestellten diese Prozedur überhaupt nicht.

Von mir als das sogenannte „Mädchen für alles", das sich vier Wochen lang zusätzlich um die Chinamädchen kümmerte, wollten sie wissen, wie sie mich ansprechen dürften. Es muss mit mir in diesem Moment der rheinische Schalk durchgegangen sein und ich sagte einfach: „Ming – sching – sinn - futsch". (Was auf Hochdeutsch heißt: „Meine Geldscheine sind weg"). So riefen sie mich die ganze Zeit und gar später bei einem Besuch in Mönchengladbach immer noch.

Immer wieder Plakate werben für Hockey in unserer Stadt

11 Zum Training der Chinesinnen:

Anders als bei den Holländerinnen, Mädels aus Argentinien, Frankreich oder Deutschland, pünktlich auf die Minute begannen die China – Spielerinnen ihr Training und beendeten es auch auf die Minute. Wenn um 8 Uhr morgens das Training auf dem Hockeyplatz angesetzt war, die Truppe war schon eine halbe Stunde früher da. Bestimmte Sachen wie Kühlmittel oder Ausrüstungsgegenstände musste ich auch schon so früh zum Platz bringen, was für mich ein Opfer war. Als um 8.20 Uhr schon sehr strapaziöse Trainingsinhalte durchgeführt worden waren dachte ich, das halten die Mädels bis 12 Uhr nicht durch. Und wenn eine Spielerin einen Fehler machte mussten die anderen „Strafstehen" im Kreis, 15 Minuten lang. Mehrmals musste ich Schlucken und dachte darüber nach, wie kannst du die Mädels etwas schonen. Da habe ich bei den „Ahr – Thermen" mit dem warmen Sprudelwasser angerufen und Termine dort festgemacht. Im Pool sollten sie sich erholen. Doch Pustekuchen, auch hier fiel den Trainern manche brutale Übung ein. So war es auch im schneeweißen Fitness – Studio in der Reha – Klinik KurKöln, überall wurde ganz hart trainiert.

Der 5:0 Sieg im letzten Trainings – Länderkampf vor Athen 2004 gegen Deutschland gewannen die Chinesinnen vor 1.000 Zuschauern mit 5:0 gegen die deutsche „Wundertütenmannschaft".

Britta Becker – Kerner hatte ihr letztes Länderspiel, wir hatten eine Sambatruppe mit Trommeln zur lautstarken Untermalung gebucht gehabt, die Botschaft der Chinesen aber auch. Es war eine ganz tolle Stimmung am Platz, doch nach dem Spiel große Verzweiflung bei Deutschland. Wie konnte das geschehen? Der Bundestrainer Markus Weise (der „dreifache GOLDschmid" der Deutschen), war nicht über mein Lächeln begeistert. Warum lachst du jetzt? Ich antwortete fröhlich: „Eine verpasste Generalprobe deutet auf eine Medaille hin". So kam es dann auch: Deutschland gewann mit Markus GOLD.

12 Wer war als Schirmherr wichtiger, der Bundesminister oder der Bürgermeister?

Bei unseren größeren Turnieren wie Europameisterschaft, Deutsche Meisterschaft oder die legendären „Heiteren Seniorentreffs" – auch „Rotweinturniere" genannt - musste entschieden werden, wer sollte Schirmherrschaft über die Veranstaltung übernehmen? Macht ein bekannter Bundesminister oder Ministerpräsidenten mehr Eindruck auf die Veranstaltung und steigert die Kreditwürdigkeit / Anzeigenplus?

In der Regel hatte ich mich oft auf den örtlichen Bürgermeister festgelegt, Die Entscheidung zum „Ersten Bürger" unserer Stadt hatte dann später den Vorteil, bei Glatteis wurden schneller die Straßen, Plätze, Wege und Zufahrten gestreut, die Feuerwehr kam ganz schnell wenn es galt, den

Platz abzuspritzen, der Flaggenschmuck in der Stadt und um die Sportplätze ward besser und intensiver. Und in den städtischen Waldhütten waren bei den Hockeyfesten oft der ganze Stadtrat mit den Aktiven zugegen und der Bürgermeister bezahlte später alles aus seinem Etat.. Bei der Siegerehrung war dann auch der Bürgermeister vor Ort und die Veranstaltung klang würdig aus.
Fazit: Warum in die Ferne schweifen, wenn das Gute liegt so nah?)

13 Hallenhockeyspiel im Speisesaal der Bayer AG:

Normalerweise wurde dort vom Vorstand der Bayer Leverkusen AG und den Mitarbeitern das Mittags- und Abendessen eingenommen. Da der höchste Chef der Bayer AG ein Hockeyfreund war, durfte in den Nachkriegsjahren dort in der „Kantine" Hallenhockey gespielt werden. (Eine Hockeyhalle gab es da noch nicht). Tische und Stühle wurden im riesigen Parkettraum des damaligen Hauptgebäudes einfach zur Seite geräumt, ebenso das dort stets stehende Klavier. Zwei Tore wurden aufgestellt und dann wurden die Schläger mit uns gekreuzt. Um 11.30 Uhr musste das Spiel in dieser so heiligen Stätte beendet sein, denn dann mussten Tische und Stühle wieder an Ort und Stelle stehen. Um 12 Uhr wurde wieder getafelt.
Heute klingt diese Geschichte so unglaubwürdig, doch es ist dort so geschehen. Selbst heutige Mitarbeiter des Werkes können sich diesen Sachverhalt kaum noch vorstellen. Genauso wie die tausend rote Werksfahrräder, die unverschlossen an jeder Ecke auf dem riesigen Firmengelände standen und mit denen die Werksangehörigen von einer Fabrikationsstätte zur anderen fahren konnten und dort das Rad einfach unverschlossen abstellten. Für die anderen Kollegen, die später ebenfalls eine schnelle Fortbewegungsmöglichkeit suchten.
Der Wiederaufbau des Werkes nach dem schlimmen 2. Weltkrieg und auch der Fortbestand war ungewiss. Alle Werke waren bei Kriegsende besetzt und unter alliierter Militärverwaltung gestellt. Der Wiederaufbau des Werkes in Leverkusen war unorganisiert und verlief in großen Teilen ohne Versicherung, Lohn oder Ausbildung, sodass sich beispielsweise Chemiker als Glaser oder Sekretäre als Schreiner betätigen mussten. Da eine große Nachfrage nach Produkten bestand, musste der Wiederaufbau rasch durchgeführt werden. (Aus Internet: Geschichte der Bayer AG. Heute ist die Bayer AG eine Holding – Gesellschaft des Bayern – Konzerns, der aus 380 Gesellschaften mit 112.800 Mitarbeiter besteht. (Stand Ende 2013.

Inhaberaktien 764.344.530 Stück. Und der heutige RTHC ist ein Super – Sportclub mit mehreren Kunstrasen- und Rasenplätzen und gar zwei Hockeyhallen.

Dr. Stefan Heinen vom RTHC und andere Spieler erinnern sich noch genau an diese Zeit.

RTHC in blauen Trikots - HTC Bad Neuenahr in weißen Hemden   -
Rot – Weiß Köln in roten Hemdchen im Jahre 2014.

14 Zur Gründung von HoTeGo
(Hockey – Tennis – Golf) <u>German Open.</u>

Historie: Aus dem Heft des ASV München:
Die Geburtsstunde: Nach anspruchsvollen Herren- und Damenturnieren mit meterhohen Pokalen, nach Rotwein – Turnieren mit „Fleißkärtchen" und Bühnenauftritten, nach Jugend – Festivals, Damen – Hallen - Europameisterschaft, oder Deutschen Hochschulmeisterschaften musste etwas Neues rein in die Hockey – Diaspora Bad Neuenahr. Einer, der für all die vorangegangenen sportlichen Highlights verantwortlich war, hatte auch schon die nächste Idee parat, ein Turnier zu veranstalten, bei dem an zwei Tagen drei Sportarten absolviert werden sollen, und zwar sollte Hockey gespielt werden, der Golf – Ball in ein "Kaffeetassenkleines" oder – großes bugsiert und die gelbe Filzkugel über ein knapp ein Meter hoch gespanntes Netz geschlagen werden.
Der Mann mit dem genialen Einfall war also wieder ´mal Erno Mahler, ein Mann, dem keine Aufgabe zu schwer, kein Fall zu leicht. Hockey- und Tennisspieler seit Kindesbeinen, Fußballliebhaber und Fußball – Trainer, der plötzlich gar sein Interesse für Golf entdeckte. Sicherlich, weil mit zunehmenden Alter auch das Laufen für die Sportler ach so schwer wurde.

Das 1. Plakat

Am 14. und 15. September 1991 trafen sich dann acht Teams zum ersten „German Open Golf – Hockey – Tennis – Festivals" beim Hockey- und Tennisclub Bad Neuenahr und dem gastgebenden Golfclub, dem Golf- und Landclub GLC Bad Neuenahr – Ahrweiler. Es war eine glanzvolle Premiere, eine herzliche, sportliche Atmosphäre, eine Veranstaltung, bei der die Begegnung mit- und untereinander groß und der sportliche Ehrgeiz klein geschrieben wurden. Es gab auch einen Sieger, der kam überraschenderweise aus Düsseldorf, eine vornehmlich vom DSD gestellte vielseitige Truppe mit DHC – Unterstützung und sportlicher Hilfe vom THV Mettmann. 213 Punkte ergolfte, ertenniste bzw. erhockeyte such das dreifach talentierte Team aus der nordrhein-westfälischen Landeshauptstadt, wobei man eigentlichen Favoriten aus Köln, die „Bully – Bären" mit 204 Punkten knapp auf den zweiten Platz verweisen konnte. Der Bonner THV (181), ETUF Essen (180), Klipper Hamburg (159), der Großflottbeker THGC (150), der Crefelder HTC (144) und der ausländische Gast aus BeFair Hilversum (49,5) landeten hinter Düsseldorf und Köln auf den nächsten Plätzen.

Der einheiligen Meinung, ein glanzvolles Festival miterlebt zu haben, waren alle, auch damit, sich im nächsten Jahr zur 2. GERMAN OPEN irgendwann und irgendwo in Deutschland wiederzutreffen. (Aus dem Programmheft von 1955 Düsseldorf).

Das Düsseldorfer Triple Talent Team gewann auch das erste Turnier.

Und dann wurden die Sieger der jährlichen GERMANOPEN in der Regel Gastgeber im drauffolgenden Jahr. Im Jahre 2014 war es Köln und 2015 wird es Stuttgart sein.

Begrüßungsteller für jedes Team.

<u>**HoTeGo Song:**</u>

1. Strophe:

Einmal im Jahr da feiern wir
wir laden alle ein
nur die Besten sollen spielen
zur GERMAN OPEN Time.

Zur Gründung ´93 in Bad Neuenahr
Erno legt den Traum hin
der für uns die Basis war.

Refrain:
Und der Traum, der heißt HoTeGo
diesen Traum, den wir geträumt
mit einem Ball dreimal am Start sein
keinen big - point je versäumt

Unser Spiel, das heisst HoTeGo
und der Ball fliegt mit Effet
egal als top – spin, slice, zum eagle
bringen wir ihn auf den Weg.

2, Strophe:

Wir lieben Chapman – Vierer
den Put, den tun wir rein
im Doppel „Serve and volley"
die Kurze Ecke, die muss sein.

Wir lieben alle Bälle, ganz einfach rund und schön
sie treiben uns nach vorne in die Hall of Fame
that´s the spirit of the game.

Produktion: Bully Bären 2006
Gesang: Gerd Rochel, Köln
Text: Bernd Krükel, Köln
Design: Nick Bohlen

<u>**Dazu gibt es noch das „Bully Bären Lied".**</u>

15 Tränen ohne Ende nach dem Verlust des Zeitgefühls.

Die Vorbereitungen zum 8 – Nationenturnier der 8 europäischen Mannschaften zum „Apollinaris – Cup" verlangten ja vollen körperlichen Einsatz rund um die berühmte Uhr. Da die gesamte Organisation quasi in der Familie stattfand und das tagtägliche und auch nächtliche Gedankengut rund um die Uhr immer präsent war, war es nicht verwunderlich, dass man in einer anderen Welt angekommen war. Ob im Beruf, im Straßenverkehr, in der Kirche, beim Konzert, immer war man gedanklich bei dieser bevorstehenden Hallen – EM. Ob beim Spazieren gehen mit der Ehefrau und den Kindern oder bei Treffen mit anderen Menschen, immer sprudelte etwas von den Vorbereitungen zu dieser Veranstaltung aus einem heraus. Gar oft war es peinlich, andere Menschen immer mit so einem Thema zu nerven.

Ich saß mal wieder im Wohnzimmer und telefonierte mit „England", mit dem englischen Hockeyverband, und machte mir Notizen. Plötzlich riefen die Kinder Jan und Jennifer:

„Vati, kaufst du uns auch Raketen?"   „Ja," antwortete ich ihnen in Gedanken versunken. „Morgen gehen wir die Raketen kaufen".   „Aber hör´doch mal!" sagten die Kinder. „Morgen ist es zu spät".

Zu meinem Entsetzen bemerkte ich, durch die Hockeyvorbereitung zum Turnier hatte ich den Silvesterabend total vergessen, hatte total das Zeitgefühl für die Tage vergessen. Meine Tränen rannten mir übers Gesicht und ich schämte mich sehr. Hatte ich die Turniervorbereitungen so übertrieben, dass ich unsere eigenen Kinder vergessen hatte und ihnen keine Raketen gekauft hatte. Da die Fachgeschäfte noch geöffnet hatten bekamen wir noch Böller und Raketen und die Kinder waren wieder glücklich.

Fazit: „Man kann im Leben auch alles übertreiben!"

Unsere jungen Clubhelfer als Schildträger und Fahnenträger(innen).
Sporthalle ist mal wieder geschmückt.

16 Was so weh tat: 6 holländische Hockeyclubbands hatten ihre Instrumente dabei.

Weinausgabe für die erhaltenen Fleißkärtchen

Bei einem der „Heiteren Rotwein – Seniorentreffs" mit 64 Mannschaften waren auch sieben (!) holländische Hockeyclubs angereist. 6 von ihnen hatten neben den kompletten Damen- und Herrenmannschaften auch clubeigene Musikkapellen mitgebracht. Wer holländische Musikbands kennt weiß genau, gute – fröhliche und heitere Musik ist garantiert und auch das Auge bekommt viele heitere Gesichter zu sehen.

Im großen überfüllten 1.000 Personenzelt im Neuenahrer Kurpark hatten die Bands ihre Musikinstrumente unter die Tische und Bänke versteckt und warteten auf ihre Auftritte. Da aber alle der 64 teilgenommenen Clubs/ Vereine Aufführungen zuhause eingeübt hatten und eine wüste Hockeynacht auch nur bis zum nächsten Morgen gehen kann, konnten die Musikgruppen größtenteils nicht auftreten. Als in der Nacht gegen 1 Uhr unerwartet die Polizei anrückte, Gäste im nahe gelegenen Steigenberger Kurhotel hatten sich über die Lautstärke beschwert, kamen die restlichen Musikgruppen nicht mehr zu ihren Auftritten. Das Fest wurde mit anderen Aufführungen bis in den frühen Morgen jedoch fortgesetzt. Die Holländer hatten sich jedoch am nächsten Turniermorgen mit Siegen und „veel Rode – Wijn" getröstet.

Fazit: „Man kann es nicht allen Menschen recht machen."

Mannschaften, 64 an der Zahl, stehen auf diesem Plakat des „Rotweinturniers"

17 Wie die Fernsehleute von WDR und RTL reagierten:

Bei der Hallen – Europameisterschaft waren wir zu großen Fernsehehren gekommen. Der WDR (mit 40 Mitarbeitern) und RTL (mit drei Leuten, Kameramann – Reporter und Kabelhilfe), nahmen gerade ein Halbfinalspiel auf, als draußen vor der Halle ein Gewitter mit einem Wolkenbruch hernieder ging.

Während dieser Live – Übertragung liefen Kameramann nebst Kabelhilfe und Reporter während des Spiels über das Spielfeld, störten die Spieler bis der Schiedsrichter das Spiel unterbrach. Das Match war den Fernsehleuten in diesem Moment „schnuppe", die Sensation war den Fernsehleuten der gewaltige strömende Wassereinbruch. Der floss mit großem Schwall an der Seitenwand der Sporthalle hernieder. Dem hiesigen Bürgermeister Rudolf Weltken (Schirmherr des Turniers), er saß auf der Tribüne, er war ja auch der wichtigste Vertreter seiner Stadt, war es besonders peinlich. In der abendlichen Fernsehberichterstattung wurde besonders viel über den Wassereinbruch berichtet. So wissen wir nun, wie Fernsehleute schnell reagieren können. Später haben wir erfahren, auch in Österreich, England, Spanien und gar in Australien war über dieses Wettermalheur berichtet worden.

Zu unserer Freude hatte der WDR mit „Sport im Westen" zur besten abendlicher Sendezeit ein komplettes Hallenhockeyspiel übertragen. Die Firma Apollinaris hatte

sich darüber auch sehr gefreut, hatte sie doch die komplette Halle alleine mit ihren Werbetafeln versehen.
Erkenntnis: Es sind die kleinen Dinge, die unsere Welt beherrschen.

18 Wie kam Bad Neuenahr an den Kunstrasenplatz?
Über 25 Jahren Kampf dafür waren vorher angesagt gewesen.

Die Presse ist ja bekanntlich die fünfte Gewalt im Lande. Weil der örtliche Stadtrat mit den Wünschen und Sorgen der Hockeyspieler nichts anfangen wollte, haben wir mit der Zeit uns der Presse bedient. Jede Woche erzählten wir in den Zeitungen von unseren Nöten und auch der Sportamtsleiter Karl – Josef Steinkämper unterstützte uns sehr. Tatsächlich wollten unsere Gegner aus dem Raum Bonn, Köln, Düsseldorf auf unserem Aschenplatz mit tausenden Steinchen nicht antreten. Hockeyeltern aus Köln – Marienburg oder z. B. Bad Honnef verboten ihren Kindern, auf unserem Hockeyplatz aufgrund der Gefährlichkeit zu spielen. Alle unsere Bitten um Abhilfe, einen besseren Platz zu kommen, fruchteten nicht.
Selbst unsere damalige 2. Vorsitzende, Frau J., im HTC und im Stadtrat vertreten, blockierten unser Anliegen. Auch der Vorsitzende des Hockeyverbandes Rheinland, Herr Sch., meinte nur, Bad Neuenahr brauche keinen Rasenplatz.

Doch die Wende kaum unerwartet:
Wir hatten die „German open" gegründet. Die Hockey-, Tennis- und Golfspieler weilten bei uns und spielten ihre erste Deutsche Meisterschaft. Auf der herrlichen Golfanlage Köhlerhof, den 14 tiefliegenden Tennisplätzen im Lennépark waren alle bestens aufgehoben, doch auf dem Hockeyspielfeld, das war sehr gewöhnungsbedürftig für die 8 Mannschaften aus den deutschen Großvereinen.

Als es nach zwei herrlichen Tagen zur ersten Siegerehrung kam, da schlug die glückliche Stunde für unseren Club. Der Mannschaftsführer der Düsseldorfer Siegermannschaft, Ingolf Rayermann, sprach für alle sehr glücklichen Teilnehmer an diesem Gründungsturnier die Dankesworte mit einer witzigen, lausbubenhaften und klugen Rede. „Wo ist der Schirmherr und Bürgermeister?" Unser Bürgermeister Rudolf Weltken meldete sich forsch und musste anhören, wie der Sprecher der Aktiven ausführte: „Lieber – verehrter Herr Bürgermeister! Wir sind seit drei Tagen in ihrer wunderbaren Stadt. Die Schönheit und insbesondere die Sauberkeit hier in Bad Neuenahr – Ahrweiler ist unvorstellbar. Wir haben in der ganzen Stadt keinen Schmutz, keinen Dreck oder Papierschnippel gesehen. Der Golfplatz, die schöne Tennisanlage mit dem Blumenmeer gefällt uns außerordentlich. Aber am tollsten fanden wir die Sauberkeit auf dem Hockeyplatz. So etwas haben wir noch nie gesehen. Stellen sie sich vor Herr Bürgermeister! Keinen einzigen Grashalm haben wir gesehen und gefunden, keinen einzigen!"

Da unser Bürgermeister Rudolf Weltken nicht von gestern war und auch nicht auf den Mund gefallen war fragte er lautstark: „Warum sagen sie das? Was soll das?"

Da riefen spontan "alle 130 Spieler" laut im Chor: „Bad Neuenahr braucht einen Rasenplatz!"

Am drauffolgenden Tag war zufälligerweise Stadtratssitzung. Was in den über 20 Jahren nicht durchgekommen war, das geschah. Der neue Kunstrasenplatz wurde einstimmig beschlossen. (Dabei war das alles nicht bestellt gewesen.) „Danke lieber Ingolf Rayermann und liebe HoTeGo – Freunde.

Fazit: Manchmal hilft der Himmel.

Sportamtsleiter Karl-Josef Steinkämper

nimmt Platz

19 Eine große Peinlichkeit bereiteten mir die „Weibliche Jugend" .

Zum holländischen Edelclub „Klein – Switzerland" eingeladen zu werden bedarf schon einiger Klimmzüge. Doch wir hatten zuvor dreimal die holländischen Damen- und Herrenteams bei uns zu Gast und in vielen Jahren liebe Hockeykontakte mit „Were di" Tilburg, den Klubs in Eindhoven, Veldhoven, Hilversum, Amsterdam, Leiden und s´ Hertogenbosch etc. gegründet. Am Abend vor dem Abfahrtsmorgen bekam ich die Nachricht, die Mannschaft der „Weiblichen Jugend" wollte / musste zu einer Schulparty. Mich traf der berühmte Schlag. Nur das Torfräulein Swantje war bereit, mitzufahren. Heimlich hatte ich gehofft, die Absage der Mädchen wäre ein dummer Spaß gewesen. Bei der Abfahrt am Morgen mit dem großen Reisebus war nur Swantje gekommen. Anrufe bei den anderen Mädels nicht mehr möglich.

Hier in Klein Zwitzerland, die C – Knaben.

So kamen wir mit keiner kompletten Reisetruppe in Den Haag an und kauften, um die holländischen Gastgeber milde zu stimmen, erst einmal dort 4 Buttercremetorten ein und nahmen die mit in ihren Club. Bei unserer Ankunft standen die holländischen Gastgeber für uns Spalier und suchten die deutschen Meisjes. Aber sie kamen und kamen nicht aus unserem Reisebus, sie waren ja daheim geblieben.. Dabei hatten die Hollandsmädels den ganzen Tag für die deutschen Fräuleins gekocht und gebacken. Sie hatten alles so lieb vorbereitet. Mir blutete das Herz. Das erste Mal war ich so enttäuscht von unseren Mädchen, die mich so blamiert hatten. Auch die holländischen Gastgeber waren extrem niedergeschlagen.
Fazit: Viele Menschen denken nur an sich.

20 Klavier vom 2. Stock auf die Straße geworfen.

Die Stimmung beim HTC – Karnevalsturnier mit belgischen und holländischen Mannschaften beim abendlichen Karnevalsfest hätte nicht besser sein können. Bis morgens um 4 Uhr wurde gelacht, geflirtet, getanzt, getrunken, gebützt usw. Danach mussten wohl alle schlafen gehen, denn am nächsten Morgen standen die Überkreuzspiele und danach die Endspiele an.

Aber irgendwie hatte der Alkohol einer Mannschaft aus Kölle so zugesetzt, dass sie ein altes, doch wertvolles Klavier in ihrem wirren Kopf vom zweiten Stock des Hotels Astoria auf die Hauptstraße warfen. Ob es sehr verstimmt war oder nicht, das konnte nach dem Totalschaden keiner mehr feststellen. Total verstimmt war aber Hotelier Remagen und unser damaliger umsichtiger und fleißiger Hockeyabteilungsleiter Toni Hansen. Sicherlich möchten Sie als Leser dieser Geschichte wissen, wie es weiter ging mit dieser Freveltat. Die Kölner Mannschaft, die dieses traurige Geschehen ausführte, kam nach ein paar Tagen für den gesamten Schaden auf und blieb nichts schuldig. Auch haben sie sich ausführlich über ihr schlechtes Benehmen entschuldigt.
Fazit: So ist dieser Übermut noch zu Buchehren gekommen, nach so vielen Jahren.

21 Ganzer Eisenbahnzug in London
entwendet. Unglaubliche Fahrt zum
Spiel nach Bishop´s Stortford.

Frohgelaunt und übermütig sind wir am Neuenahrer Bahnhof in den Zug nach Bishop´s Stortford gestiegen. Albernheiten und Spaß ohne Ende waren angesagt, ebenso, was junge Menschen manchmal so treiben. Wir hatten die verschiedenen Schaffner in den Zügen bis Aachen mehrmals auf die Schippe genommen. Diese machten bei unseren Späßen mit.

Ganz anders war es aber mit dem Zugbegleiter im Zug zwischen Aachen und Ostende. Weil mein Reisepass abgelaufen war schickte er mich durch ganz Belgien zurück an die Aachener Grenze. Die Mannschaftskameraden fuhren weiter in Richtung England. Ich dagegen hatte 6 Stunden Rückstand. In Aachen erhielt ich einen Ersatzausweis für die Fahrt durch Belgien bis zur Kanalfähre von Calais nach Doover. Doch dieser Ersatzausweis galt nur für die Fahrt durch Belgien und nicht für die Einreise nach England.

Aber wie komme ich jetzt auf die britische Insel? Mit großer Naivität und starkem Gottvertrauen hoffte ich, doch noch meine Mannschaft einzuholen und am nächsten Tag um 10 Uhr beim Hockeymatch dabei sein zu können. 2 Stunden lang schlich ich um das Fährhäuschen, in dem ein Inder mit Kopftuch saß. Darin sah ich meine Chance. „Inder" lieben Hockey und so dribbelte ich auf dem freien Platz hinter seinem Büdchen mit meinem Hockeystock. Er kam heraus und wir redeten angeregt über Hockey. Später ging ich an ihm vorbei, grüßte noch einmal freundlich und meinen Pass brauchte ich nicht vorzuzeigen. Unglaublich: Ich reiste nach England und das ohne richtigen Pass.

Mit der Hoovercraft ging es schnell nach drüben.

Als das Boot um 0.30 Uhr in Dover anlegte und die Kontrolle in dieser Nacht auch nicht so gründlich war, war ich endlich im Mutterland des Sportes angekommen. Meine Mannschaft vermutete ich richtigerweise derweil schon in Bishop´s Stortford, während ich nach einem Nachtzug nach London suchte. Den gab es aber nicht. So kam ich richtig in Sorge, ob ich demnächst am heißgeliebten Spiel teilnehmen könnte.

Was tun? Autostop versuchen! Auf einem Parkplatz fragte ich ein älteres deutsches Ehepaar, ob sie mich mitnehmen würden nach London. Dies taten sie. Der ältere Fahrer war mit seinem PKW noch nie in England und kannte nicht die dortige Fahrweise. Mir standen die Haare zu Berge als er mich aufforderte, ihn immer und immer wieder darauf aufmerksam zu machen, dass er die linke Straßenseite nehmen müsse. Ängstlich und total erschöpft erreichten wir gegen 2 Uhr in der Nacht die „Victoria – Stadion" in London.

Ein Zug in das 60 km entfernte Bishop´s Stortford ging erst um 9 Uhr. Das Hockeyspiel war dort auf 10 Uhr angesetzt. Ich war verzweifelt und lief ca. zehn

Bahnsteige dort ab, um irgendeine Fahrgelegenheit doch noch in meinen Zielort zu finden.

Plötzlich sprach mich ein „Rottenarbeiter" an, der unten im Gleisbett mit einer Schaufel arbeitete. Wo ich hin wollte und ob ich Geld hätte. Ich dachte direkt, gleich wirst du ausgeraubt und es wird böse enden. Ich sagte zu ihm, ich hätte nur 30 Pfund bei mir. Er meinte, wenn ich ihm 25 Pfund geben würde, käme ich nach Bishop´s Stortford. Zwischen Ängstlichkeit und Hoffnung sagte ich diesem Deal zu. Dann meinte er. Ich solle auf den hintersten Bahnsteig gehen und warten. Ich tat ängstlich, was er von mir erwartete. Nach ca. 20 Minuten rollte rückwärts ein langer, unbeleuchteter Zug in diesen Bahnsteig ein. Mein Rottenarbeiter stand vorne auf der Lok des Zuges, bekam sein Geld und ich solle einsteigen. Wieso und warum ich das überhaupt getan habe, es war ja nicht ungefährlich, ist mir heute noch schleierhaft. Der Geisterzug fuhr erst langsam an, dann immer schneller und schneller. Plötzlich ging sogar das Licht in den Waggons an. Der Zug raste mit mir durch die dunkle Nacht. Am Fenster stehend sah ich, dass die Schranke, die die Gleise von der Straße trennte, nicht herabgelassen war. Der Zug hatte bestimmt 80 km/h drauf. Meine Gedanken waren immer die gleichen. Jetzt hat der Rottenarbeiter den Zug geklaut bzw. entführt und fährt mit mir durch England. Alle Schranken die wir passierten, waren nicht herabgelassen. Ich bekam vor Schreck fast einen Schlaganfall, als der Zug auf freier Strecke plötzlich bremste und schließlich stehen blieb. Das Licht in den Abteils ging aus und ich hatte mein letztes Stündchen kommen sehen. Die Schritte draußen auf dem Gleisbett waren wie Sargnägel für mich. Dann brüllte der Gleisarbeiter, jetzt mein Lokführer, ob alles in Ordnung sei und stampfte zurück zu seinem Führerstand der Lokomotive; die Fahrt ging weiter. Wieder eine runde halbe Stunde später hielt mein Geisterzug ganz plötzlich in einem gähnend leeren Bahnhof. Auf den Bahnsteigschilder las ich erleichtert, doch immer noch zitternd , Bishop´s Stortford. Hier wollte ich doch hin. Und ich lebte noch. Die Lebensgeister kamen dann schnell zurück. Ob das wirklich ein Engel war, der mich an meinen Zielort gebracht hatte. Die Angst war verschwunden und Dankbarkeit wegen der Hilfsbereitschaft dieses englischen Rottenarbeiters durchströmte mich nun. Der Zug fuhr nun ohne mich weiter, wohin, das weiß nur die Nacht.

Nun merkte ich, der Bahnhof war verlassen, kein Mensch, kein Licht hier. Die Türen alle fest verschlossen. Wie komme ich über die fast 3 m hohe Mauer, die den Bahnhof vom Ort trennt? Aber das war ja nicht so schwierig, war ja noch jung. Nach der Erleichterung des „Zugklaus" ist man engelleicht und man kann über alle Hindernisse fliegen. Mittlerweile war es fast 5.30 Uhr und ich wusste, den Spielbeginn werde ich schaffen.
Aber wo waren meine Mannschaftskameraden, wo war das Clubhaus des Gastgebers? Alle Häuser dunkel, nur vereinzelt brannten oben in den Dachzimmern der Häuser schon Lichter, sicherlich für die Frühaufsteher. In jugendlicher – unbeschwerter Stimmung rief ich – schrie ich immer nur „Hallo – Hallo". Plötzlich gingen die Lichter eines Hauses aus und niemand antwortete mir. „Hallo – Halloooooo Hockeyfriends", doch niemand antwortete. Unerwartet hielt plötzlich ein englischer Polizeiwagen neben mir, der Bobby verlangte Ausweis und wollte wissen, warum ich so schreien würde. Wie ich plötzlich im Wageninnere des Polizeiautos mich befand, ist mir auch unbekannt. Als ich dann auf einem Stuhl auf der Wache eingeschlafen war und gegen 8 Uhr der englische Mannschaftsführer unseres

Gastgebers mich abholte und zum Hockeyplatz fuhr, war die aufregende Nacht vorbei. Bei Spielbeginn, ich war also rechtzeitig zum Spiel, kam von der anderen Seite unser Freund Leo Wickert angelaufen, er war auf einem sogenannten falschen Flugplatz gelandet. Er war dann auch noch rechtzeitig zum Spiel da.
Fazit: Manchmal verlangt das Leben von einem Umwege.

22 Polnische Hockeyspieler klauten
Wandfön im Duschraum.

Hinter der Sporthalle Bachem auf der 100 m Laufbahn standen die Fernseh – Übertragungswagen vom WDR, vom RTL und Sat 1 hintereinander. Das ist heute kaum noch vorstellbar, weil alle Veranstaltungen wie unsere damalige Europameisterschaft der Damen 1987 mittlerweile immer nur an einen einzelnen Sender vergeben werden. Damals war es aber so, mehrere Sender berichteten von einer Veranstaltung. Fritz Klein, selbst erfolgreicher Hockeytorwart, hatte als ARD – Koordinator, die halbe Welt eingeladen, von unserer EM zu berichten. Was uns damals unbekannt war, viele Filmaufnahmen wurden auch in verschiedene andere Länder verkauft.
Plötzlich die große Aufregung. Kurzschluss. Dunkelheit in der Sporthalle. Zuschauer und Spieler im totalen Dunkel. Der Hallenwart Eller hatte eine Ahnung. Er raste in den ersten Umkleideraum mit seiner Taschenlampe. Da war alles klar! Polnische Nationalspieler standen mit Werkzeugen in den Händen, auch bleich im Gesicht, auf den Umkleidebänken und hatten versucht, den Wandföhn abzumontieren. Wir waren alle ganz geschockt. Aber das Leben ging ja weiter.

23 Löcher in die wertvollen Tische des
Dorint - Hotels gebohrt.

Einige deutsche Studenten fielen aus der Rolle.

Die Vorbereitungsarbeit verlangte von uns ein ganzes Jahr großen Einsatzes. Die Deutsche Hockeyschulmeisterschaft im Hallenhockey mit über 60 Mannschaften von über 30 deutschen Universitäten und Hochschulen sollten schon perfekt sein. Obwohl Bad Neuenahr keine Hochschulstadt ist, d. h. keine Uni bzw. Hochschule beherbergt, haben wir es gemacht, weil die Deutsche Sporthochschule Köln für mich Ausbildungsstätte war. Wir bekamen den Zuschlag vom DHV für die DHM im Hallenhockey. In vier Sporthallen waren über 600 Studentinnen und Studenten von über 30 Universitäten / Hochschulen gekommen und erlebten ein rauschendes

Turnier mit einem tollen Hochschulfest mit vielen Auftritten der Teilnehmer, mit „Live – Band", in einem ehrwürdigen 4 Sterne – Hotel. Früher waren bei anderen Hochschulturnieren in den Studienorten Heidelberg, München, Tübingen, etc. zum Hochschulfest die Teilnehmer in verschieden Lokalitäten aufgeteilt und so feierten die damals separat in den verschiedensten Lokalen. Wir dagegen haben alle in einem Festsaal eingeladen und mit allen gemeinsam gesungen, gespielt, gegessen, getrunken und gefeiert. Live – Band „Siegfried Service" – Lieder von Patrizius etc. , waren Garanten für ein tolles Studentenfest. Die herrlichen Auftritte der verschiedenen Universitäten bleiben unvergesslich. Über 600 Studierende sangen lautstark gemeinsam (!) ihre und unsere Hockeylieder.

Gegen 4 Uhr in der Frühe wurden die schwarzgekleideten Kellner „stinksauer", bestellten die bekanntlich nicht reichen Studenten keine Getränke mehr. Als der Oberkellner gegen ½ 5 Uhr mich aufforderte, das Fest abzubrechen, war auch ich stinksauer und maßlos enttäuscht über das schlechte Benehmen verschiedener deutscher Studenten aus einer Ruhrgebiet – Universität. Sie hatten das von uns erhaltene – jeweils persönliche Geschenk – einen edlen Rebkorkenzieher, benutzt, in die runden, 12 Personen fassende großen Tische, mit dem Rebkorkenzieher Löcher in die Tischplatte zu bohren. Mindestens 10 Tische wurden durch den Frevel stark beschädigt.

Ärgerlich war auch, das diese sog. deutschen Studenten Blumenkästen in den edlen Marmorbereich des Hoteleinganges von oben nach unten warfen und Marmorplatten zerstörten. Später wurden im Jugendgästehaus noch ein Klavier aufgebrochen, „Erbrochenes" an die Zimmerdecke geworfen und ein großes 2 x 3 m großes Ölbild entwendet. Meine Enttäuschung und mein Ärger waren gewaltig. Viele Tage lang wurden mit der Hoteldirektion und dem Jugendgästehaus verhandelt und unerfreuliche Gespräche geführt. Das hatten wir wahrlich nicht verdient.

Nach all diesen unschönen Dingen kamen wir vom HTC überein, von ca. 600 Teilnehmern waren 590 absolut in Ordnung, nur die restlichen 10 Studenten sollte man schnell vergessen.

Alle deutsche Universitäten stehen auf dem Plakat .

24 Rocco Granata, der Weltstar, sang
    20 Minuten „Zugabe".

Rocco Granata erhält Geschenke für seinen Auftritt.
Tanzkapelle Peanuts im Hintergrund vor dem Hockeytor.

1.200 erwartungsfrohe Hockeyspielerinnen und Hockeyspieler klatschten beim Hockeyfest im Bad Neuenahrer Steigenberger Kurtheatersaal endlos und riefen begeistert Rocco – Rocco, als er seinen Welthit „Marina – Marina" oder sein „Bambino mio" sang. Alle waren so glücklich, als er 20 Minuten lang seine „Zugabe" gab. Es wird wahrscheinlich die größte und längste Hockeynacht in Deutschland gewesen sein, denn wo feiern 1.200 Hockeyfreunde ein Fest bis morgens um 6 Uhr, obwohl 3 Stunden später das Hallenturnier fortgesetzt wurde. Kein einziger Spieler oder Spielerin hatte das Fest früher verlassen. Alle wollten sehen, was die einzelnen Vereine so alles als Bühnen – Attraktion einstudiert hatten. Ob sich da wohl einer blamieren würde? Nein, es waren alle ganze tolle Vorführungen.

64 Mannschaften waren wiederum zum „Heiteren Seniorenspektakel" an die Ahr gekommen. 32 Teams durften einen 5minütigen Bühnenauftritt absolvieren. Es waren so herrliche Auftritte gewesen, die die einzelnen Mannschaften zu Hause einstudiert hatten und gar Kulissen gebaut und mitgebracht hatten. Der „Engel Aloisius vom Münchner Hauptbahnhof", (ASV – Jahn – Rot–Weiß München) begeisterte wie der „Männer Striptease" der Villinger–Schwetzinger oder die

olympische Tanzeinlage des RV Offenbach. Die Kölner Rot–Weißen hatten einfach eine Karnevals – Sängerin mitgebracht. So ging es Schlag auf Schlag die ganze Nacht durch. 5 Musikbands spielten oben auf der Empore, im Gartensaal oder im englischen Café.

Etwas Besonderes war auch: 5 Clubs aus Hamburg hatten sich gemeinsam große Reisebusse besorgt, wie 4 Frankfurter Vereine auch, sowie vier Vereine aus München waren auch mit zwei großen Reisebussen gemeinsam gekommen. Wir gaben ihnen bei der Heimreise auch noch ganz viel leckeren Ahrrotwein mit.

Hits von Rocco Granata: Marina-Marina, Buona Notte Bambino, Buona Sera Signorina, That´s Amore, Ti Amo, Ich Liebe Dich, u.a.m.

25 Echter englischer Sportgeist der Offiziere der „Rheinarmee".

Unser umsichtiger früherer Hockeyleiter, Toni Hansen, hatte ein Spiel gegen die Mannschaft der britischen Rheinarmee in Mönchengladbach – Rheindahlem organisiert. Wir waren alle jung, um die 20 Jahre alt und topfit. Unsere Gegner, alle ältere Offiziere waren mindestens doppelt so alt wie wir, hatten keine Chance gegen uns und zur Halbzeit stand es schon 7:0 für uns Jüngere. Und das nicht in der Halle, auf dem Feld. Doch wir bekamen eine Lehrstunde anständiger englischer Sporteinstellung. Die Offiziere kämpften bis zur letzten Sekunde, niemand gab enttäuscht von ihnen auf. Aufgeben tun Engländer im Sport nie. Es war nur noch eine Minute zu spielen, ein Ball lief und lief ca. 50 m ins Aus. Doch gleich drei Offiziere rasten hinter dem Ball her, legten ihn auf die Seitenlinie und spielten los. Sie wollten noch eine Verbesserung des Resultates. Das hatte mich damals sehr beeindruckt. Fair spielen und kämpfen bis zum Spielende. Hatte mir das vorgenommen, auch so meinen Sport zu sehen. England – das Mutterland des Sports.

26 Um 20.10 Uhr standen die Hockeygäste schon auf den Tischen.

Um 20 Uhr startete die wüste Hockeyparty im vollgerammelten 1.500 Mann – Zelt. Kein Platz war unbesetzt geblieben. Zehn Minuten vor 20.10 Uhr war die rheinische Stimmung schon so hoch angeheizt, die Gäste standen mehr auf den Tischen als auf den Stühlen. Die Weinseligkeit hatte beim „Rotweinturnier" schon in den vier Sporthallen während der Turnierphase begonnen. Die erschienenen Hockeyvereine hatten schon zuhause schöne Bühnenauftritte einstudiert und freuten sich selbst auf ihre Vorführungen, die Zuschauer dankten es ihnen mit viel Freude und Beifall.

Da in diesem Jahr ausnahmsweise der große Kurhaus – Barocksaal nicht zur Verfügung stand, wurde das große Festzelt einfach in den ehrwürdigen Kurgarten gestellt, nicht irgendwo hin. Die hohen barocken Parklaternen standen so plötzlich in einem Zelt und gaben diesem eine seriöse und anheimelnde Atmosphäre. An dem Ärger der entstanden war, als damals die Zeltaufbauer Äste von den alt und ehrwürdigen Kurgartenbäumen abgesägt hatten, hatte vorher niemand gedacht.

Der aufgetretene Künstler PATRIZIUS wollte seine Musik – CD´s durch die jungen Hockeyspieler Jan und Stefan verkaufen lassen. Beide Jungen hatten ein Schild gemalt und gingen durch das Festzelt. Doch sie verkauften nichts, fanden keine Abnehmer. Ihre anstrengenden Verkaufsbemühungen bei den angeheiterten Partygästen tun mir heute noch leid; hat ihnen aber sicherlich nicht geschadet. Freund Manfred Röhle und Vater vom CD – Verkäufer Stefan wollte das Festzelt an einem Seitenausgang verlassen.

Das übergroße Zelt passte nur in den vorderen Teil des Kurparks, in dem der Rand eines mit Wasserrosen versehenen Kurparkteiches als Zeltstütze benutzt werden musste. Als Manfred nun in der Dunkelheit aus dem Notausgang hervor trat, war da gerade keine Wiese, sondern der mit Wasserrosen bedeckte Teich. Und da war es auch schon geschehen. Plumps – da lag er drin, unter den Rosen. Und die fröhliche Tanzmusik drang schonungslos nach draußen. Total nass und gekühlt fuhr er dann die beiden jungen Hockeyspieler nach Hause, zog sich dort schnell um und war schnell wieder im Festzelt. Ab und zu kam eine Polizeistreife vorbei und bat um mehr Ruhe für die Gäste im naheliegenden Steigenberger Kurhotel, doch die aufgedrehte Hockeyschar war kaum zu bremsen. Der damalige Kurdirektor und Schirmherr dieser Veranstaltung kam auch noch angesäuselt im „Colombo – Look" auf die Bühne und verbreitete Lob auf die Hockeygäste und sorgte selbst für weitere fröhliche Stimmung zusätzlich.

Geschenkübergabe beim „Rotweinturnier" in lebender Form

27 Drei Zähne beim Oktoberfest - Turnier
bei „Wacker München" verloren.

Ein Spieler unserer HTC – Hockeymannschaft hatte eine Zehntel Sekunde zu spät
seinen Hockeyschläger bei einem Zweikampf mit einem Wacker-München-Spieler im
richtigen Winkel gestellt, da war es geschehen. Der schrägstehende Hockeystock
leitete ihm die Hockeykugel mitten ins Gesicht. Ein dumpfer Knall, drei Zähne flogen
über den Rasen. Komischerweise tropfte kein Blutstropfen dazu. Der Verletzte
sammelte blitzschnell seine Beißerchen ein.
Ein Münchener Verteidiger rief salopp: „Sann des die Echten?" Kopfnicken. Dann
eiligst ins Auto gestiegen, in eine Münchener Zahnklinik am Oktoberfest –
Sonntagnachmittag gerast. Dort versuchte man, die Zähne wieder in den Oberkiefer
zu bringen. Der Erfolg war mäßig. Der Spott beim abendlichen Oktoberfest war
jedoch groß. Mit einem Strohalm sollte er sein Bier trinken.

28 Kölsche Polizisten mit
Karnevalsmusik gnädig gestimmt.

Am Morgen stand die Fahrt mit den A – Knaben zum THC Rot – Weiß Bergisch
Gladbach auf dem Plan an, am Nachmittag musste ich die A – Mädchen nach Aachen
mit dem HTC – Kleinbus fahren und betreuen. Wenn das Knabenturnier um 12.30
Uhr endet, dachte ich, könnte ich im 70 km entfernten Bad Neuenahr an der Kölner
Straße meine Mädchenmannschaft abholen. So hatte ich es geplant. Eine
Verzögerung wäre schlimm, denn dann wären die Mädchen am Abfahrtort
„unbeaufsichtigt". Das durfte nicht sein.
Das Knabenturnier verlief ziemlich programmgemäß. Ich hatte immer wieder bei der
Turnierleitung gedrängt. Nun ab in den Bus verlangte ich von den Jungen. Dann
Geschrei: „Jetzt wollen wir noch zu Mc Donald´s!" Eine Fahrt vom Stadion um die
Stadt Bergisch – Gladbach zum „Mac" hätte bestimmt eine halbe Stunde gedauert.
Das etwas andere Restaurant war aber schon zu sehen, links liegend, aber
verbotenerweise in einer „Einbahnstraße", wenn es auch nur 40 m waren, das durfte
nicht sein. Das ist wohl verboten, doch dies muss ich schaffen, meinte ich und tat es
tatsächlich auch.
Heute weiß ich, dies durfte ich niemals machen. Was musste mich da geritten
haben?

Nun war ich verbotenerweise gegen die Fahrtrichtung in die Einbahstraße gefahren als hundert Meter weiter eine Ampel von Rot, über Rot/Geld, auf Grün gesprungen war. In Doppelreihe – wie ein Ungeheuer aussehend – kamen die Autos auf uns zu.

Nochmals kurz Gas geben und 40 m vor den herankommenden Autos schnell in die „Mc Donald´s Einfahrt" hinein gehuscht. Geschafft!
Doch das 2. Auto in der uns entgegenkommenden Doppelautoreihe war ein Polizei – Streifenwagen. Es kam nun das was kommen musste. „Kinder, nun holt euch schnell eure Pommes frites und Hamburger und dann schnell zurück in unseren Bus!" Die Jungen stürmten aus dem Kleinbus. Ich sah den Polizei – Streifenwagen in meinem Rückspiegel ganz langsam von hinten auf mich zukommen. Zwei Beamte stiegen aus und näherten sich von hinten unserem Fahrzeug. Einer von links hinten, der andere von rechts hinten. Die kölsche Musik im Kassettenfach war nicht zu überhören. Es war ja Sommer und die Autofenster nach unten gekurbelt. Der ältere Fahrer bat seinen jüngeren Kollegen, die anderen Autos schon mal zu kontrollieren. Dann stand der kölsche Schutzmann vor meinem VW – Fenster. Die laute kölsche Karnevalsmusik hatte ich höflicherweise leiser gedreht. Der Beamte kannte selbstverständlich diese Musik und fragte mich dann, ob ich wisse, was ich getan hätte? „Ja, Herr Wachtmeister, ja! Ich habe einen großen Fehler gemacht, bin gegen die Einbahnrichtung gefahren, habe das Schild auch gesehen, aber wir waren so eilig. Ich weiß nicht, wie mir das passieren konnte, es ist unverzeihlich. Bitte, bestrafen Sie mich!" Der Polizeibeamte sah mich groß an, hatte mich aussprechen lassen und lauschte der „Bläck Fööss" Musik.
Dann sagte er im sehr ruhigem Ton: „Versprechen Sie mir, das nie mehr zu tun!" „Nie mehr!" Es wäre mir peinlich gewesen, sofort da „Ja" zu sagen. Dafür war mein Vergehen auch zu schlimm. Ich sagte dem Beamten, ich müsse das erst einmal durchdenken, ob ich das wirklich nie wieder machen würde und bräuchte etwas Bedenkzeit. Nach seiner erneuten Befragung sagte ich ihm, in Bergisch – Gladbach würde ich das bestimmt nie mehr machen. Das reichte ihm nicht. Er gab mir nochmals drei Minuten Zeit. Dann hatte ich auch meinen ehrlichen Vorsatz gefasst ausgesprochen und dann ließ er mich laufen. Ganz ohne Knöllchen. Verstehen konnte ich das nicht – aber erfreut hatte es mich schon. Nach langem Grübeln war ich zu dem Entschluss gelangt, die kölsche Musik an einem sonnigen Sonntag hatte den netten Polizeibeamten so milde gestimmt.

Hockeyminis mit Gisela Mahler (Jugendleiterin)
in Tilbourg/Holland

29 Hockeyjunge Kurt W. plötzlich
verschwunden an der französischen Küste.

Mit fünf erwartungsfrohen Mannschaften fuhren wir nach Boulogne sur mer an der französischen Kanalküste zum Hockeywettstreit. (Dort ist der Fußballspieler Frank Ribery aufgewachsen.) Jedes Jahr waren wir mit den Kinder- und Jugendmannschaften damals zu einem ausländischen Hockeyclub gefahren. Das war halt Brauch. Nach zigmal Holland, fast 20 mal München, Belgien und Luxemburg waren wir erstmals an der französischen Kanalküste. Beim Hockeytraining hatten wir auch versucht, den Kindern einige französische Wörter wie „merci, bon jour" etc. beizubringen. Wir wollten auch gute Botschafter im Ausland sein.

Jedes Jahr eines oder zwei Punktespiele „abzuschenken" oder diese vom Verband verlegen zu lassen um die Auslandsfahrt durchzuführen, war bei uns Tradition. In der Rückbetrachtung war das aus Verbandssicht wohl nicht richtig, aus unserer Sicht wohl doch. Heute bei Gesprächen wird immer noch und immer wieder von den Auslandsfahrten zuerst und am liebsten gesprochen. Die Fahrten gingen ja auch immer über die Nacht und die Sprachbarrieren tun das ihrige dazu. Eine Auslandsfahrt übersteigert an Erinnerungsvermögen bei den Teilnehmern im Vereinsleben viele Begegnungen mit den sonst üblichen Gegnern in der Liga.
In Boulogne sur mer war es wunderbar. Der Hockeyplatz direkt am Meer. Mit einem Schlag hätte man einen Fisch im Wasser treffen können. So nah war das Spielfeld dort am Meer gelegen.. Das anheimelnde langgestreckte „club – maison - Gebäude" lag in einer Sanddüne. Leistungsmäßig waren beide Vereine etwa gleichmäßig stark oder schwach oder mittig.   Wir waren liebevoll begrüßt worden und hatten tolle Geschenke für unsere Gastgeber mitgebracht. Einen drei Meter hohen Hockeystock, Wein und Gläser, und eine Bank für vor ihr Clubhaus.
Nach den Spielen wurde gefeiert und die Gastgeber fuhren mit uns zum Hafen, zeigten uns die großen Fischhallen und vieles andere mehr. Nur plötzlich, nach dem Abzählen unserer fast 70köpfigen Equipe, fehlte ein Spieler. Schnell merkten wir, es war unser lieber Kurt, interessant, weil gerade ihm immer wieder etwas passierte. Wir suchten überall, schrien und riefen immer wieder Kurt, wo bist du? Vielleicht ist er ins tiefe Hafenbecken gefallen und ertrunken. Wir suchten verzweifelt eine erschreckend ganze Stunde lang. Dann plötzlich ein Klopfen und Bumsen an einem alten Mercedes – Kofferraum. Es wurde geschrien und irgend jemand kam mit einem Autoschlüssel, öffnete den Kofferraum und drin lag unser lieber Kurt. Wir waren so erleichtert. Kurt hatte mal wieder in einem unbewachten Augenblick sich verstecken wollen und war in den Kofferraum geklettert, er hatte einfach den Deckel zugezogen. Aber das war unser lieber Kurt.

30 Dagmar Gebhardt und Rita Hoff
verloren ihr Leben.

Die Mannschaft der „Weiblichen Jugend" des HTC Bad Neuenahr und die Herren nahmen gemeinsam an einem der ersten legendären Balla – Balla – Turnieren bei Rot – Weiß Köln teil. Alle hatten sich wunderbar kostümiert, geschminkt, die Mädchen alle in einem einheitlichen rot – schwarzem Teufelchenkostüm, mit Hörnern auf dem Kopf und einem Teufelsschwanz erkennbar. Da das Turnier über zwei Tage ging, wurde in Köln – Müngersdorf übernachtet. Bis morgens um 5 Uhr dauerte das wüste „Balla – Balla" im dortigen Rot – Weiß Köln Klubhaus.

Am Karnevalssonntag, spät am Nachmittag, ging es zurück nach Bad Neuenahr im clubeigenen Bus. Generell wurden Kinder und Jugendliche nach einem Auswärtsspiel von den Trainern immer an der eigenen Haustür abgesetzt. Es sollte niemanden etwas passieren. Dieses Mal drängelten die Mädels mich jedoch, nach dem schönen Turnier bei RWK, in der italienischen Eisdiele neben dem Hauptpostamt in Bad Neuenahr, noch einen Kakao zu trinken zu wollen. Heute mache ich mal eine Ausnahme dachte ich und ließ schweren Herzens diesen Wunsch mal zu. Es war gegen 16 Uhr gewesen und ich fuhr nach Hause.

Nachts um 1 Uhr wurde ich jäh aus dem Schlaf gerissen und torkelte zum Telefon. Unser HTC – Vorsitzender Rudolf Peschel schrie in den Hörer: „Was hast du gemacht – was hast du gemacht? Dagmar und Rita sind tot und Körnchen liegt im Koma." Meine Gedanken tobten durcheinander und schlaftrunken verstand ich eigentlich nichts. So langsam sortierten sich meine Gedanken und ich versuchte, unserem Vorsitzenden, was ich wusste, den Sachverhalt zu erklären:

Die Mädchen waren in der Eisdiele angekommen, hatten ihren Kakao bestellt. Ein 20jähriger Koch war auch dort und sie kamen ins Gespräch. Er hatte dann unsere Spielerinnen zu einer Spritztour in seinen Ford – Mustang eingeladen. Dagmar, Rita und Körnchen waren dann in seinen Wagen eingestiegen und sie waren in Richtung Nürburgring unterwegs. Auf der langen Gerade der Döttinger Höhe, neben der Rennstrecke der Nordschleife, müssen sie mit hoher Geschwindigkeit unterwegs gewesen sein. Aus der dort befindlichen Tankstellenausfahrt war ein PKW gekommen und es kam zu dem grausamen Geschehen des furchtbaren Unfalls. Der Wagen des Neuenahrer Fahrers hatte sich mehrfach überschlagen, unsere Spielerinnen lagen bis zu 50 Metern auseinander auf der Straße. Der Fahrer, Dagmar und Rita starben und Körnchen hat mit schwersten Verletzungen überlebt und lag ein Jahr im Krankenhaus. Die ganze Stadtbevölkerung, Hockeydeutschland, alle waren geschockt. Wir haben dann ca. 20 Jahre alljährlich ein Erinnerungsturnier für Jugendmannschaften organisiert, im Gedenken an unsere lieben verstorbenen Clubmitgliedern.

Nach dem Unfall wollten wir eine lange Zeit kein Hockey mehr spielen. Unsere Verpflichtungen mit anderen Vereinen hatten wir alle abgesagt. Es wird uns auch später noch traurig stimmen, dass Dagmar, Rita und Körnchen nicht mehr mit ihrem fröhlichen „Hallo" auf dem Platz oder in der Halle kommen können.

31 Komplette Damenhallenmannschaft per Hubschrauber ins Krankenhaus geflogen.

Ein schlimmer Unfall durch Glatteis auf der Autobahn 555 Bonn nach Köln ereilte unsere Damen auf dem Weg zu ihrem Turnier. Gut gelaunt und fröhlich hatte die Fahrt begonnen und die Spannung und Erwartung auf ein schönes Turnier war kurz vor Wesseling vorbei. Plötzlich rutschte unser HTC – Kleinbus in den Straßengraben, überschlug sich. Auf den Bildern erkennt man das eingedrückte Dach. Schmerzen, Stöhnen, Entsetzen war vorhanden. Die Rettung kam schnell. Alle Spielerinnen wurden per Hubschrauber in die Unfallklinik Köln – Merheim geflogen und dort fürsorglich versorgt. Eine Stürmerin hatte alleine 28 Brüche erlitten. Der Heilungsverlauf der Damen dauerte entsprechend lange, war Gott sei dank erfolgreich. Von HTC – Schwarz – Weiß Neuss, Rot – Weiß Köln kamen direkt am nächsten Tage schon aufmuntere und liebevoll verfasste Genesungswünsche. Das WDR – Fernsehen hatte den Unfall aufgenommen und am Abend in ihrem Bericht gesendet. Es haben so viele Hockeyclubs uns angeschrieben sowie angerufen und ihr Mitgefühl gezeigt. So waren wir auch ein wenig glücklich, der großen Hockeyfamilie anzugehören.

Der Unglücksbus.................

..

32 Hockeyspiele bei „Argo Berlin",
danach Besuch in der DDR.

Neben unserem Wunsch, an einem Hockeyturnier in Berlin teilnehmen zu können, hatten wir auch uns gewünscht, auch Ostberlin in der damaligen DDR uns anzuschauen, dort einzureisen. Wir „Wessis" waren aber wirklich auch von gestern. Bei der Durchfahrt durch die DDR, bei Helmstedt an der Zonengrenze, wurden wir in unserem großen Reisebus von einem Volkspolizisten kontrolliert. Der DDR Staatsoffizier betrat den Bus und wollte unsere Pässe sehen. Beim Durchgang durch den Mittelgang unseres Fahrzeuges kam er aber nicht weiter, weil Klippels Bub, Dieter Knoll und der Friedhelm Philipp Karten spielten und auf ihren verschiedenen Knien eine Aktentasche als Spieltischunterlage gebildet hatten. „Einen Moment bitte, habe gerade ein gutes Blatt auf der Hand!", sagte, unser Bub zum DDR - Volkspolizisten. Der Volkspolizist zischte nur kurz, verließ unseren Reisebus und veranlasste unseren Fahrer, in eine Ecke des dortigen Parkplatzes zu fahren.
So standen wir, seiner Willkür ausgesetzt, 7 Stunden fest und verfluchten unseren Bub.

Erkenntnis: Die Herrschaft ist ein Zauber eigener Art und stark genug, den Stärksten zu betören. Wer oben steht, mag keine Weisheit hören, und würde sie ihm durch Engelschören offenbar.

33 Wie der Schüler Johannes Radermacher
von seinem Schulleiter geehrt wurde.

Unser Johannes spielte in der Jugend B, manchmal gar in der Jugend A. Dort wirbelte er durch die Reihen seiner Gegner. Er war schnell und hatte kreative Spielideen. Durch ein Gewehrunglück verlor der junge Hockeyspieler all zu früh sein Leben und wir ihn in unserem Club. Die ganze Stadt und Region, seine Schule, das Peter – Joerres – Gymnasium, waren tagelang geschockt.

Ihm zu Ehren haben wir danach ein internationales Jugendturnier, das „Johannes – Radermacher – Erinnerungsturnier", mit ausländischen Teams, in einem sehr würdigen Rahmen organisiert. Die Sporthalle Bachem war mit den Spielern, Spielerinnen, deren Eltern, Freunden, Mitschülern, Gästen und Bürgern bis auf die letzten Plätze den ganzen Tag überfüllt und es lag ein ganz bestimmter Ernst und eine Rührung über dieser bedeutenden Veranstaltung. Es wurde um wertvolle Pokale gerungen, aber eine nicht beschreibbare Ernsthaftigkeit durchflutete das ganze Turnier.

Das Peter – Joerres – Gymnasium hatte so unerwartet einen heiteren Schüler auf tragische Weise verloren. Der damalige PJG – Schulleiter Helmut Rausch ehrte seinen Schüler Johannes Radermacher von morgens 9 Uhr bis zur abendlichen Siegerehrung abends um 19 Uhr; und verließ erst die Halle, als abgebaut wurde. Diese seltene Anteilnahme des Schulleiters macht deutlich, wie sehr dieses Unglück alle berührte und ergriffen hatte und wie sehr auch der Schulleiter, Helmut Rausch, mit seinen Schülerinnen und Schülern, und deren Eltern, sich verbunden fühlte.

Fazit: Wahre Größe ist schön, aber selten.

34 Unnötiger Ärger, Hockeyfreund klaute
   ein 50 Liter Faß.

Das Hockeyfest, wieder mal im Steigenberger Kurhotel – Barocksaal mit Mal 880 Teilnehmern, ging auch bis tief in die Nacht, in den frühen Morgen. Um 9 Uhr am nächsten Morgen ging das Turnier in seinen zweiten Tag. Ein Freund aus meiner Mannschaft rollte ein Bierfass mit 50 l Inhalt in die Sporthalle der Weststraße und freute sich, das Hockeyfest vom Samstagabend, am frühen Sonntagmorgen, in der Halle fortzusetzen. Gisela hatte den Vorfall beobachtet, schnell geschaltet, geschimpft und von unserem Freund verlangt, dieses Fass wieder in das Hotel zurück zu bringen, wo er es geklaut hatte.

Das war aber schwieriger durchzuführen als erwartet. Bei einem Anruf im Steigenberger Hotel, wir bringen ihnen gleich ein geklautes 50 Liter - Fass, noch voll mit Bier gefüllt, hieß es lapidar: „Bei uns kann keiner ein Fass klauen. Unser Kühlhaus ist so gesichert, da kommt keine Maus rein oder raus!" Sie hatten aber nicht die Dreistigkeit und Frechheit unseres Freundes gekannt. Als wir gegen Mittag das Fass endlich zurück brachten, verstanden die Leute von „Steigenbergers" die Welt nicht mehr. Ein Dummer kann manchmal mehr als all die Weisen.

Kleinbusmotor explodierte

„Bitte – Bitte – Bitte, leih´ mir deinen VW – Bus. Ich muss unsere Hockey B – Mädchen zu Blau – Weiß Köln bringen!" Den ganzen Morgen versuchte ich meinen Kollegen zu überzeugen, dass er mir seinen Bus leihen sollte. „Ich gebe dir 100,00 Mark, wenn du mir den Wagen gibst! Davon kannst du deiner Frau ein Kleid kaufen und wenn etwas mit deinem Wagen passiert, komme ich für den Schaden auf!" Wie der Teufel es so will, bei der Rückfahrt in Höhe bei Erftstadt auf der Autobahn 61 knallte es plötzlich, eine grün / gelbe Rauchwolke unmittelbar vor der Windschutzscheibe auftauchte und der Motor war explodiert. 1.850,00 DM mussten wir für den Schaden berappen und 100,00 DM für das versprochene Kleid.

Fazit: Man muss schon die richtigen Freunde haben.

35 Dr. Michael Green wähnte
sich in den Fängen von „Vorsicht Kamera".

Zum Hockey – Länderspiel und Vorbereitungslehrgang war die deutsche Herrennationalmannschaft an die Ahr angereist. Der Bundestrainer Markus Weise hatte gerufen und alle waren pünktlich erschienen bis auf den Stürmer Dr. Michael Green, der noch in seinem Hamburger Krankenhaus am OP – Tisch stehen musste. Er reiste dann mit dem Flugzeug von der Hansestadt zum Köln / Bonner Flughafen, um dann später zur Mannschaft zu stoßen. Ich selbst wollte ihn dort am Flugplatz abholen.
Ich hatte im Mittelteil auf dem „Abflugparkplatz" des Flughafens unseren HTC – Bus geparkt und hatte, wie üblich, wenn ich einen Hockeyspieler irgendwo abholen sollte, meinen Hockeystock immer hoch über meinem Kopf als Erkennungszeichen gehalten und suchte nach dem „Spätankommenden Dr. Green".

Als wir uns freudig begrüßt hatten und er im Kleinbus Platz genommen hatte, fanden wir den Parkplatz – Ausgang nicht mehr. Wir suchten zu zweit an allen Parkplatz-„Ecken und Enden", doch die Ausfahrt war plötzlich aus bautechnischen Gründen versperrt worden. Eine ganze Stunde suchten wir verzweifelt die Ausfahrt, fuhren immer wieder von Ecke zu Ecke des Parkplatzes bis ich merkte, Michael telefonierte von seinem Handy mit dem Bundestrainer im Neuenahrer SETA – Hotel, der dort mit allen Kameraden auf ihn wartete, zum Abschlussgespräch. Ich hörte Michael noch sagen: „Ich bleibe ruhig und gelassen, ich bin sicher, ich bin in den Fängen der Fernsehsendung VORSICHT KAMERA". Aber dem war nicht so. Ein dortiger Flughafenangestellter hatte einen Fehler gemacht und Stützen und Geländer versetzt.
Fazit: Manchmal kommt es anders als man denkt.

36 Fußball in Boulogne sur mer.

Mit 70 Hockeyfreunden, Kindern, Jugendlichen und einigen Eltern waren wir an die französische Küste in einem großen Reisebus mal wieder gefahren, um dort unsere Spiele durchzuführen. Am späten Sonntagnachmittag, direkt nach dem Start zur Rückfahrt nach Hause an die Ahr, fiel der Motor des Reisebusses aus. Der Fahrer versuchte zu reparieren was er konnte, forderte dann aber einen Ersatzbus aus der Heimat an, was 6 bis 8 Stunden benötigt hätte. (Fahrtstrecke 480 km). Stattdessen hat der Busunternehmer von der Ahr einen seiner Angestellten mit einem Ersatzteil in einem schnellen Sportwagen losgeschickt, was ca. 4 Stunden Pause für die ganze Busbesatzung bedeutete.

Klaus Regeling vom Hotel Elisabeth spendieren u. a. Auch Regenschutz für die Kinder.

Während die Erwachsenen sich an diesem warmen Sommertag in ein Café am Strand setzten und sich vergnügten, spielten unsere Hockeyjugend auf einem großen Baugrundstück, auch in der Nähe des Strandes, Fußball. Unser Herrenhockeyspieler Klaus Regeling und seine Kameraden hasteten vorher durch die Straßen im französischen Boulogne sur mer und sammelten junge Franzosen zu einem „internationalen Fußballkampf" ein. Es kam zu einem wirklichen spannenden Match und zu einem knappen Sieg für unseren HTC mit 1:0, Torschütze natürlich Klaus Regeling.

37 Platzwart kündigte sofort.

Herr Müller, unser Platzwart, war ein hochtalentierter Handwerker, kluger Tüffter und sehr fleißiger Mensch. Er konnte quasi alles und ackerte von früh bis spät. Durch seinen Fleiß war er auch ein vermögender Mann geworden mit u.a. zwei Miethäusern und hätte eigentlich nicht arbeiten müssen.
Herr Müller hatte einen besonderen Wunsch. Er wollte, wenn er später einmal die Erde verlassen müsse, auf seinem Grabstein als Beruf nicht „Platzwart" stehen haben wollen, sondern eine andere Bezeichnung. Techniker oder einen anderen Beruf als eben Platzwart. Diesen seinen Wunsch hatte ich bei der nächsten Vorstandssitzung vorgetragen und vorgeschlagen, wir sollen ihn als technischen Direktor führen. Das gefiel Herrn Müller so sehr, dass er mir zu verstehen gab, dafür gerne auf einen Teil seiner Bezüge verzichten zu wollen.

Obwohl ich leidenschaftlich versuchte, dass diesem Wunsch von Herrn Müller „von den Vorstandskollegen" entsprochen würde, wurde dieser Vorschlag leider abgelehnt.

Ihm wurde nur der Titel „Oberplatzwart" zugebilligt. Am nächsten Morgen wartete Herr Müller schon gespannt auf mich und wollte hören, ob seinem Wunsch entsprochen worden war. Als ich ehrlicherweise ihm sagen musste, nein, es hat nicht geklappt, die Kollegen haben nur den Titel Oberplatzwart bereit gestellt, war er so enttäuscht. Er kündigte innerhalb einiger Minuten und wir hatten einen Mann verloren, der nicht nur seine Arbeiten schnell und geschickt durchführte, nein, er war auch liebevoll zu den Mitgliedern und hatte auch das Bedürfnis, jeden Tag die Anlage zu verbessern und zu verschönern.
Fazit: Das war daneben gegangen.

38 Mein schönstes Sporterlebnis überhaupt: Endrunde bei „Jugend trainiert für........"

Unsere HTC – Jugendhockeyspieler spielten aufgrund günstiger Sportlehrer/Trainer Konstellation auch in ihrer Schule Hockey. Die Mädchen von der Schule des Kalvarienberges, die Jungen vom ARE – Gymnasium und von der Erich – Kästner Hauptschule waren beim Schulwettbewerb „Jugend trainiert für Olympia" einfach angemeldet worden, wenn auch die einzelnen Lehrer an den Schulen nicht selbst Hockey unterrichtet hatten. Wir wollten unseren HTC – Mitgliedern die Möglichkeit geben, auch auf dem Schulgebiet Hockey zu spielen und zusätzliche Trainingszeit zu bekommen. Durch die Unterstützung der Landesbehörde wurden auch Fahrten zu den Wettspielen bezahlt und daneben bekamen alle unsere Spieler auch Gegner aus ganz anderen landschaftlichen Gegenden. Nicht immer NRW, sondern auch mal RLP.

Alle drei Schulen fuhren gemeinsam zur Vorrunde nach Koblenz, dann zur Endrunde nach Bad Kreuznach. Offiziell betreute ich die Erich – Kästner – Schule, Freund Günther Lutzenberger das ARE – Gymnasium, dort, wo auch unser Sohn Jan spielen sollte.
Der Wettbewerb II, Alter 17 und 18 Jahre, sah die älteren und körperlich größeren Jungen vor Ort. Während ich auf dem daneben liegenden zweiten Hockeyplatz mich um die Mannschaften des Wettbewerbes III als Schiedsrichter kümmern musste, gingen meine Augen als Vater von unserem Sohn Jan immer wieder auf das Spielfeld neben an. Ich wollte sehen, ob Jan eingesetzt und wie er spielen würde. Er war gerade 14 Jahre alt und auch der kleinste von den mitgereisten Spielern. Zur Halbzeit führte Frankenthal schon 4:1 und ich rief Günther zu, setzt doch endlich den Jan ein. Doch der ARE – Lehrer dachte nicht daran. Ich war sehr unglücklich und auch wütend. Als schließlich Günther sich erbarmte und in den letzten 12 Minuten unseren Jan einsetzte erzielte er, man glaubt es kaum, in dieser kurzen Zeitspanne, quasi im Alleingang, 5 Tore. Die sportliche Sensation war perfekt, der jüngste und kleinste Spieler hatte das Spiel gedreht. Konnte ein Vater in dieser Sekunde glücklicher sein als ich jetzt, nie mehr empfand ich solche Freude.
Fazit: Heldentaten geschehen manchmal auch im Alltagsgeschehen.

39 „Can you tell us, where is the Beethoven-Stroß he in Kölle?

Um 10 Uhr sollte die Hockeyendrunde des Rheinbezirks der Knaben A in der Kölner Sporthalle in der Beethovenstraße mit dem ersten Spiel unserer Mannschaft stattfinden. Wir waren wohl gegen 9.30 Uhr schon in der Innenstadt am Neumarkt angekommen, konnten die Beethovenstraße oder das Gässchen dort nicht finden. Ein Navigationsgerät gab es damals noch nicht. Wir haben unzählige Passanten gefragt, doch niemand konnte uns eine Auskunft geben. Wir irrten umher, wurden sehr nervös und uns lief die Zeit so weg. Es wurde schon 10 Uhr. Da sahen wir zwei extrem schwarz-farbige Damen, so um die 24 Jahre jung. Aus dem geöffneten Autofenster versuchten wir halb in kölscher – halb in englischer Sprache nach der „Beethoven – Stroß" zu fragen. Da waren wir aber gerade an die Richtigen gekommen: „Häh, links eröm, zweemool reechts eröm, do is ett." Wir waren alle ganz platt, die ganze Mannschaft prustete vor Lachen. Hatten wir evtl. eine Antwort in englischer Sprache erwartet, war es aber nicht, dafür im reinsten „Kölsch". Wir hatten dann gerade zwei Minuten Verspätung.
Fazit: Schmelztiegel Kölle.

40 Busfahrt nach Tilburg mit durchgeknalltem Fahrer.

Viele erfreuliche Fahrten haben unsere Mitglieder bei den Fahrten zu den anderen Vereinen, seien es in großen Reisebussen oder in einem der clubeigenen kleinen Busse gewesen, erlebt. Manche Fahrten waren regelrechte „Discos" oder auch Comedy – Witze - Erzählfahrten. Daneben gab es aber auch Fahrten, die Pech und Unglück verbreitet hatten.

Als Kinder sind wir mehrmals nach Holland zu „Were di" Tilburg gefahren. Bei einer Fahrt staunten wir nicht schlecht, als der Busfahrer in bayrischer Tracht erschien. Seinen Dialekt konnten wir nicht verstehen und er witzelte ununterbrochen. Dabei fummelte er mit Armen und Beinen unkoordiniert. Ich hatte meinen Sitzplatz hinter ihm. Bei der Geradeausfahrt schaute er nicht ständig nach vorne, mehr noch, schaute er links aus dem Seitenfenster. Den Fahrtrichtungsanzeiger betätigte er überhaupt nicht. Mir wurde sein Verhalten schon komisch. An Gefahren für Leib und Leben denkt man als Kind nicht so sehr, für uns war er einfach komisch. Ob er Drogen oder Alkohol konsumiert hatte, daran dachten wir nicht. Wir wollten auch nur schnell nach Tilburg.

Der Busfahrer drehte einmal mit seiner linken Hand das Seitenfenster herunter. Er wollte fühlen, ob es schon regnete. Mein Sitznachbar drehte blitzschnell das Seitenfenster hoch und klemmte des Fahrers Hand so ein. Mit diesem eingeklemmten Arm fuhr er uns noch viele Kilometer weiter.   Als er in einer Kurve Lenkschwierigkeiten mit seinem rechten Arm bekam, da lachten wir nicht mehr. Er wurde von unserem damaligen Hockeyobmann ermahnt. Wir kamen doch noch gesund in Tilburg an und bei der Rückfahrt fuhr ein anderer Fahrer.

41 Wie der Unglücksrabe mich
in Holland blamierte:

Jede Mannschaft hat sicherlich einen Unglücksraben. Einer, dem viel misslingt, manchmal unfallträchtig ist oder auch in jedes Fettnäpfchen tritt.
Wir waren in den bekannten holländischen Hockey – Club „Klein – Switzerland" eingeladen worden. Wir kamen dort an mit ca. 70 Kindern und Jugendlichen und hatten aus Dankbarkeit wie üblicherweise auch, jede Menge Geschenke für unseren Gastgeber dabei. Wir hatten von einer hiesigen Firma u.a. 30 Kästen leckere Limonade gespendet bekommen, hatten noch in Scheveningen 4 Buttercremetorten gekauft, hatten auch Teddybären und Uhren als Geschenke dabei. Ganz einfach: Wir waren froh und stolz, gegen so einen großen und bekannten holländischen Club spielen zu dürfen.

Bei der Begrüßung durch die Gastgeber und unserer Geschenke – Übergabe nahm sich unser Unglücksrabe eine Limo – Flasche entzifferte lautstark das Verfallsdatum auf dem Etikett und rief laut. „Das Verfallsdatum ist überschritten!" Da merkten die holländischen Gastgeber die Schamröte in meinem Gesicht, ich wollte in den Boden versinken.
Erkenntnis: Gut gemeinte Ideen gehen auch schon mal daneben.

42 Messdiener aus der Kirche gelockt.

Meisterschaftsspiel der Knaben A um 10.20 Uhr pünktlich bei Blau – Weiß Köln in der Domstadt. Gleich vier Jungen der Mannschaft waren im Vorort Gimmigen Messdiener und mussten um 8.30 Uhr in ihrer kleinen Kirche dienen. Wir waren mit unserem Kleinbus mit den anderen Jungen vor die Kirche gefahren und warteten auf den Rest des Teams. Wir platzten fast vor Ungeduld und wollten die Punkte für den Tabellenplatz nicht in Köln lassen. Ich stieg aus, ging in die Kirche ganz nach vorne zum Altar und wollte mit meinen Augen den Pastor bewegen, die Messe vorzeitiger zu beenden. Ungeduldig   trat ich von einem Fuß auf den anderen. Ich hatte den Eindruck, er wollte uns ärgern und auch seine Predigt wurde länger und länger und hörte nicht mehr auf. Immer wieder schaute ich die Messdiener, unsere Hockeyknaben an, auch sie sollten sich beeilen und am besten einfach kommen. Wir wollten doch das Spiel nicht kampflos abgeben. Der Tabellenstand war für uns eigentlich günstig. Die ganze versammelte Kirchengemeinde kannte mich, bemerkte meine Ungeduld und alle wussten bestimmt, warum ich mich so sonderbar benahm. Irgendwie war dann auch der Gottesdienst vorbei. Ich fuhr die Jungen dann nicht wie der liebe Gott, sondern wie der Teufel nach Köln. Der Start des Meisterschafturniers hatte sich etwas verzögert. Wir kamen noch zum Spiel und erreichten mit einem Remis noch wenigstens einen Punkt.

Siegerehrung bei einem Turnier, auch mit Schulmannschaften durch die Schulleiterin und Jennifer Schneider.

In dieser Mannschaft stecken viele Talente. In den richtigen Händen spielen sie bald evtl. in der Bundesliga.

43 „Flagparade" in Eindhoven/Holland.
Müssen Deutsche immer „strammstehen?"

Eigentlich waren wir noch Kinder. Unser erstes Hockey – Auslandsspiel ging nach Eindhoven in Holland über zwei Tage. Die Holländer hatten zu einem Osterturnier nach dort eingeladen. Es war an diesen Tagen bitterkalt, doch wir waren frohen Mutes.

Am Samstagmorgen war vor Turnierbeginn eine sogenannte „Flag Parade". Mehrere Nationen waren angereist gewesen und es galt 5 verschiedene Landesfahnen zu hissen. Unser Hockeyleiter Toni Hansen hatte die Order ausgegeben, wir stellen uns alle trotz Kälte in kurzer grüner Clubhose auf, dazu unser weißes Trikothemd und zwar auf einer geraden Linie. Natürlich taten wir das Vorgegebene und froren entsprechend in dieser Kluft. Der zweite Weltkrieg war erst vor einigen Jahren beendet worden und wir „Duitse" standen wieder zackig wie eine Eins; die Hände an der Hosennaht. Später und heute frage ich mich, ist dieses militärisches Element in uns Deutschen verankert oder haben wir nur unserem Hockeyobmann brav gefolgt? Alle anderen Hockeymannschaften standen leger, in ihren Trainingsanzügen oder bunt – lässig – zwanglos vor den Fahnenmasten. Nur wir Deutsche hatten es wieder einmal übertrieben.

Erkenntnis: Liegt das deutsche Wesen in uns drin?

44 Mein einmaliger Wutanfall
bei Schwarz – Weiß Bonn.

Ein Bonner Verteidiger vom HTC Schwarz – Weiß Bonn hatte mich erst mehrmals heftig geschubst, dann dreimal mit seinem Schläger gegen mein Bein geschlagen. In mir kochte die Wut auf Höchstflamme. Ich war vielleicht 18 Jahre jung. Da ich als sogenannter „Löwentyp" typischerweise viel schlucken kann und auch nach der liebevollen Erziehung meiner „besten Oma der Welt" nicht zu Unbeherrschtheit und Gewalt neige, habe ich wie folgt reagiert.
Nach einer erneuten unsportlichen Attacke meines Bonner Gegenspielers stürmte ich wütend auf ihn zu, warf jedoch vorher meinen Hockeyschläger fort, schrie ihn wütend an: „Wenn ich nicht so gut erzogen wäre würde ich dich jetzt verprügeln!" Dabei nahm ich seine eiskalten Ohren, wir spielten bei Frost auf dem Feld, in meine Hände und rieb diese hin und her. Das muss ihm schon ziemlich wehgetan haben, seine eiskalten Ohren gerieben zu bekommen. Von da an hatte ich meine Ruhe mit ihm.
Erkenntnis: Was so Schmerzen mit einem manchmal machen.

45 Wollte schon früh mit dem Hockeyspielen
aufhören. Meine schöne Hockeywelt war
auf einmal total zerstört.

Fühlte mich so wohl beim Hockey. Nette und fröhliche Menschen um mich herum. Keinen Zank, einfach eine schöne Sportart. Ich muss ungefähr 18 Jahre gewesen sein und hatte ein tolles „Fred Perry" Hemd bekommen. Das war ein langersehnter Traum von mir gewesen. Ich war so stolz darin und jeder sollte es sehen.

Wie endlos enttäuscht war ich, als mir beim Hallenturnier in Brühl dieses besondere Kleidungsstück gestohlen worden war. Mein Unglück konnte ich nicht fassen. Wo bin ich hier nur gelandet, wo man bestohlen wird. Können Hockeyspieler Diebe sein? Meine Wut und Enttäuschung war so groß dass, ich mir ernsthaft damals überlegt hatte, nie mehr zum Hockey zu gehen.

46 Der bekannte Münchener Stachus hatte früher 12 Straßenzuläufe.

Wie kommt man da mit einigen Kinder- und Jugendmannschaften hinüber? Wir waren mit 70 Kindern und Jugendlichen wieder einmal zu „Jahn" München zum Hockeyvergleich gefahren. Der Besuch nach den Spielen ins „Deutsche Museum" war schon obligatorisch und auch der Stadtbesuch zum Marienplatz durfte nicht fehlen. Wie aber kann man 70 wuschelige junge Spielerinnen und Spieler über den damals verkehrsreichen „Münchener Stachus" bewegen? Wir hatten ein riesiges – langes Tau / Seil mitgenommen, jedes ältere Kind hatte sich am Seil festzuhalten, die jüngeren Knirpse kamen in den Innenraum dieser Gruppe. So überquerten wir sicher diesen Verkehrsknotenpunkt.

Zwei besonders pfiffige Jungen waren trotzdem auf einmal verschwunden. Wir zählten die Pänz immer und immer wieder, sie blieben verschwunden. Die Polizei war schon eingeschaltet. Später fanden wir die beiden in einem Spielwarengeschäft wieder.

HTC – Mädchen B im Jahre 2014

Wappen von „Were di"
und HTC

47 Alle schwärmten vom schönsten Mann
  der Welt.

Die deutsche Damennationalmannschaft im Hockey bereitete sich bei uns in Bad Neuenahr – Ahrweiler auf die bevorstehende Europameisterschaft vor und schwärmte von einem Mann, der seinesgleichen an Anmut und Schönheit nirgends auf der Welt zu finden wäre. Auch die bildhübschen spanischen Spielerinnen waren gespannt auf ihren Trainer und Schönling, der mit seinem Flieger nachreisen musste.

Gisela hatte den gesamten Abholdienst zu den Flughäfen Frankfurt – Düsseldorf und Köln/Bonn und die Ankunftszeiten aller Züge genau im Kopf und im Griff und holte den „Wundermann" selbst am Konrad – Adenauer – Flughafen in Köln / Wahn ab. Sie stand im Ankunftsgebäude der Flugzeuge und wedelte mit einem Hockeystock über dem Kopf und hielt damit Ausschau nach einer stattlichen Hollywood – Größe. Nach geraumer Zeit kam ein unscheinbarer, kleiner und nicht sehr athletischer Mann daher und stellte sich als spanischer Trainer und Coach bei Gisela vor. So enttäuscht hatte Gisela vorher noch nie einen Mann angeschaut, der mit so viel Vorschlusslorbeeren bedacht worden war und das nicht halten konnte, wie ihn die anderen in den Himmel gehoben hatten.
Fazit: Alles ist halt Geschmackssache.

48 Olympiasieger als Trainer bei unseren
   Kindern und Jugendlichen.

Hockey – Olympiasieger haben wir mehrmals zu Autogrammstunden, Podiumsgesprächen oder Trainingsstunden gerufen. Wenn ein derartiger Spitzenspieler in die Sporthalle kam, dann kam es selten zu richtigen Übungen mit dem Star.
Die Kinder wollten erst mal ihren Hockeyschläger mit seinem Autogramm versehen haben und lauschten den Erzählungen ihrer Angebeteten. Wenn dann am Schluss der Stunde noch ein Spielchen mit oder gegen den Olympiasieger durchgeführt wurde, waren alle zufrieden. Uns Verantwortlichen war es ganz recht so, hatten dann doch die Kinder ihre Freude.

Stefan Blöcher bei den Jungen

Stefan Blöcher auch bei den Mädchen

Bei den Podiumsgesprächen mit den bekannten Hockeygrößen hatten wir gleich zwei Absichten: Zum einen wollten wir denen ein kleines finanzielles Dankeschön schenken für ihre sportliche Leistung und auf der anderen Seite hievten wir unseren Club in der Meinungsbildung unserer Bevölkerung etwas höher dann ein. Das kam uns dann später bei der „Anzeigenjagd" für unsere alljährlichen Programmhefte irgendwie zugute und ein Imagegewinn ist ja auch nicht von schlechten Eltern.
Erkenntnis: Kinder brauchen Vorbilder.

49 Von der HTC Gründung bis zum Jahre 2009. Vereine, Verbände, Geschichten.

1921 Erstes Spiel, Sieg mit 3:1 gegen C.f.R. Köln
1926 Einweihung Hockeyplatz, jetzt steht die Kurklinik Kurköln
1927 Teilnahme an den Spielen im westdeutschen Hockeyverband
1928 Auswahlspiele hier: Rheinland gegen Hamburg u.a.m.
1929 HTC – Damen in Wien gegen holländische Nationalmannschaft 0:0
1930 bis 1939 nur wenig Hockeyaktivität
1946 Aufbau neuer Mannschaften nach dem 2. Weltkrieg
1947 Spiele gegen HC T Mayen, Bonner THV, SW Köln und MSC
1948 Spiele gegen TSV Schott Mainz, RC Trier u.a.m.
1949 Turniere gegen Bonner THV und Marienburger Sportclub
1950 Stadion Rot – Weiß Köln, Schwarz – Weiß Köln, Blau – Weiß Köln
1951 HC Aachen / TEC Darmstadt

1952 THC Wiesbaden, HC Hanau
1953 Leipziger SC, Wiedersehendturnier ihrer Hockeyspieler, hier
1954 Britische Rheinarmee, Eintracht Dortmund
1955 Meisterschaften im Hockey Verband Rheinland, Herren + Jugend
1956 Kickers Stuttgart, HC Luxemburg, 8 Turnierbesuche
1957 Bei Jahn München mit 75 Kindern und vielen Eltern
1958 Wieder bei Jahn München und DSD sowie DSC 99 Düsseldorf
1959 Dortmunder HG + Jahn Oelde gewinnen unsere Turniere
1960 Herzliche Aufnahme beim HTC in Eindhoven
1961 Royal White Star Bruxelles, Belgien + Nürnberger HTC
1962 Mit allen Mannschaften beim DSC 99 und TSC Schott Mainz
1963 Beim HC Oisterwijk, Holland und in Brüssel
1964 Fahrt zu Argo Berlin + Durchführung der Rheinlandmeisterschaft
1965 Bei 1880 Frankfurt mit allen Mannschaften + HC Heidelberg
1966 DSD – DHC – DSC 99 Hartplatzturniere
1967 In Nijmwegen / Holland + in Bishops´s Stortfort / England
1968 Fahrt nach Oisterwijk NL + Gewinn des eigenen int. Turniers
1969 Fahrt zu HC Boulogne sur mer in Frankreich
1970 HC s´ Hertogenbosch, NL   hier und dort
1971 Heiterer Seniorentreff im Hallenhockey
1972 Den Bosch NL gewinnt unser int. Hallenturnier
1973 Fahrt zu den Zehlendorfer Wespen nach Berlin
1974 Fahrt nach HTC Eindhoven zum dortigen Turnier
1975 Fahrt nach Mechelen / Belgien zum Turnier
1976 Fahrt nach Argo Berlin zum Turnier
1977 Zu Jahn München mit allen Mannschaften
1978 Oktoberfestturnier bei Rot – Weiß München sowie bei Wacker München
1979 Rotweinturnier mit 1.000 Teilnehmern, Sieger Limburger HC
1980 „Were di" Tilburg, 25. hiesiges int. Turnier, 13. Dagmar-Gebhardt
1981 Uhlenhorst Mülheim und polnische Mannschaften
1982 Fahrt nach Bishop´s Stortfort in England
1983 Uhlenhorst Mülheim und „Were di" Tilburg gewinnen hier Turniere
1984 Halleneuropameisterschaften der Damen, Sieger Deutschland

Das Funken-Mariechen von den Kölner „Blauen Funken" begrüßt die 8 Nationen

1985 Rotweinturnier mit 1.00o Teilnehmern, Sieger Königsklasse Heidelberg
1986 Winzerschorleturnier mit 880 Teilnehmern, Sieger Gladbacher HTC
1987 EM der Herren, Apollinaris – Cup, Sieger Deutschland
1988 Zimbabwe hier, 2:2 gegen HTC Damen
1989 UHC Hamburg + Jahn München mit allen Mannschaften
1990 Hockeyclub Aras, Budapest (Ungarn) + Fahrt nach Apola Herren
1991 GERMAN OPEN – Gründungsturnier „Hockey – Tennis – Golf" hier
1992 Einweihung der neuen Sporthalle mit Limburger HC, amt. EM – Cupsieger
1993 „DHM" Dt. Hochschulmeisterschaft mit 600 Studentinnen + Studenten
1994 KUNSTRASENPLATZ – Einweihung mit 4.800 Zuschauern D gegen NL
1995 Fahrt nach München mit 76 Personen.
1996 Fahrt nach Travemünde zum Pfingstturnier
1997 Fahrt nach Paris / zu „Racing Club de France", PARIS mit 72 Personen
1998 Fahrt nach Den Haag / Holland (Klein – Zwitscherland) mit 65 Personen
1999 Ehrenpreis für gute Jugendarbeit durch den Sportbund Rheinland e.V.
2000 DHB – Pokal (Vorschlussrunde – letzte 4 Mannschaften, mit 3 BL - Teams
2001 Aufstieg unserer Herren (Bully-darf-nicht-aussterben.de)
2002 Hier: „Racing Club de France" und "Winzerfestturnier" Kunstrasenplatz
2003 Länderspiel der Damen: D gegen Argentinien - Joh.- Radermacher – Fest.
2004 Länderspiel der Damen: D gegen Niederlande + China + Neuseeland +
     Deutschland hier / Vorbereitung Athen 2004
2005 „Olympiafest" der dt. Goldsieger + Hochschulmeisterschaft Studenten
2006 Mitgehen und Bau der Karnevalswagen unserer Damen + Herren
2007 Karnevalsturniere Jugend und Musikturniere
2008 Olympia Vorbereitungen hier Peking 2008
2009 „Goldfest" der dt. Goldmedaillengewinner, 3 Tage hier bei uns
2010 Jahr der HTC – Jugend mit Frühjahr- und Sommer Camp.

50 „Ständeturnier"   - Turnier von Berufsständen. (Aus der Deutschen Hockey - Zeitung)

Ein Hockeyturnier der etwas anderen Art ging beim HTC Bad Neuenahr über die Bühne. Nicht Spieler des gleichen Vereins formten eine Mannschaft, sondern der Berufsstand war bei der Bildung eines Teams ausschlaggebend. Ein Versuch, der voll einschlug. Sieger des ersten deutschen „Ständeturniers" wurde die Kölner Juristenauswahl (ein Richter, ein Gerichtspräsident, ein Finanzamtsdirektor und fünf Rechtsanwälte), die im 72er – Olympiasieger Eddy Thelen den prominentesten Spieler aller sechs Teilnehmerteams in ihren Reihen hatten. Die einzige Niederlage mussten die Kölner Juristen gegen ihre „Amtskollegen" aus Bad Neuenahr hinnehmen, die Zweiter wurden, gefolgt von einer Bad Neuenahrer Ärzteauswahl, den Kaufleuten, den Technikern und schließlich den Lehrern. Turnier – Macher Erno Mahler hatte viel Lob für sein Experiment erhalten und plant schon für den 2. März 1997 die zweite Auflage des Ständeturniers. Männi Maintzer, Dirk Weber und Dr. Eduard Weber, (Hausanschrift Bully-Bären) wurden besonders geehrt.

Dr. Eduard Thelen aus der Ärztemannschaft gegen die Studenten Peter Meier und Jan Mahler

51 Journalistenehrenpreis".

Viermal hat der HTC einen Journalistenehrenpreis ausgelobt.
Das ist für einen Sportverein mehr als selten. Erstmals bei der Hockey -
Europameisterschaft der Damen waren in der Journalisten-presse in unzähligen
Ländern auf die Veranstaltung an der Ahr hingewiesen worden. Der HTC hatte dann
mehrere Journalistenpreise angeboten. Auszeichnung, Ehrung, freie Unterkunft und
Verpflegung angekündigt, damit gekonnt über die EM berichtet werden solle. Nach
den späteren Auswertungen eines größeren Gremiums über die unzähligen längeren,
mittlere oder kürzere Berichte, auch in ausländischen Zeitungen, wurde

> 1. Journalistenpreisträger:　　Hans　－　Joachim　Leyenberg
>   (Frankfurter Allgemeine) FAZ,

Hans – Joachim Leyenberg (FAZ) gewann den HTC – Journalistenehrenpreis.

2. Kurt Schumacher (Rhein – Zeitung Zeitung),
3. Kay Milner (Bonner General Anzeiger).

In den Räumen der Kurverwaltung Bad Neuenahr wurden 4 Wochen später in einem würdigen Rahmen die Preisträger geehrt.
Später wurde uns bekannt, dass durch unsere Aktion und Initiative der „Deutsche Sportbund", die „Deutsche olympische Gesellschaft", danach auch Journalistenpreise verliehen haben. In seiner Dankesrede merkte der erste Preisträger an, der damalige deutsche Fußballmeister Bayern München hätte bis dato noch keinen Journalistenpreis ausgelobt gehabt. Ein Jahr später lobten auch die „Bayern" einen Ehrenpreis aus.

Auszug aus der FAZ, Seite 18, Montag, 31. Dez. 1984, Nr. 295)

<u>Siegeszug auch beim Turnier in Bad Neuenahr / Rührige und rührende Veranstalter</u>

Die unheimliche deutsche Serie im Hallenhockey.

Bad Neuenahr. Das muss doch wohl zu schön sein: Einmal im Leben gegen die deutsche Hallenhockey – Nationalmannschaft gewinnen. Das Vorhaben ist seit 1972 – dem Beginn der Zeitrechnung in diesem Sport – in 61 Länderspielen gescheitert. **So begann der mit dem ersten Journalistenehrenpreis ausgezeichnete Bericht des FAZ – Redakteurs Hans – Joachim Leyenberg. ....** (Der gesamte Text auf Nachfrage).

Weitere Journalisten wurden vom HTC Bad Neuenahr geehrt:

Horst Bach, Gerd Weigl, Inga Pfingst, Uli Adams.
Fotos: Hans–Jürgen Vollrath, Martin Gausmann

----

52 Um Mitternacht mit dem Bötchen durch Paris.

HTCler sahen sich in der Weltstadt um.

Sicherlich unvergesslich wird für die HTC Hockeyspielerinnen und Spieler der Besuch in der Weltstadt PARIS bleiben. Müde, jedoch reich an Gefühlen und mit guten sportlichen Leistungen kehrte die Gruppe aus Il de – France im Pariser Becken heim. Doch erst zu den Spielen:
Die Hockeyherren, unterstützt von Pallotti – Rheinbach Spielern, spielten 4:4 gegen die Mannschaft des größten französischen Sportclubs, der dritten Mannschaft von „Racing Club de France", und waren einem Sieg nahe. Auf dem dortigen

Kunstrasenplatz wurde bis zum berühmten letzten Schweißtropfen gekämpft und einfallsreich kombiniert. Jeder Spieler zeigte sich von seiner besten Seite. Nach schönen Kombinationen erzielte Peter Herschbach nach Vorarbeit von Klaus Steinbach Treffer Nr. 1, weitere Tore gelangen Michael Müller (2) und Michael Hofer.

Die jugendliche Mannschaft U 15 erreichte auf dem daneben liegenden zweiten Kunstrasenplatz mit dem 0:0 ebenfalls ein Remis, die U 17 verlor 0:5. Das Resultat täuscht, denn die Partie war ausgeglichen, doch beim Hockey zählen letztlich auch die Tore, das Ergebnis ging schließlich in Ordnung.
Das Interesse der mitgereisten auch tennisspielenden Hockeyspielerinnen und Spielern galt auch dem legendären Stadion Roland – Garros. Auch dorthin ging die Reise.

Außer dem Sport wurde auch mit dem Gastgeber die Geselligkeit gepflegt. Kunst und Geschichte brachte die Teilnehmerin Ulla Monschauer nahe. Sie studierte und lebte zeitweise in Paris. Mit ihrem ebenfalls tennis- und hockeybegeisterten Ehemann Jakob Monschauer kümmerte sie sich drei Tage und Nächte um die HTC – Equipe. Neue Erkenntnisse und auch Erholungsphasen wusste das Ehepaar auf seine „unbezahlbare Art" zu vermitteln. Ihr Einsatz war unbezahlbar und beide schenkten den Teilnehmern etwas, was sie zeitlebens bereichert. Beide sorgten für eine Frequenz, die unvorstellbares Wissen und Erholung brachten. Der Busfahrer hatte durch Ulla in Paris immer „grüne Fahrt".

Reisegruppe

Monschy - Andreas

HTC und SG Pallotti in Racing Club de Paris

Sohn Andreas Monschauer, Mitglied auch bei Racing, (hier vor Jahresfrist als bester Nachwuchsspieler und Helfer geehrt) und auch Mitglied beim HTC Bad Neuenahr, hatte maßgeblichen Anteil am Zustandekommen des deutsch / französischen Treffens. Andreas glänzte nicht nur mit sportlichen Leistungen, sondern auch als Fremdenführer und Übersetzer. Die Eheleute Gisela und Dr. Wilbert Herschbach sowie Joachim und Jenny Schneider betreuten die HTCler par exellence. Umsichtig, verantwortungsbewusst sicherten sie alle die übergroße Reisegruppe mit dem Familien „Ott – Clan" und „Rech – Clan" in Paris.

Jeder wertet wohl nach der Fahrt die Erlebnisse aus seiner Sicht. Für den einen ist es die internationale sportliche Herausforderung gewesen, für andere die Bootsfahrt (Bateau Mouche) um Mitternacht, das Ersteigen des Eiffelturms oder von Sacrè Coeur, andere lebten wie Gott in Frankreich mit Baguettes und Rotwein, wiederum andere lieben jetzt Montmartre, die Champs – Elyseè, den Louvre, das Schloß Versailles, die Opèra, Arche, l´Arc de Triomphe, die Pont – neuf, Grand und Petit Palais, den Bois de Boulogne, den Justizpalast oder das Studentenviertel Quartier – Latin. Beim T.G.V staunte der „Ott – Clan" und die Überraschungen, die Jacques Monschauer eingestreut hatte, die gefielen immer.

Sportlich hielt Swantje Adams einige „Unhaltbare", Christian Kreidt hielt seinen Kasten rein. Christian Senk zeigte den Franzosen manchen tollen Trick. Daniel Kloth war ein Beispiel an Einsatz und Leistung. Jens Heckenbach war der Dreh- und Angelpunkt im Spiel. Ob etwas Wahres daran ist? Paris soll ja die Stadt der Liebe sein und das schienen einige Teilnehmer wörtlich zu nehmen.
Die Unterstützung dieser Fahrt gewährte Frau Gabriele Jaenecke, Frau Ilse Dittrich, Frau Hanni Kamps, die Tennis – Montagssenioren, die Stadt Bad Neuenahr – Ahrweiler, die Jugendstiftung der Kreissparkasse Ahrweiler, die KSK-AW, der Kreis Ahrweiler und der HTC – Schatzmeister selbst.

53 Elternhockey „The Queen of Table Waters"
im HTC. (Brief von der Mitspielerin Doris Schleithoff.)

„Here we are, there we go!"
Unter diesem Motto trifft sich seit einigen Wochen eine kleine Schar von Eltern von hockeyspielenden Kindern des HTC samstags morgens um 9 Uhr (viel zu früh!) in der

Turnhalle der Weststraße, um auch in die höheren Weihen dieses Mannschaftssports eingewiesen zu werden.

Noch ist mir nicht ganz klar, welches Ziel zuoberst für Trainer Erno Mahler steht, dass er diesen Aufwand betreibt, uns doch überwiegend „Spätberufene" diesen schnellen und kraftraubenden Sport nahe zu bringen.

- Steckt dahinter die Strategie, dass Eltern, die selbst Hockey spielen, ihre Kinder besser fördern, unterstützen und so den Trainer auch mal entlasten können (z. B. an Wochenenden – Spieltagen?
- Will er etwas Gutes für die Eltern tun, weil er weiß, dass Eltern von Kleinkindern kaum Zeit für sich selbst haben.
- Will er die Spielfreude der Kleinen, die ja teilweise auch schon um Punkte kämpfen, steigern, durch die Aussicht auf ein Turnier gegen die Eltern?
- Will er einfach nur mal gelegentlich ein Bier mit netten Leuten trinken und der Sport dient nur als Alibi?

Siegreich kehrte die „The Queen of Table Waters" aus der Pfalz zurück. Swantje Adams war der ruhende Pol. Einige Spielerinnen und Spieler fehlen auf diesem "Bild.

Vielleicht trifft alles zu. Vorerst heißt es jedoch vor allem trainieren, denn im März findet in Mannheim ein Eltern – Hockey – Turnier statt, zu dem wir angemeldet sind. Trainieren, d. h. ein Gefühl für den Hockeyschläger zu bekommen. Vorhand, Rückhand, viel laufen, schnell laufen, denn der Hockeyball ist wesentlich schneller als der Fußball. Ballführen üben, dribbeln, täuschen, Begriffe wie Pass, Flanke, Schusskreis, Ecke, Abwehr, Sturm etc., die zumindest für mich völliges Neuland sind, müssen eingeübt werden, an die Bande spielen, denn ein kluger Spieler arbeitet sich über die Bande vor, wenn er nicht, und das übersehen wir teilweise noch, seine Mitstreiter anspielt, um Tore zu erzielen.

Diese Mannschaft ist nach der „Mannschaft-Familie", die seit 10 Jahren für mich die Hauptrolle spielt, eine weitere Gelegenheit, meine Befähigung zum Teamwork zu beweisen. Dass dabei jeder, wie in der Familie auch, verschiedene Qualitäten einbringt, ist klar:

Guido Ebach:
Ein zielstrebiger Kämpfer, der in jedem Spiel mindestens ein Tor erzielt (sonst kann er vor seinem Hockeysohn Fabian nicht bestehen) unter Aufbietung all seiner Kräfte. Dabei kommt fast immer auch die „Becker – Rolle", die er vom Tennis übernommen hat. zum Einsatz.
Erno Mahler:
Ist stets gut gelaunt, umsichtig, pädagogisch einfach wertvoll.
Hans Jürgen Mertens:
Durch die rosarote Brille betrachtet: Dynamik ist eine Eigenschaft, die ihn auszeichnet, die er vielleicht auch hier im Spiel positiv einbringen kann.
Sergio Perra:
Er konnte uns erst wenige Male beim Training begleiten. Vielleicht kann er dann seiner südländischen Herkunft auch etwas Leichtigkeit in die Truppe bringen und das soziale Element stärken.
Michael Przqbilla:
Obwohl ganz neu dabei, bemerkt man sofort seine Spielfreude; Ballgefühl und Teamgeist sind Vokabeln, die ihm von Fußball und Handball geläufig sind.
Andrea Werner:
Sie arbeitet sich erfolgreich aus dem Schatten ihres erfahrenen Hockey – Mannes.
Martin Werner:

Der einzige Hockey Erfahrene unter uns leidet so manches Mal, wenn er unsere kläglichen Anfänger Versuche ertragen muss.
Doris Schleithoff:
Meine Stärke liegt, na ja, ich suche sie noch.....
Mir gefällt unter anderem, dass Frauen und Männer an einem gemeinsamen Ziel arbeiten, wobei die Gruppe gerne noch wachsen darf.
Dabei ist alles – hoffentlich überwiegt auch weiterhin der olympische Gedanke.
Gisela Mahler:
Sie läuft zwar schnell, verwickelt aber auch nette Gegenspieler während des Spiels in Gespräche. So nimmt sie starke Typen in den Griff
Rosel Mahler:

Mit urbayrischen Temperament bei der Sache. Läuft und kämpft.
Mario Mahler:
Hockey ist ihm nicht fremd. Die ganze Familie spielt dies. Im Witze erzählen ist er großartig. Rheinische Frohnatur. Bei einem Turnier beim Bonner THV (Chaoten) verkündete bei der Begrüßung auf dem Platz: „Wir haben seit drei Jahren nicht mehr verloren!" Der Gegner war so eingeschüchtert, dass sie über ein 1:1 nicht hinaus auskamen.
Annette Barsch:
So vielseitig im Beruf und im Sport. Kommt von der Leichtathletik, ist schnell, jetzt Hockey und Tennis ist ihr Metier.
Bernhard von Loessl:
Kraftpaket, freut sich auch lautstark und bringt Farbe mit ins Spiel.
Manfred Röhle:
Weil er ein gelernter Hockeyspieler ist hält er sich vornehm zurück. Aber in der dritten Halbzeit, da geht er aus sich heraus. Froh, auch ihn zu haben.

Doris Schleithoff (Eltern – Hockey).   „The Queen of Table Waters"

Wichtige Größen im Team der „The Queen of Table Waters" sind auch:
Jakob Monschauer, Ute und Freimut Sommer, Gisela und Jürgen Grunewald, Dr. Willi Jung, Toni Krüger und Ulla Sebastian. Sie haben immer viel Freude und Können ins Team eingebracht.

Als Gastgeschenke nahmen wir in der Regel immer die „Winzerschorle" des Hauses Apollinaris oder „Ahrrotweine" den Gastgebern mit.

Der Namen „The Queen of Table Waters" zeigt an, wie bedeutend diese Mannschaft sein muss. Der Name „The Queen of Table Waters" ist das <u>älteste eingetragene und noch gültige Warenzeichen.</u> So gründlich soll dieses Team seine Spiele durchziehen.

Diese „Eltern- und Hobbymannschaft" erlaubt sich den Jux, aus dem Alltagstrott auszubrechen und freudvoll gemeinsam hinter dem Hockeyball hinterher zu laufen.
Wie viel Spaß das macht, erzählt jeder, der dabei war, wenn bei Jazz mit anderen Mannschaften ein schönes Wochenende verbracht wird.

<u>Der HTC Schwarz – Weiß Neuss gewinnt eindeutig das „Olympiaturnier":</u>

Einmarsch - Spiele - Siegerehrung - Luisa

HTC Schwarz – Weiß Neuss

Siegermannschaft von HTC Schwarz – Weiß Neuss mit Trainerin, sie gewannen den 3 m Hockeyschläger, 2 Pokale und jedes Mädchen zwei Urkunden.

54 Youbbes tanzt in Brüssel auf dem Marktplatz um 5 Uhr früh. (Tournoi – Noel 1962 á Bruxelles)

Zii – bum – Krach, der Leo war erwacht-
er konnte nicht mehr bremsen –
da hat es halt gekracht. Dem Trainer
Herbert Reisen eine Beule in seinem
VW gerammt.

So begann unsere Fahrt zum 2. internationalen Jahreswendeturnier nach Brüssel. Vorher waren noch andere verschiedene Sachen schiefgegangen. Das Kühlwasser war eingefroren, eine Autoblumenvase ging entzwei, unser Horst verpasste die Autobahnausfahrt zur Abfahrtstelle und der Chronist verlor typischerweise seine Brieftasche. Was war wirklich zu tun, als an der heimatlichen Ortsausfahrt der Fahrt nach Brüssel schon die Kolonne gesprengt war? Nach ein wenig Glatteis.... Dies war nur eine kleine Aufzählung von dem, was vor der Abfahrt alles schon so passiert war.

Doch in Brüssel wehte ein anderer Wind. Auf dem Place d´ Álbert, auf dem uns unsere belgischen Hockeyfreunde erwarteten, krachte es auch zweimal. Doch wir waren in diesen Fällen auch nur Zuschauer. Was uns jedoch die Sprache verschlug, war, dass nun die Fahrer der drei beschädigten Autos, aber auch keiner, aus seinem Wagen ausgestiegen war. Sie schauten sich nur entgeistert an, gaben eine Menge Gas, dass die ineinander verwickelten Stoßstangen sich lösten und brausten davon. Wie wir später erfuhren lag das nicht an der Mentalität der Belgier, sondern dieses für uns abwegige Verhalten lag in der Führerschein- und Versicherungsgesetzgebung begründet.

Da wir wieder wie im Vorjahr die einzige deutsche Mannschaft waren und dazu noch unseren „Vizeplatz" des Vorjahres zu verteidigen hatten, gingen wir doch sehr blass im Gesicht, etwas aufgeregt und zitternd in die Wettspiele. Komischerweise lief es bei uns im Spielgeschehen wunderbar. Wir gewannen einmal, dann noch einmal, ein Unentschieden beförderten wir durch ein erfolgreiches Siebenmeterschießen in einen weiteren Sieg; und wieder waren wir wie im Vorjahr im Endspiel. Gewünscht hatten wir es uns alle, aber erwartet hatte es doch keiner von uns. Jetzt wollten wir auch den Turniersieg.

Zisch – an der Nase vorbei. Die Herren von „Bouduin Bruxelles"
revanchierten sich für ihre Vorjahresniederlage. Auf der Rückfahrt hatten
wir uns wieder verfahren, auf einmal waren wir in Holland.
Wie gut unser Eindruck gewesen war, den wir hinterlassen hatten, sollten
wir nicht verschweigen. Verschiedene Zuschauer an der einen Meter hohen
Brüstung am Rande des Spielfeldes wollten wissen, ob wir Wallonen oder
Flamen seien. Wir seien zu allen Gegnern so fair und rücksichtsvoll
gewesen.......... wenn die gewusst hätten.

55 „Apollinaris – Cup" mit 8 Nationen.

**Die Hockeyzeitung schrieb: <u>Kleine Stadt ganz groß.</u>   <u>Steffi Bürger und Uli
Meyer.</u>**

**Die DHZ schrieb Kleine Stadt ganz groß – das größte internationale
Herrenturnier seit den olympischen Spielen 1972 findet beim HTC Bad
Neuenahr statt.**

All jene, die zwischen den Feiertagen nicht in die Ferne schweifen, sollten sich
aufmachen zu einem „Hockey–Sightseeing–Trip" an die Ahr" Denn was sich hier am

28./29. Dezember zu einem Acht-Nationen-Turnier trifft, kann man schon als illustres Feld bezeichnen.

Doch warum findet gerade in Bad Neuenahr ein solches Turnier statt, das – superlativ betrachtet – das größte, internationale Herrenturnier auf deutschen Boden seit den olympischen Spielen 1972 von München ist? Weil das Wort „Ehrenamt" hat in Bad Neuenahr dort noch eine besondere Bedeutung hat. Verwurzelt mit seiner Heimatstadt, seinem Club und eben der Sportart Hockey hat der Macher immer wieder Unglaubliches auf die Beine gestellt. Vier dicke Aktenordner zeichnen die Vorbereitungen entsprechend auf.

Die in Bad Neuenahr ansässige Geschäftswelt kennt das schon, wenn wieder Hockeyturniere anstehen. Ob die Gebietsweinwerbung, die Kurverwaltung, die Spielbank, alle sind dabei, Ehrenpreise und Pokale zu stiften. Nach der ersten Phase der Vorbereitungen wurden 2.000 Plakate gedruckt und versandt, genauso viele Programmhefte, (72 Seiten stark), Ehrenkarten, Teilnehmerausweise und sonstige Karten, dazu Aufkleber, Wurfzettel und nochmals Einladungen. Ob Innen- oder Außenminister der Bundesrepublik, die Berliner Senatorin Frau Hanna-Laurien, alle stifteten Pokale, Grußworte, übernahmen Ehrenausschuss bzw. Schirmherrschaften.

Volker Fried für Deutschland

Zu einem zünftigen Hockeyfest gehört eine Eröffnungsfeier mit Fahnen und Musik. So wurden aus dem nahen Köln die „Blauen Funken" mit ihrer Artillerie erwartet und für den gemütlichen „Hüttenabend" eine Jazz-Band verpflichtet. Für die Presse, die hoffentlich zahlreich erscheinen wird, steht ein mit allem Nötigen (sogar einem Hometrainer) ausstaffiertes Pressezentrum zur Verfügung. Bleibt nur noch zu hoffen, dass die internationalen Spieler kurz vor Silvester noch in der Lage sind, die dem Motto des Turniers gerecht wird: „Hockeyfunken springen über".

Insgesamt haben 200 verschiedene Spender und Anzeigengeber dazu beigetragen, eine Bilanzsumme von 20.000,00 DM aufzutreiben Alle teilnehmenden Spieler bekommen in jedem Fall einen Reisewecker und eine Bad Neuenahrer Wundertüte geschenkt. Die Siegermannschaft erhält insgesamt drei große Pokale sowie einen nagelneuen Schreibtisch. Herr Borgmann, Generalsekretär des DHB, hat schon signalisiert, dass die Geschäftsstelle eventuell bereit wäre...... Die nächstplazierten Mannschaften werden es da schon besser haben, denn als Trostpreise gibt es Ananastörtchen...etc. Dass die ganze Angelegenheit nicht nur Zuckerschlecken sein wird, dafür sorgt schon die Tatsache, dass alle Länderspiele „offiziell" sein werden. Bundestrainer Klaus Kleiter wird eine gute Mannschaft stellen. Bundesaußenminister

Hans – Dietrich Genscher wird dann mit dem Hubschrauber von Bonn nach Bad Neuenahr kommen.

<u>Die Zeitungen nach dem Turnier schrieben:</u>

Die Bundesrepublik bot beim Apollinaris – Cup eine Lehrstunde in Sachen Hallenhockey.
In fünf Spielen erzielten sie 72 Tore. Überlegender Sieg der Kleiter – Schützlinge. Begeisterte Zuschauer. Teamkapitän Stefan Blöcher wurde als bester Spieler gewählt.

Großveranstaltung im kommenden Herbst:

Deutsche Nationalmannschaft (Herren) und die Nationalmannschaften von: England, Schottland, Frankreich, Holland, Belgien (evtl. noch Italien und Polen).

Am 3./4. November 1984 veranstaltet der HTC die „Revanche der diesjährigen Europameisterschaft von Edinburgh". Ein Turnier dieser Größe und Güte hat es in Deutschland noch nicht gegeben.

Unter dem Patronat der Apollinaris AG Bad Neuenahr-Ahrweiler wird diese Großveranstaltung europaweites Interesse finden. Die Mithilfe der Stadtverwaltung, der Kreisverwaltung, der Spielbank Bad Neuenahr, der Kurverwaltung Bad Neuenahr und des hiesigen KVV garantieren einen würdigen Verlauf.

Der Deutsche Hockey-Bund eV. Köln hat dem HTC diese Veranstaltung aufgrund seiner organisatorischen Leistung von Rotweinturnier und Länderkämpfe, hier ist Erno Mahler zu nennen, anvertraut. Der Organisationsstab mit Gunnar Simon, Hans Benker, Herbert Rütten, Mario Mahler und Erno Mahler bereitet den Apollinaris-Cup bereits seit längerer Zeit vor.

Ohne die Mithilfe und Spenden von Mitgliedern und ungenannten Hockeyfreunden, die um die Besonderheit einer derartigen Hockeybegegnung wissen und ihr nicht unbedeutendes Scherflein beisteuern, können die Zuschauer im hiesigen Einzugsbereich sich auf eine seltene Veranstaltung freuen und rasanten Sport der besten Athleten Europas einstellen.

Eine Einweihungsfeier in der Sporthalle Bachem mit Rahmenprogramm wird wie eine Abendveranstaltung vorbereitet. Unterstützung erhoffen sich die Organisatoren ferner von Innenminister Zimmermann und Banken und Sparkassen im Umfeld.

Die überregionale Fernsehanstalten werden an dem Nationenhockeyfest nicht vorbei gehen. Die Nationalmannschaften reisen mit einem Troß von Begleitpersonen, internationalen Beobachtern, Schiedsrichtern an, die alle kostenlos untergebracht und verpflegt werden müssen.

Die deutsche Nationalmannschaft, sie wurde im Februar 1984 Europameister für 4 Jahre, gilt als Favorit des Turniers. Durch Bundesliga im Feld- und Hallenhockey besteht ein kleiner sporttechnischer Vorsprung. Holland England und Frankreich könnten für die Überraschung sorgen. Mit einer unbändigen Kampfeseinstellung hatten in Edinburgh die Italiener aufgetrumpft, vielleicht sind sie der „berühmte Hecht im Karpfenteich".

Die Organisatoren werden alles tun, damit Zuschauer und die beteiligten Ländervertretungen, optimale Voraussetzungen vorfinden.

Das Bild zeigt den amtierenden Europameister Deutschland.

Hallenhockey-Europameister 1984 in Deutschland. Hintere Reihe von links nach rechts: Masseur Uli Becker, Michael Peter, Dirk Brinkmann, Falk Majert, Volker Knapp, Thomas Reck, Andreas Keller, Trainer Klaus Kleiter. Unten von links: Stefan Blöcher, Heiner Dopp, Christian Bassemir, Christian Schliemann, Volker Fried und Thomas Gunst.

„Schade, dass die Deutschen so gut waren sagten", sagten die, die es lieber spannender gehabt hätten. (rgb.)

Die Rundschau schrieb: **Hockey brillant: die Gegner der Deutschen fingen Tore dutzendweise.** Mit dem Abspielen der deutschen Nationalhymne ging gestern in der Bachemer Halle ein Sportereignis, das konzentrierter Spitzensport auf internationaler Ebene in die Kreisstadt brachte, wie man es im Terminkalender weit größerer Städte vergeblich suchen wird. Spitzensport und sein Umfeld müssen nicht immer eine nur ernste Sache sein: die gelungene Fete auf der Hemmessener Hütte auf Einladung des Schirmherrn, Bürgermeister Rudolf Weltken, bewies es. Bei Haxen, Kraut und Wein und Bier hielten es die letzten bis 3 Uhr aus. Die flotten Jungs von „Dat Bönnsche Swing Trüppche" brachten den Geburtstagskinder auch ihr Ständchen.

Alles, was im europäischen Hockey Rang und Namen hat, war in Bad Neuenahr – Ahrweiler erschienen. Die Gilde der besten Schiedsrichter, der Hockeyweltverband durch den schottischen Vertreter Ernest Wall, der Präsident des DHB, Jörg Schaefer aus Frankfurt. Ob Spieler, Betreuer, Trainer oder Funktionär, die Hockeyleute machten alle einen guten Eindruck während des Turniers, ohne jeden Hang zur Selbstdarstellung.

Alles war gut organisiert, auch das Detail. Als es am Abend auf der Straße glatt wurde, kam prompt der Streuwagen auf den Berg. Viele internationale Presseleute waren auf der Pressetribüne. Ein Redakteur der „Sunday Times, London" war von seiner Zeitung an die Ahr geschickt worden:

Eight Nations Indoor Tournament.
Bad Neuenahr, Germany, December 1984

GERMANS CONFIRM INDOOR MASTERY
European silver medallists crushed in final
By Patrick Rowöey (Acting Editor)

GERMANY maintained their invincible tag at indoor hockey,
Reaching dounle figires in all their matches to win the only major indoor event in Europe this winter, the Apollinaris Cup, an 8-nation event at Bad Neuenahr in Germany.
They confirmed their overwhelming superiority over all countries, crushing England, the European SILVER MEDALLISTS; 14:3 IN THE FINAL; PLAYED BEFORE A PACKED AUDIENCE:

To say the Germans were brillant is almost an under-statement. They were positively scintillating, displaying devestating skills at top speed to brush aside England´s hopeful challenge.
Yet this was almost a ntw German team and very young. When the first six took the court at the start of the final, everyone left ob the bench wass fresh to international hockey.
Stefan Blöcher, Michi Peter, Markku Slawyk and Volker Fried........

Volle Tribüne beim Apollinaris – Cup. Alles Hockeyfreunde.

56 Vom Geld und Ansehen des HTC - Hockeys

Geld spielt schon eine Rolle in einem Hockeyverein. Darum gibt es Schatzmeister oder manche nennen sich Kassierer. Beiträge der Mitlieder, Spenden, sind unbedingt nötig. Das muss verbucht werden, es ist immer viel Arbeit, aber jedes Mitglied kann sich das vorstellen. kennt das. Aber da gibt es auch Geldmittel, die lernt man erst kennen, wenn man in einem Verein ist und etwas von „Umlagen" hört. Und das man diese bezahlen muss. Da gibt es schon Umlagen für das Hallentraining, für das Wintertraining, für das Sommercamp etc. Bei Fahrten muss oft der Eigenanteil beigesteuert werden. So kommen auf die Familien oft auch ganz schöne teure Beträge zusammen. Wenn Weihnachtspräsente an Platzwarte bezahlt werden müssen oder Jubiläen, durch die Hände der Schatzmeister laufen oft hohe Summen, über die sich kaum jemand Gedanken macht. Die Prüfer des Finanzamtes kommen öfters zur Kontrolle der Bilanzen und manchmal müssen auch verschiedene Geschäftsfelder geführt werden.

Da freut man sich schon mal, wenn unerwartet Spenden kommen oder wie bei uns, eine Werbefirma uns einen hohen Betrag für ihre Werbung bei uns auf unser Konto überwies, womit wir gar nicht gerechnet hatten bzw. diese Summe quasi vergessen hatten. Auch eines Tages kam bei uns Geld vom RTHC Bayer Leverkusen an, weil sie einen Spieltermin nicht wahrnehmen konnten und sich dafür nicht „lumpenlassen" wollten. (Wir hatten auch einmal freiwillig diesem besonderen Club mehrere Flaschen Rotwein von der Ahr überbracht, weil wir unsere Mannschaft nicht vollständig zusammen hatten.)

Die Unfallversicherung wollte von uns einmal einen besonders hohen Geldbetrag kassieren. Diese Gesellschaft hatte unsere beiden Platzwarte in die höchste Risikogruppe eingestuft, weil diese in einem Sportverein arbeiteten. Wir sollten so viel bezahlen für die beiden Platzwartmitarbeitern, die wie richtige Fußballprofis in ihre Tabellen eingestuft werden. Angestellt in einem Sportverein wäre sehr gefährlich. Zwei Jahre mussten wir kämpfen bis wir der Versicherung erklären konnten, Platzwarte und Profispieler wären etwas sehr verschiedenes.

Vom Umsatz her brachten unsere „Heiteren Seniorentreffs" hohe Summen in die Stadt. Wenn nur 800 Personen eine, zwei oder auch drei Nächte in unseren Hotels wohnen, sind schnell 100.000,00 Euro Umsatz leicht nachzurechnen. Musikkapellen, Ehrenpreise en masse, all das kostet viel. So ist eine große Hockeyveranstaltung für die Stadt ein großer Umsatzbringer.

57 Heitere Hockeysenioren erobern Kurhaus.
(Aus dem Jahresheft von – rufi -).

Das Bad Neuenahrer Kurhaus, Schauplatz des Turnierballes des 5. Internationalen Senioren – Hallen – Hockeyturniers des HTC Bad Neuenahr, war mit allen Räumlichkeiten fest in den Händen der über 60 teilnehmenden Mannschaften. „Nach mehr als zweijähriger Abstinenz – viele von ihnen werden die Erholungszeit gebraucht haben – ist Bad Neuenahr – Ahrweiler wieder Treffpunkt für Hockeysenioren aus dem In- und Ausland. Wir, das ist die große HTC – Familie, heißen Sie alle herzlich willkommen", so unser Vorsitzender Gunnar Simon in seiner kurzen Eröffnung, mit den besten Wünschen für einen vergnüglichen Abend und sportliche Erfolge beim Hockeyturnier. Gunnar Simons besonderer Dank galt Gisela und Erno Mahler, die die wichtigsten Säulen dieses "Heiteren Seniorentreffs" darstellen.

Kurdirektor Herbert Rütten brachte in seiner Begrüßung seine Freude über die große Gästezahl, die durch dieses Turnier in die Stadt Bad Neuenahr – Ahrweiler gefunden habe, zum Ausdruck.
„Hockeyfunken springen über.......", so das Motto des Turniers, aber auch des Tanz- und Show-abends.

Und die Funken sprangen bereits beim ersten Programmpunkt über, da erzitterte das ehrwürdige Kurhaus in seinen Grundfesten, als die „Wormersdorfer Landsknechte" mit Fanfarenklang und Trommelspiel Einzug hielten. Sie rissen das begeisterte Publikum, das stehend applaudierte mit und verstanden es, die Ballgäste zum Schunkeln zu bringen. Bei ihrer stürmisch geforderten Zugabe, dem „Raver of Babylon", blieb schließlich nichts trocken. (Die „Wilmersdorfer Landsknechte" waren 4 Wochen vorher auf der New Yorker Steubenparade mit 150 Leuten gewesen.)

Das Eis war gebrochen – Fremde wurden Freunde! So erfüllte sich der Wunsch des Veranstalters, der in der von Gärtnern der Kurverwaltung hübsch gestalteten Saal und Bühnendekoration auch optisch ins Bild gesetzt wurde. Die durch den UHC aus Hamburg in den Saal gebrachten Riesenluftballons und die ständig in der Luft gehalten wurde, waren ein symbolisches Zeichen der großen Hockeyfamilie an diesem Tag,

Dann wurde es voll auf der großen Kurhausbühne. Jede Mannschaft, vertreten durch die Mannschaftsführer, erhielt aus der Hand von Erno Mahler einen Erinnerungszinnteller in Großausführung und für jeden Spieler eine kleinere Ausgabe. Die englischen Hockeyspieler aus Bishop´s Stortfort wurden für ihren dreizehnten Aufenthalt in der Badestadt mit Hockeytaschen ausgezeichnet. Wie es so geht, auch die Gäste bringen ihre Geschenke mit. Da gab es viele Erinnerungsstücke – Wimpel, Teller, Tafeln – für das HTC – Clubhaus und auch etwas für die Ausgestaltung eines Abteilungsabends – ein Fässchen „Düsseldorfer Alt". Vor Probleme stellten die Spieler von Uhlenhorst Mülheim die HTC – Führung. Ihr Gastgeschenk – ein lebendiges „original Ruhrgebietsschwein" mit dem besonderen Kennzeichen seiner Art: vier Füße, vorne eine Steckdose und von weißer Farbe.

In Abwandlung eines geflügelten Wortes hieß es für den HTC an diesem Abend „Schwein gekriegt". Die Verantwortlichen fanden aber noch zu später Stunde die richtige tiergemäße Lösung, das neue Mitglied in der HTC – Familie fühlte sich jedoch sichtlich wohl.

Nicht fehlen durfte der Auftritt der Gebietsweinkönigin, der „heimlichen Schirmherrin" dieser international auch unter Namen „Rotweinturnier" bekannten Veranstaltung. So wussten die Gäste die Vorzüge des Rotweines und des Ahrtals recht anschaulich zu vermitteln.

„Was wäre ein solcher Abend ohne einen Star?" „Es wäre, so gab sich Erno Mahler, der auch durch den Abend führte, selbst die Antwort, „wie Hockeyspielen ohne Schläger". Dann kam er, „Rocco Granata". Nach leichtem Kampf mit der Technik endlich, sang er seine zu Evergreens gewordenen Ohrwürmer: „Marina", „Buena Notte", um nur zwei der berühmtesten zu nennen, mit vollster Inbrunst. Daneben gab es von ihm neue Titel und einen bunten Strauß weltbekannter italienischer Volkslieder. Die geforderten Zugaben waren der sichtbare Beweis für die gute Wahl, die man mit Rocco Granata, der sich übrigens nach seinem Auftritt noch lange mit den Gästen privat unterhielt, getroffen hatte.

Für die Tanzmusik zeichnete an diesem Abend „Die Dändies" verantwortlich. Das Gedränge auf der Tanzfläche zeigte an, wie gut sie es taten. Traditionell gestalteten die Aktiven einen großen Teil des Programms selber, so auch an diesem Abend.

Der Altstadt – Boogie, dargeboten von den Spielern des HC Heidelberg, wusste ebenso zu begeistern wie das Hockeyballett des UHC Hamburg, das zu Can-Can-Rhythmen mit stacheligen Männerbeinen in zarten Dessous getanzt wurde. Die Darstellung des „Münchner im Himmel", diesmal als „Alois von Großgrundlach", durch die Spieler der Sportfreunde Nürnberg – Großgrundlach, unterhielt die Ballgäste ebenso treffsicher wie die Vorführung der neuen Hockey- und Tennisschlägerkollektion der Wiesbadener Aktiven.

Für den kulinarischen Rahmen des Abends sorgte einmal mehr in bekannter Güte die Crew des Hauses Steigenberger. Da gab es ein großes Buffet im Restaurant, Wein- und

Hockeymütter auf der Kurhausbühne

Bierausschank in den Nebenräumen, wo es als besondere Attraktion Zigeunerswing vom „Duo-Bertram-Emsemble" als musikalischen Genuss gab. Da gab es niemand, dem der Swing nicht in die Beine gefahren war.

Dass Hockeyspieler trefflich zu feiern wissen, stellten sie wieder unter Beweis. Es graute schon der „frühe" Morgen, als die Letzten das Kurhaus verließen. Dass es so früh geworden war, hatte auch die rückwärtsgehende Uhr, ebenfalls ein Gastgeschenk, nicht verhindern können, aber wohl auch nicht sollen.

- rufi – Rudi Frick

58 Erlebnisreiche Fahrt zum UHC Hamburg.
Wo war der UHC – Präsident?

Das Trinkgeld für die Fährleute haben wir später nachgeschickt. Vorher war es uns ausgegangen. Den Bus, das Jugendhaus, Essen und Trinken hatten wir vorher bezahlt. Doch den wunderbaren Eindruck ihrer ersten Hafenrundfahrt werden die Kleinsten und auch die Großen nie vergessen. Mit Bammel sind wir über die berüchtigte Reeperbahn geschlendert. Besonders den Stefan mussten wir vor den Damen beschützen. Um zum St. Michel zu kommen, muss man den Weg über diese Meile nehmen. Keine Probleme hatten die mitgereisten Eltern. Kaufe ich mir einen Schal aus Seide oder mir eine schicke Bluse? Das war es auch schon. Weltstädtisches Flair an der Innen- (oder war es die Außenalster?). Das haben wir geklärt.

Mit 7 Mannschaften waren wir angereist. Die meisten Spiele haben wir verloren, den Rest gewonnen und auch zwei Unentschieden waren dabei. Doch unsere mitgebrachten Geschenke sollen „sehr doll" gewesen sein, wie der damals scheidende und auch der neue dortige UHC – Jugendleiter vermerkten. Wir hatten uns wie üblich, angestrengt, und für jede Mannschaft etwas mitgebracht. Die Aufnahme beim UHC war prima und der dortige professionelle Zustand königlich – kaufmännisch – hanseatisch gut. Doch wie Gisela es treffend und mit Enttäuschung ausdrückte, kein Grußwort vom dortigen Präsidenten R., einem Mann, dem wir kurz vorher bei der hiesigen Europameisterschaften gezeigt hatten, wie man sich um Gäste kümmert. Als Präsident hätte er sich schon zeigen können, zumal wir ihm bei seinem Besuch bei uns, ihm mit unserem Einsatz für die europäischen Freunde, gezeigt haben, dass das deutsche Hockey lebt. Doch wie es auch sei, die sehr umsichtigen beiden UHC – Jugendleiter umsorgten uns mit viel Herz und Verstand und Fürsorglichkeit. In Erinnerung bleibt uns der bayrische Wirt im Clubhaus des UHC, sicherlich „Deutschlands" beliebtester Gastronom. Kein Kindergeschrei konnte ihn aus seiner Ruhe bringen, für jeden von uns hatte er ein freundliches Wort.

Erst spendierte er unseren Eltern leckere Runden, dann revanchierten sich unsere ca. 25 Eltern mit großen Umsatzzahlen.

Wenn der UHC mit seinen Mannschaften zu uns kommt, werden wir sie auch gewaltig verwöhnen. Und unser Vorsitzender wird auch dabei sein. (Unser Vorsatz).

Der UHC Hamburg glänzte mit übergroßen Luftballons, die ständig in der Luft gehalten wurden.

59   Zimbabwe - 17 Girls und ihre Betreuer
bei uns zu Gast.
Jetzt haben wir Freunde in Zimbabwe/Afrika.

Ein Hockeyspiel, bei der unsere Hockeydamen alles gaben, was sie an Können und Einsatz hatten. Doch der Gegner vom anderen Erdteil war etwas schneller und auch technisch besser. Die fröhlichen und hübschen Girls vom anderen Erdteil hatten sich monatelang auf ihre Europareise vorbereitet. Doch unsere Damen/Mädchen haben gekämpft wie nie, am Ende der Begegnung stand es 2:2. Ein Unentschieden, was allen Beteiligten gefiel. Am Tage zuvor war auch ein Tenniswettkampf zwischen den beiden Teams aus Zimbabwe und Bad Neuenahr ausgetragen worden, weil in beiden Mannschaften auch Tennisspielerinnen waren. Von unserer Gastfreundschaft waren die Afrikanerinnen schon angetan.

Zimbabwe gegen den HTC 2:2

So schrieben sie schon bald:

Germany - It is now two weeks since we arrived home and our visit to your beautiful country seems like dream. If we are ever fortunate enougt to return, for us that first visit will, howeyer, always remain very special. Staying in your homes we somehow feel we the "German people", having experienced wonderful hospitality, kindness and generostiy. You are abviously humbly proud of the many achievements that in Germany and your HTC – Club, through everyone´s hart work and efficient organisation.

We are amazed at the ready acceptance of our mountains of luggage, insistance to foregather sometimes long before a match or outing, but those of you who have been to Africa will be aware of delays and erratic conditions which prevail in Zimbabwe. We thank you for all your patience and understanding. So it was almost as if you were able to order that for our own good as well! The rain never really got us down; in fact coming from drought conditions, it was another new experience, to see such beautiful countryside and parks and gardens, organised farming, huge forrets and at not time did we suffer any discomfort becaise of it.

60 Ein Hoch der Stadt "Bad Neuenahr – Ahrweiler"

Bürgermeister, Stadtratsmitglieder, Verwaltungsangestellte und die Chefs auf den Sportanlagen selbst sowie die Mitarbeiter in den einzelnen Werkstätten wie Garten- und Sportamt haben sich für den HTC Bad Neuenahr gewaltig jahrzehntelang ins Zeug gelegt. Fahnen von allen beteiligten Ländern, nicht nur vor der einen Sporthalle, immer vor allen Hallen wo wir Spiele angesetzt hatten, manchmal auch vor den vier verschiedenen Sporthallen, wurden aufgestellt und später wieder pünktlich eingeholt. Wenn wir Festhallen oder auch schon mal die Straßen verschönert haben wollten, der „Stadt" war nie etwas zu viel oder überflüssig.
Streuwagen auf den Straßen oder steilen Wegen zu den Waldhütten bei unseren Festen standen bereit. Die Feuerwehr spritzte schon einmal den Hockeyplatz ab, wenn es nötig wurde. Auf unseren Wunsch wurden auch schon einmal 16 Landesflaggen nicht nur aufgehangen, auch die Fahnenmasten wurden in die Erde gerammt.

LKW der Stadt zur Beförderung der Hockeytore vom Platz in das Kurhaus und zurück, Reservierungen von den Sporthallen für die Belange des Hockeysportes, es gab quasi nichts, wo dem HTC nicht geholfen wurde.
Die Stadtverwaltung, (Karl – Josef Steinkämper und Co.), organisierten auch schon mal Podiumsgespräche mit Hockeyweltmeistern oder Olympiasiegern auf ihre Kosten.
Die Bürgermeister Rudolf Weltken, Karl Flohe, Dr. Tappe oder Guido Orthen übernahmen gerne verschiedene Schirmherrschaften über unsere Veranstaltungen
und waren auch stets anwesend bei den Turnieren und Festen. Pokale, Sachgeschenke und Geldmittel wurden aus Werbegründen in der Regel immer gegeben. Die Sportamtsleiter Karl-Josef Steinkämper, Andrea Feldhoff bzw. ihre Vorgesetzten waren stets Unterstützer des Hockeysportes an der Ahr.

Deutsche Damenmannschaft im Spiel bei uns gegen Neuseeland. Genau am anderen Ende der Erde liegend.

61 Klatschspalte der HTC – Familie (Kleine Ausgabe).

- Unser Ehrenmitglied, Gustav Jaenecke, Deutschlands früherer bester Eishockeyspieler und Tennis – Daviscupspieler, ein großer Unterstützer unseres Clubs, warb im Aktuellen Sportstudio für unseren Verein.

- Günter Giffels konnte bei der Jugendsichtung des DHB beim Bundestreffen hier an der Ahr in seiner Altersgruppe das drittbeste Testergebnis erzielen, scheiterte jedoch an einer Nominierung in einer Auswahlmannschaft, weil er vorher nicht in einen anderen Verein gewechselt hatte und dadurch besser bekannt gewesen wäre.

- Bärbel Knieps – Gilles bestand mehrere Sichtungslehrgänge und wurde auch auf höherer Ebene eingesetzt.
- Apotheker und Hockey müssen irgendwie verwandt sein: Nicht nur wegen der vielen Pflaster die schon mal gebraucht werden, nein, in unserem HTC haben bislang schon 11 Apotheker den Krumstab geschwungen: 4 Grünewälder, 1 Claessen, 1 Kockerols, 2 Bouché, 1 Hansen, 1 Schleyer, 1 Gilles-Knieps.
-
- Vater Bernd Giffels schneller als der ADAC. Die Knaben A hatte gerade in Erftstadt ihr Turnier gewonnen. Die Kinder mit nasser Sportkleidung wollten schnell nach Hause, Dann: Blau – gelber Qualm, ein Knall, das Auto lief noch ein wenig auf dem Standstreifen der A 61 aus. Dann Stillstand. Dort steht ein Notruftelefon.
- Motor sauer – explodiert. ADAC – Helfer soll in 5 Minuten kommen. Eine Stunde gewartet. Telefon läuft heiss. Der Autodienst Stuttgart kommt und darf aber nicht abschleppen. Autobahnpolizei hört alles mit. Wieder Anrufe in alle Richtungen. Die Kinder frieren und husten schon. Drei Stunden, vier Stunden warten wir schon. Wieder Anrufe bei der Polizei. Es folgt eine GSG – 9 – Kontrolle mit verdecktem Gewehr. In der Dunkelheit klettert der Kontrolleur über die Mittelleitplanke der A 61. Jetzt Flucht nach vorne: Vater Bernd Giffels wird angerufen und in 25 Minuten war er da. Die Kinder waren gerettet, jetzt kommt erst verspätet der Abschleppwagen, unsere Kinder waren schon versorgt.

Ehepaar Karl Zerwas stiftet elnen Satz Trikots für die Weibliche Jugend und die Mädchen – A.

Damaliger Kurdirektor Herbert Rütten und Frau Käthe Wagner übernehmen die Reparaturkosten unseres Club – Kleinbusses.

Ehepaar Wilfried und Doris Ronstadt luden alle Teilnehmerinnen und Teilnehmer der HTC – Nachtwanderung um Mitternacht in ihr Restaurant „tea-room2 ein.

Mario Mahler trainiert jetzt die 5, 6,7 und 8jährigen Kinder. Es muss nicht nur die Technik vermittelt werden, auch Schuhe binden und die Kleinen trösten gehört dazu.

Kann man den Eltern genügend Dank aussprechen, wenn sie um 6 Uhr in der Früh bis in der Nacht um 23 Uhr die Kinder zu den Wettspielen transportieren?Peter Müller (Hostertsgasse), Horst Bellmann (Plantanenweg), Wilfried Ronstadt (Lerchenweg), Jürgen Farnschläger (Tilsiter Straße), Mario Mahler (Tilsiter Straße), Wolfgang Thill (Auf den Steinen), Solveig und Willi Krause, Daniela Mahler und Oliver Grimm, Eheleute Bell, Eheleute Münchberg, Eheleute Isrif, Eheleute Rieck-Gangnus, Eheleute Stiehl, Eheleute Daniela und Peter Lingen, Eheleute Dr. Weber, Eheleute Schmidt; Familie Ketter, Anja Mahler und Frank, und wie sie alle heißen, nein, dies ist kaum möglich.

Andere Eltern stellten kostenlos Betten für Hockeyteilnehmer zur Verfügung. Als Turnierleiter, Fahrer, Turnierärzte oder auch als „Mädchen für alles"sind zu loben: Dr. Hubert und Renate Schmich, Hubert Ring, Ehepaar Bahles, Ehepaar Osswald, Eheleute Bernd Giffels, Maier,Eheleute Röhle, Oelmannn, Hannibal, Bitzegeio, Horst Felten, Thomas Geneper, die Väter Heilmeier und Steinhauer. Fast jedes Wochenende war der damalige Geschäftsführer Hans Benker für den Hockeynachwuchs unterwegs. Und jedes Jahr kamen andere Eltern helfend hinzu.

62 Zwei Tage Hockeyfestival -
Kurhaus fest in Hockeyspielerhänden.

„Ein Turnier der Superlative", so umrissen die mehr als 30 Teilnehmermannschaften einstimmig das „4. Senioren-Hockey-Turnier des HTC". Besser bekannt unter dem Namen „Rotweinturnier".
International war die Beteiligung an dieser Veranstaltung, die ihre Schatten schon im Frühjahr warf, obwohl sie erst im November stattfand. Der Cheforganisar Erno und seine zahlreichen Helfer hatten denn auch alle Hände voll zu tun.

Zwei Höhepunkte des prallvollen Wochenendes seien zur Dokumentation hier herausgegriffen.

Da war das Hockeyturnier als sportlicher Höhepunkt. 42 Stunden lang teilweise hochklassiges Hallenhockey in drei Hallen gleichzeitig – also Hockey total! 118 Spiele, in denen über 1.000 Tore fielen. Toll was geboten wurde an sportlichen Leistungen. Das waren Demonstrationen in hoher Hockeykunst. Da wurde gepaßt, gehoben und geschlenzt, was die Hockeyschläger hergaben; da wurde kombiniert und herrliche Tore herausgespielt, aber andererseits auch durch großartige Paraden sogenannte „todsichere" Chancen von den Torhütern verhindert.

Die „Ahrschwärmer", die Traditionsmannschaft
des HTC

Wie hier in der Bachemer Sporthalle herrschte an den Weinausgabestellen großer
Andrang.

Alle Händen voll zu tun hatten die Turnierleitungen in den Verschiedenen
Sporthallen; in Bachem Achim Jung mit seinen Helfern, Wolfgang Thill und sein Team
in der Weststraße und die Crew um Mario Mahler in der Halle in der Wilhelmstraße.
„Fleißkärtchen", die heiß begehrten Rotweingutscheine, gab es für die
unterschiedlichen Leistungen. Gute kluge Pässe, gutes Stellungsspiel, netter
Gesichtsausdruck, tolle Tore, usw. Für ein Eigentor gab es gleich zehn
„Fleißkärtchen". Tausender dieser Kärtchen wurden vergeben, denn die
unermüdlichen ehrenamtlichen „Ausschank-Damen" kredenzten in den Vorräumen
der Sporthallen an diesem Turnier über 6.000 Gläschen des guten Ahrroten.

„Fremde werden Freunde" und **„Hockeystunden zählen doppelt"** waren die
Leitsätze, unter denen auch der Turnierball im großen Saal des Kurhauses stand.
Wohlgefüllt war der Saal und auch oben im „Gepäcknetz" auf der Empore war ein
freier Platz schwer auszumachen.

„Hockeyspieler" verstehen zu feiern!" kein leeres Wort, der Ausspruch wurde in die
Tat umgesetzt. Neben dem Entertainer Patrick Nielsen und der Tanzkapelle Henryk
Bless, gestalteten die Aktiven der am Turnier teilnehmenden Mannschaften das
Programm des Abends mit ca. 30 schönen Beiträgen.

Da riss das „Knallaas" vom THC Wiesbaden in einer Callas-Parodie mit zündend
spritzigen Pointen den Saal zu wahren Lachsalven hin. Die „Barmer Spätlesen" des

Blau – Gold Wuppertal turnte in ihren Ringelkostümen aus der frühen Zeit des Sports.

Da feierten die „Bodensee – Felchen" ihre urtümliche allemannische Fastnacht in historischen Kostümen – ein malerische Bild. Ihr Auftritt war erst nach mehreren Sitzungen der zuständigen Gemeindevertretung möglich geworden, weil auswärtige Auftritte der Genehmigung bedürfen und außerhalb der engeren Heimat nicht zugelassen werden. Also eine Auszeichnung für unseren Club? Sicherlich ein Zeichen der Anerkennung.

Eine umfassende Ballbeschreibung verbietet sich aus Platzgründen an dieser Stelle, es handelt sich nur um eine nichtgewichtende Auswahl aus einer gelungenen Veranstaltung, die bis um 5 Uhr in Früh ging. Alles in allem eine runde, gelungene Sache dieses 4. Senioren-Hockey-Turniers des HTC. Wer dabei war, kann es bestätigen.

So auch unsere Gäste. Nach mehr als 50 Stunden in Bad Neuenahr – Ahrweiler traten die meisten Clubs ihre Heimreise an – die Engländer vom Bishop´s – Stortford – Hockeyclub, die „Were di" aus Tilburg aus Holland und aus allen deutschen Hockeyhochburgen von Hamburg bis zum Bodensee – nicht ohne das Versprechen: „Wir kommen gerne wieder und behalten dieses Turnier in bester Erinnerung." Sicherlich auch unser Organisator, der in Anerkennung seiner Verdienste um den Hockeysport mit der offiziellen Krawatte des Deutschen Hockey – Bundes ausgezeichnet wurde. (Rudi Frick).

Im Foyer der Sporthalle: Uschi Pauker schenkt den Rotwein kostenlos aus, die man mit den „Fleißkärtchen", für4 eine sportliche Leistung bekommen hat. Auf dem Bild: Der Präsident des **Deutschen Hockey – Bundes Jörg Schaefer nebst Ehefrau, aus Frankfurt.**

63   Unsere Minis um 1982 – 1984

Stehend von links: Georg Neis, Thomas Dietrich, Jürgen Bahles, Jörg Neufang, Patrick Wissen, Markus Blüm, Ingo Krainakel, Jan Mahler, Stefan Röhle, Christian Wiendieck; kniend: Kurt Wiendieck, Michael Mahler, Jennifer Mahler, Anette Blüm, Dominik Ketz, Gernot Sommer, Jörg Felten, Dietmar Brand, Stefan Dietrich beim, Turniersieg des „Tortenturniers".

Taschen für die Mannschaft vom St. Nikolaus. Im Hintergrund: Mario Mahler und Toni Krüger

64 Highlight des Jahres...... und Nachwuchs übt Olympiafest

Damen – Hockey- Länderspiel gegen Argentinien endete 2:2, gegen den Olympiazweiten.

Unglaubliche 20 Stunden vor dem Länderspiel. Die Chinesinnen dürfen wegen diplomatischen Verwicklungen in Peking nicht starten, da die holländische Botschaft das Mannschaftsvisum nicht freigibt. Schipol/Amsterdam war Anflughafen. Die chinesische Botschaft, der Welthockeyverband und andere Institutionen versuchen zu vermitteln. Das Spiel kann am Freitagabend in Bad Neuenahr nicht stattfinden, so das Fax des DHB.

Nach einem Anruf ist die sympathische Mannschaft aus Argentinien bereit, kurzfristig für Chinas Mannschaft einzuspringen.

Team Argentinien im Apollinarisstadion von Bad Neuenahr

Wir fahren wieder nach Bonn, wiederum. Diesmal bringen wir die Fahne aus der Botschaft der Südamerikaner, statt der Fahne Chinas, mit. Fahnen und Fähnchen, Nationalhymnen, Einladungen an den Botschafter, all das muss jetzt schnell verändert werden. Gisela Mahler packt die von Sigrid Knorr umgeprägten Medaillen neu ein. Ab zur städtischen Fahnenausgabe, dann zur Bonner Fahnenfabrik, dann noch zur Fahnenausgabe am Nürburgring und zum Kölner – Riehler Fahnengeschäft. Es gibt so viel zu tun. Auch die Pokale der Kreissparkasse Ahrweiler müssen neu graviert werden, alles in großer Eile. Karl – Josef Steinkämper knüpft neue Pressekontakte. Die Grußworte werden verändert. Stadionwart Werner Schumacher verändert die Fahnenordnung und Mario Mahler kontrolliert die Stadion – Eröffnungsmusik erneut. Schatzmeister Horst Langhoff storniert verschiedene Rechnungen und vergibt neue Zuschüsse.
Dann geht es los. Einmarsch mit Schilderträgerinnen und Fahnenträgerinnen, unsere jugendlichen Clubspielerinnen helfen fehlerfrei mit. Nationalhymnen, es erfolgt die Übergabe der HTC – Geschenke an die beiden Teams. Endstand 2:2.

Düsseldorfer SC 99 und der Gladbacher HTC gewannen „Olympiaturnier und Musikturnier" an der Ahr.

Gut besetzte Sporthalle sah glückliche Kinder- und Elternaugen.

Immer wieder brach Beifall aus, wenn eine neue Mannschaft mit ihrem großen Clubschild, unterstützt von passender Musik in die Sporthalle Bachem einzog. Die Düsseldorfer marschierten auf die Melodie „Düsseldorfer Girl" ein, die Jungens vom KKHT „Schwarz – Weiß" Köln mit: „Ich bin ein stolzer Römer....."; so ging es weiter, bis alle 10 Mannschaften vor der Tribüne Aufstellung genommen hatten.
Die Ehre, das olympische Feuer in die Halle bringen zu dürfen und den olympischen Eid sprechen zu dürfen teilten sich der GHTC und der DSC 99. Die Gastgeberspieler vom HTC B.N. durften die „Olympiafahne", mit 6 Jungen, bringen.
Die Tribüne war vollbesetzt, die Zuschauer sahen schöne und spannende Spiele. Die Spieler von Düsseldorf und Mönchengladbach setzten sich schließlich im Turniergeschehen durch.
Es war eine seltene feierliche Stimmung in der Halle. Die würdige olympische Einweihungsfeier hatte doch Eindrücke bei den Spielern, Trainern, Chauffeure etc. hinterlassen, dann wurde die Stimmung durch den Tag des 11. 11. (im Rheinland Eröffnung des Karnevals) nochmals verändert und die Turnierspiele sahen trotzdem guten Wettkampfsport.

Das Turnier setzte Maßstäbe: Sind vier Spiele an einem Hockeytag von 10 Uhr bis 17 Uhr zu wenig? Wie konnte es sein, dass 99% aller Spieler der Knaben B und Knaben C den 30minütigen olympischen Discolauf problemlos absolvierten und jetzt durch zusätzliche Spezialurkunden bescheinigt bekamen, wir sind „olympiatauglich" und

können später auch Bundesliga spielen. Dieser Lauf war von den   HTC –
Verantwortlichen mitten ins Programm gesetzt worden.
Die Siegerehrung sah nur zufriedene Gesichter:
Jeder Spieler erhielt zwei verschiedene aufwendige Urkunden in Vierfarbendruck,
jede der zehn Mannschaften einen von der Kreissparkasse Ahrweiler gestifteten
Pokal, Größe nach Platzierung. Der HTC hatte üblicherweise **kein** Startgeld den
Gästen aus den benachbarten Bundesländer abverlangt, das Turnier war fast 40
Minuten aufgrund der Mithilfe aller Beteiligten **früher** beendet und eine harmonische
- teils rührende – Siegerehrung mittels Musikbegleitung setzte den Schlusspunkt.
Das Motto dieses Turniertages lautete: **„Wer Hockey spielt hat Zukunft".**

Wir wollten wiederum etwas für Hockey in einem würdigen Rahmen auf die Beine
stellen und wissen auch, dass früher, wie zum Beispiel der der frühere Knaben – A
Spieler Volker Fried, ein sog. „Olympiaturnier" an der Ahr absolviert hatte und später
ein wirklich erfolgreicher Olympiateilnehmer wurde. So kann es wieder einem Jungen
von diesem Turnier evtl. auch gelingen.

65 „The Queen of Table Waters" gewinnen
Turnier

**Annette Bartsch Torschützenkönigin – Swantje Adams beste Torhüterin
des Turniers in Mannheim.**

Kirsten Lauterbach, Guido Ebach, Doris Schleithoff und Hans – Jürgen Mertens, Hans
– Joachim Markgraf, Manfred Röhle, Rosel und Mario Mahler gewannen in Mannheim
das Elternhockeyturnier.
Der Wein stand im Mittelpunkt dort: Hatten ihn wir als Gastgeschenk von der Ahr
mitgebracht, bekamen wir als Siegespreis auch leckeren Wein aus der schönen Pfalz,
die man aufgrund ihrer Schönheit unter Natur- und Denkmalschutz stellen sollte.

**<u>Gegen diese Teams wurde schon gespielt und   Freundschaften
geschlossen:</u>**
Bonner Chaoten, Rouge – Blanc, Riesling Trocken, Mamas & Papas,
Grasnarbenschocker, Wilde Krücken, Düsselschlenzer, Hot – Stocks, Rheinbacher
Glasscherben, Wingert – Knorzen, Hamburger Dampfkapelle, Bully Bären,
Spätzünder, Obstler, Neroberger Rebläuse, Carambolage, Los Carusos, Stockenten,
Schoppenstecher, Turboschwinger, Wolpertinger, Klingenschrubber, Trierer
Biwacken.

66 Racing Paris war begeistert über die Gastfreundschaft von „Monschauers"

3 Tage wurde der Racing Club de France aus Paris verwöhnt. Verwöhnt von Jacques & Ulla Monschauer. Der französische Club ist der größte Hockeyclub in ganz Frankreich. 3 Hockeyplätze, 48 Tennisplätze und drei Golfplätze. Am Eingang der Anlage ein Pförtner in einer Operettenuniform. Ihre zwei Siege gegen die Bundesligamannschaft von Stadion Rot – Weiß Köln mit 6:1 und gegen unseren HTC mit 4:0 waren nicht allein der Grund für die französische Begeisterung hier an der Ahr. Der Besuch in den „AHRTHERMEN" (super!), in der Spielbank, im Weinkeller und der Discothek gefielen ihnen sehr. Besonders die kurzen Wege zwischen dem SETA – HOTEL und dem Hockeyplatz sowie den Vergnügungstempeln beeindruckten sie ungemein. Das kennen sie aus Paris leider nicht. Da sind 25 km Wegstrecke schon mal nichts besonderes.

Alles sei hier so niedlich, proper, sauber, super, meinten die sehr gepflegten Sportler aus der französischen Metropole, ihres Zeichens neunfacher Meister ihres Landes. Die Franzosen wollten wiederkommen, das aber ginge rein theoretisch nur mit so einem so unvorstellbaren Entgegenkommen der Eheleute Ulla und Jacques Monschauer. Die beiden Schiedsrichter an diesem Wochenende, Dipl. Ing. Joachim Schneider und Baron von Nordeck, pfiffen fehlerlos.

67 So ein Hockeyjahr hat kein anderer Club.

Neuanfang der Nationalmannschaft. Mit dem früheren Hockeybundestrainer Paul Lissek hatten wir kurz vor den Olympischen Spielen in Sydney das erwartete „Medaillenfest" verabredet. Es kam aber anders als erwartet. Keine einzige Medaille. Die Damen und Herren gingen leer aus.

Jennifer, selbst und Bundestrainer Paul Lissek.

Das war eine regelrechte Katastrophe, Sponsoren sprangen beim DHB ab.
Mehrere Schreiben und Anrufe bei Apollinaris in Hamburg hatte der Unterzeichnende mit Generaldirektor Lambert Leisewitz.

Jetzt erst recht war der Tenor der Überlegungen. Dem deutschen Hockeysport sollte geholfen werden. Lambert Leisewitz, selbst Hockeyvater dreier erfolgreicher Spieler mit Bundesliganiveau, nutzte die Stunde, um für seine von ihm geführte Weltfirma

Apollinaris & Schweppes einen Werbepartner mit positiver Ausstrahlung einzubinden und gleichzeitig die gesellschaftliche Verpflichtung eines Großbetriebes wie Apollinaris & Schweppes abzuleisten. Aufgrund der unsrigen Vorbereitungen wurde unser Club, unsere Stadt Bad Neuenahr – Ahrweiler, auserkoren, den von uns ausgedachten Neuanfang für die Nationalmannschaften für Athen 2004 durchzuführen. Hamburg als Sitz von Apollinaris & Schweppes und Hürth als Sitz des Deutschen Hockey – Bundes, standen zurück.

Vorsitzender von Apollinaris, Lambert Leisewitz, überreicht das neue Trikot an den DHB – Präsidenten Dr. C. Wüterich.

Im hiesigen SETA – HOTEL tagte der gesamte DHB, in unserer Sporthalle gab es den ersten Lehrgang, wir liehen der Nationalmannschaft unser Hockeybälle, wir planten Spielbankbesuch und Ahrthermenbesuch ein, hatten schnell hilfsbereite örtliche Sponsoren und Mäzene. Der Neuanfang, der erste Spielerkaderlehrgang in unserer Halle, wurde eine Woche später mit dem Erringen der Europameisterschaft belohnt. Clubmitglied Paul NETT stiftete einen <u>Tausender</u> für die Mannschaftskasse der Hockeyamateure und Marc Adenäuer vom gleichnamigen Weingut hatte dem Torschützenkönig für jedes von ihm erzielte Tor, eine Flasche seines mit Gold prämierten Ahrrotweines übergeben, und dann später noch etwas draufgelegt.

Diese vier Tage haben dem Deutschen Hockeybund sehr geholfen, als HTC können wir stolz sein auf unser Engagement. Wir hörten viele ehrenhafte Worte und unser Clubgästebuch gibt allen Lesern Auskunft. Wir haben über den Tellerrand geschaut und etwas bewegt.

68 David verlor gegen Goliath
Unsere HTC Herren machten Furore und kamen im „DHB – POKAL" unter „die letzten Vier".

Bundesligist SAFO Frankfurt gewinnt 26:0 gegen uns.

Mehrere Spiele im DHB – Pokalwettbewerb hatten wir gewonnen und waren überraschenderweise bis in die Vorschlussrunde dieses bedeutenden Wettbewerbs durchgedrungen. Der Fairness gemäß müssen wir gestehen, zwei Gegner hatten gestrichen. Unser Schatzmeister aber drohte uns schon, wir sollten nicht so oft siegen, als ständiger Gastgeber mussten wir die Schiedsrichter alleine bezahlen und die Gäste stets würdig in unserem Clubhaus bewirten. Das taten wir dann auch.

In der Schlussrunde waren wir mit drei Bundesligamannschaften zusammen. Wir mussten gegen SAFO Frankfurt antreten. Dieses Team reiste mit 18 Spielern an, zwei Trainern, Betreuer und einem Bus voller Fans. Sie hatten scheinbar Angst vor einer unangenehmen Überraschung. Beim Einlaufen schielten sie immer auf unsere Mannschaft, sie wollten uns sicherlich ausrechnen. Die beiden Schiedsrichter kamen aus Saarbrücken und konnten nicht verstehen, dass wir kurz vor Spielbeginn nur 7 Spieler spielbereit hatten.

Kurz vor Spielbeginn kam noch der verletzte Jan Mahler, der Mittelstürmer Karsten Horn hatte bei seiner Autofahrt zum Spiel einen größeren Autounfall, und die Mannen um Mannschaftsführer Jens Heckenbach und Justin Hoerster, Guido Drodten, Fabian Ebach und die anderen kämpften verzweifelt gegen die Übermacht. Natürlich war die Mannschaft des HTC nicht gerade glücklich darüber, dass der Bundesligist keine Skrupel hatte, Tor auf Tor zu schießen gegen eine nicht vollständige Mannschaft. Doch die Neuenahrer kämpften bis zur letzten Minute und hatten einen Negativrekord bei einem Spiel des DHB – Pokal erlitten.

Die beiden Mannschaften saßen dann später im HTC – Clubhaus bei einem gemeinsamen, leckeren 4 Gang – Menü zusammen. Als wir den SAFO – Spielern, alles Studenten wahrscheinlich, erklärten, wäre die Situation anders herum gewesen und wir hätten hoch im Resultat geführt, hätten wir bei 10:0 kein einziges Tor mehr geschossen. Wir hätten wohl auch siegen wollen, jedoch den Gegner nicht so gedemütigt. Die Frankfurter wussten was wir meinten, sahen es auch ein und es tat ihnen auch irgendwie leid. Wir hatten dann aber noch gemeinsam eine schöne harmonische dritte Halbzeit.

Im Pokalwettbewerb kamen wir in Deutschland unter die letzten 4, hier schieden wir gegen SAFO aus.

69   Außergewöhnliches in einem besonderen Jahr.

In jedem Jahr gab es bei uns in der Hockeyabteilung immer etwas, was neu und ungewohnt ist. Da gibt es manchmal unerwartete Schwierigkeiten und manchmal unerwartete   Hilfe.   Ein Beispiel in einem außergewöhnlichen Jahr soll das mal verdeutlichen:

Ein 4   - Sterne – Hotel gibt dem Club nicht nur für zwei Mannschaften einen kompletten Trikotsatz, nein auch Trainingsanzüge werden einfach kostenlos mitgeliefert.

In diesem Beispieljahr gab es bei der Saisonabschlussfete nicht nur Pokale für die Rekordtorschützen der abgelaufenen Saison, es wurden auch das gute Mittelfeld geehrt und die Spielerinnen und Spieler, die die meisten Strafecken abgelaufen hatten, bekamen ihre Pokale.

Gleich zwei verschiedene Busunternehmungen spendierten uns kostenlos große Reisebusse, einmal um eine ausländische Mannschaft vom Köln/Bonner Flughafen abzuholen und ein anderes Mal, um mit vielen Kindern zum Clubkampf gegen Blau – Weiß Köln zu fahren.

Die Kurverwaltung mit Gärtner-, Anstreicher-, Elektriker-, Schreiner- und Schlossereiabteilung, mit dem Chef Herbert Rütten persönlich, haben viel zum großen Erfolg des Rotweinturniers beigetragen.

70 Turniere: Jugend und Kinder.

Wir veranstalteten nur Turniere, wenn wir nach unserer Überzeugung unseren Gästen eine Menge bieten konnten. Ein Null-Acht-Fünfzehn-Turnier wollten wir nicht. Wir hatten auch in manchen Jahren ein Netzwerk aufgebaut, welches dem Hockeysport auf der einen Seite Vorteile bot und den Sponsoren/Mäzene auch Freude brachten oder manchmal auch Werbenutzen. Diese Helfer müssen immer besonders gepflegt und geachtet werden.

So hatten und haben wir bislang große Hilfen bekommen von der Kreissparkasse Ahrweiler, der Volksbank RheinAhrEifel eG. , der Firma Apollinaris AG, verschiedenen Hotels in der Stadt, der Kurverwaltung, der Spielbank, der Kreisverwaltung, der

Stadtverwaltung der Stadt Bad Neuenahr und jede Menge Geschäftsleute, Winzer etc..

Frühlingsturniere, Karnevalsturniere mit Kostümierung, Olympiaturniere, Musikturniere oder Turniere mit ausländischen Vereinen, für jede Veranstaltung versuchten wir, auch im Detail zu bestehen. Natürlich haben wir die Schilder zum Einmarsch von einem Schreiner bauen lassen. Freunde haben, gelernte Malergesellen, fachmännisch die Vereinsnamen darauf geschrieben in ihrer Schönschrift.   Von den beiden Europameisterschaften hatten wir auch Fahnen in verschiedenen Größen von einem Freund bekommen, die wir bei den Kinderturnieren auch einsetzten konnten. Festgelegte Bänke für Gäste waren beschriftet, für die Wartezeiten der Kinder gab es Leseecken oder Bastelecken. Und bei der Bewirtung, da waren die Eltern nicht nur gefragt, sondern auch immer sehr erfinderisch und stellten tolle Speisen in reichhaltiger Vielzahl vor. Für die ausländischen Gäste haben wir auch oft Betten bei unseren Mitgliedern bereitgestellt und wenn Holländer oder Belgier kamen, gab es für die begleitenden Eltern zur angenehmen Warterei, auch Musikberieselung in ihrer Heimatsprache.

Pokale

Pokale

Begrüßungsansprache

Moritz liebt Hockey

71 Interview: Hockeyleiter Erno mit Mannschaftsführer Jens Heckenbach

Erno: Als Mannschaftsführer kannst du sicherlich sagen, aus welchem Grunde es nach deiner Meinung dieses Jahr mit der 1. Hockeyherrenmannschaft so gut lief?
Jens: Ich denke, das liegt daran, dass zurzeit in unserer Mannschaft ein Zusammenhalt vorhanden ist, den ich all die Jahre, die ich Hockey spiele, noch nie so erlebt habe. Alle ziehen an einem Strang! Jeder steht für den Anderen ein! So lässt sich viel bewegen.

Erno: Die Mannschaft hat, wie man so sagt, ein gutes „Outfit", was ist passiert?
Jens: Meinst du mit Outfit unsere Trikots. Es sind viele Ehemalige zur Mannschaft gestoßen und wir wollten ein neues Trikot. Da Sponsoren rar sind haben wir beschlossen, wir sponsern uns selbst.

Erno: Man kann im Internet unter eurer Mannschaftsseite: „Bully-darf-nicht-aussterben.de" sehen, wie toll eure Erfolge sind. Wie kam es zu dieser „Plattform"?
Jens: Wie alle guten Ideen ist dieser Gedanke auch bei einem Glas Bier entstanden. Wir wollten die Öffentlichkeit an dem Spaß, den wir mit der Mannschaft haben, teilnehmen lassen und sie informieren, dass Hockey ein schöner und guter Sport ist, bei dem man viel erleben kann. Auch stellt diese Homegage eine enorme Arbeitserleichterung für mich als Mannschaftsführer dar. Über diese Plattform kann ich die Mannschaft schnell und sicher erreichen. Schließlich sind die wenigsten die Woche über in Bad Neuenahr. An dieser Stelle möchte ich unserem Webmeister Klaus Steinbach danken, der das ganze ins Rollen gebracht hat und in Bewegung hält.

Erno: Ihr geht jetzt öfters ins Clubhaus, woran liegt das und wie ist das mit eurem Stammtisch geschehen?
Jens: Unsere Besuche hängen ganz eng mit dem Pächterehepaar Neureuther zusammen. Das waren Pächter, die sich ein jeder Club nur wünschen kann. Wir haben uns bei ihnen sauwohl gefühlt. Leider haben diese unseren Verein verlassen müssen. Wir werden sie und ganz besonders den „Bullyburger" vermissen. Mal schauen, ob die Nachfolger würdig sind, uns Bullies zu bewirten.

Erno: Wie kamst du zum Hockey?

Jens: Oh, das ist lange her. Das war in der 1. oder 2. Klasse meiner Schulzeit! Ich war damals sehr gut mit dem Michael Bahles befreundet und der hat mich dann mal mit zum Training genommen. Hockey hat mir von Anfang an sehr viel Spaß gemacht. Vorher war ich kurz in einem Fußballverein.

Erno: Was gefällt dir am Hockey und was überhaupt nicht?
Jens: Am besten gefällt mir am Hockey die Geschwindigkeit. In einer Minute Spielzeit kann alles passieren. Der Unterschied zwischen Sieg und Niederlage wird oft in Sekundenbruchteilen entschieden. Hockey ist auch ein Mannschaftssport. Es sind alles durchweg prima Kerle. Was mir nicht gefällt? Das ist schwierig. Die Tatsache, dass sich die Regeln alle paar Minuten ändern und es daher für die Zuschauer recht kompliziert wird, dem Ganzen zu folgen. Auch gefällt mir nicht, dass Hockey in der Öffentlichkeit so wenig beachtet wird. Hockey hat doch so viel zu bieten und Hockey in Deutschland ist doch olympisch so extrem erfolgreich, die erfolgreichste Nation.

Erno: An welches Erlebnis denkst du in Verbindung mit Hockey und deinem HTC?
Jens: Das wichtigste Erlebnis in Verbindung ist das gleiche, was wohl jeder Spieler als das Wichtigste bezeichnen würde. Mein erstes Tor. Da ich gebürtiger Abwehrspieler bin, kommt es ja nicht so häufig vor. Wir haben damals in der Berufsschulhalle gegen **Paris** gespielt und ich bin links außen die Linie runter, den Ball am Schläger, und wollte von der Toraußenlinie zum Schusskreisrand passen; mit der Rückhand. Ich hatte den Ball nicht richtig getroffen und der Ball kullerte in einer Bananenkurve ins Tor.

Erno: Haben dir internationale Begegnungen persönlich was gebracht, auch auf Reisen?
Jens: Sicher, es ist doch schön und aufregend, fremde Kulturen und Gegenden kennen zu lernen und wenn man dann noch Hockey spielen darf, dann ist die Welt doch in Ordnung. Man konnte bei diesen Spielen auch immer was lernen.

Erno: Wir haben ja bekanntlich selbst internationale Spiele mit versch. Nationalmannschaften hier durchgeführt, gibt es da eine besondere Erinnerung für dich?
Jens: Die schönste Erinnerung ist hier ganz klar die Halleneuropameisterschaft der Damen in der alten Bachemer Halle. Das war ein „Klasse-Turnier".

Erno: Was wünscht du dir für Zukunft für dein Team?
Jens: Weiterhin solch einen tollen Zusammenhalt und viel Spaß. Vielleicht auch noch ein wenig Verstärkung.

Erno: Welchen Hockeyschläger spielst du zurzeit? Wie oft trainierst du?
Jens: Ich spiele zur Zeit einen Malik Venus Schläger in der Halle. Auf dem Feld meine gute alte TK! Keule. Ich trainiere zweimal die Woche, gehe zwischendurch schon mal joggen.

Erno: Dein „'Spleen" beim Hockey?
Jens: Einen echten Spleen habe ich nicht. Ich habe nur die Schwäche, wenn das Spiel nicht nach meinen Wünschen läuft, mit dem Kopf durch die Wand zu wollen. Aber vielleicht habe ich doch einen Spleen. Auf meinem Hockeyhandschuh stet

immer Jake. Jake ist einer der Blues Brothers. Der Justin Hoerster, mein Verteidigerkollege, ist Elwood, und zusammen sind wir im „Auftrag des Herrn" unterwegs.

Erno: Dein Hockeytraum ist?
Jens: Einmal im Leben „Deutscher Meister" sein......... Ich wollte immer mal gegen einen Weltmeister spielen und diesen Wunsch habe ich mir 2002 auf den „Deutschen Hochschulmeisterschaften" erfüllt.

Erno: Welche Hockeymannschaft verfolgst du außer deiner eigenen Mannschaft und wer ist das beste Team für dich?
Jens.; Das ist paradox! Ich weiß nicht wer Deutscher Meister ist und wer in der Bundesliga spielt. Das interessiert mich auch nicht so sehr.

Erno: Welches Hobby neben Hockey hast du noch:
Jens: Mein anderes großes Hobby ist die Feuerwehr. Ich bin seit Jahren in der Feuerwehr und dort auch im Vorstand. Die Feuerwehr ist für mich eine ganz wichtige Institution! Leider gibt es immer weniger Menschen, die bereit sind, unentgeltlich anderen Menschen zu helfen. Falls ein Leser Interesse am Dienst bei der Feuerwehr hat, so möge er sich bitte melden.

Erno: Was bedeutet Arbeit für dich und welche Lebensphilosophie hast du?
Jens: Meine Lebensphilosophie sind die ersten drei Paragraphen des rheinischen Grundgesetzes: 1. et is wie et is.   2. Et kütt wie et kütt und   3. Et hät noch immer jot gejange! Die Arbeit bedeutet für mich mehr als nur Geld verdienen! Ich möchte in meinem Job auch etwas bewegen, etwas schaffen, unsere Umgebung schöner machen. Daher bin ich Bauingenieur geworden.

Erno: Wie lauten deine drei Lieblings-Internetadressen?
Jens: www.bully-darf-nicht-austerben.de, www.freiwilligefeuerwehr-badneuerahr.de und www.bivako.de

Erno: Was kostet dich dein Hobby Hockey ungefähr im Jahr und wann spielst du auch mal Tennis im HTC?
Jens: Für Hockey gebe ich etwa 300,-- bis 400,-- Euro ungefähr im Jahr aus. Hierzu kommen noch die Ausgaben für unsere Fahrten! Ist aber alles in allem ein recht überschaubarer Betrag. Das Thema Tennis habe ich abgearbeitet. Ich habe mal zwei Jahre auf den roten Plätzen gestanden. Meine ehrliche Meinung ist: Der Schläger ist mir zu groß und es fallen zu wenig Tore.

Erno: Welche drei Bücher sollen deine Hockeyherren unbedingt lesen?
Jens: „Herr der Ringe", „Wem die Stunde schlägt" und „Der Name der Rose".

Erno: Da ich dich lange kenne und schätzen gelernt habe, bin ich sicher, du wärst mein guter Nachfolger und würdest die Sportart Hockey, in unserer uns so sehr am Herzen liegenden internationalen Badestadt Bad Neuenahr, nicht aussterben-lassen; was schlimm wäre. Ich hoffe, du übernimmst bald die Hockeyabteilung.

Jens: Ich habe mich lang und intensiv mit dem Gedanken beschäftigt und du hast mich auch als jemanden kennen gelernt, die die Dinge, die er angeht, mit voller Kraft voran treibt. Ich stehe weiterhin meiner Mannschaft als Kapitän zur Verfügung, aber das Amt des Hockeyabteilungsleiters kommt für mich nicht in Frage. Hier liegt meine Priorität ganz klar bei der Feuerwehr und das ist ein ziemlich zeitintensives Hobby. Das Amt des Hockeyleiters muss von jemanden übernommen werden, der es mit genau so viel Einsatz führt wie du, das kann ich mir aus Zeitgründen nicht leisten.

72 Hockey- und Tennisjugend feiern gemeinsam:

Vorweihnachtstreffen auf der Bowlingbahn. Statt einer Weihnachtsfeier im trauten HTC – Clubhaus hatten Kinder und Jugendliche viel Spaß auf der Bowlingbahn – man hatte sich auf ein anderes Parkett gewagt. Nach der Begrüßung der Jugendleiter und einer kurzen Einführung in das Bowlingspiel ging es schon los. Die glücklichen Hockey- und Tennisspieler schafften manche gute Würfe, doch auch Versuche, die in der Kalle landeten, waren natürlich auch dabei. Ulrike und Paul Nett vom Sporthaus NETT und der Schatzmeister Horst Langhoff, beide Parteien hatten die Weichen gestellt. So konnten die Tennissieger der Clubmeisterschaft mit Pokalen von Jugendleiter Paul Nett und die Hockeyfreunde vom Hockeyjugendleiter geehrt werden. Ganz besondere Ehrungen erfuhren Michael Müller, Benjamin Vins, Salvatore Scollo, Nicolas Mertens und die überragende Swantje Adams.

73 „Sprüche" beim Hockey

Markus Weise: Letztes Länderspiel der deutschen 'Damen vor dem Abflug zu den olympischen Spielen 2004 nach Athen gegen China. Mit Britta Becker - Kerner verloren die Deutschen mit 5:0 gegen die Asiatinnen. Ich konnte mein Lächeln mir nicht verkneifen. Bundestrainer Markus Weise rang nach Luft und maulte mich an: „Erno, lach´ nicht darüber!" Ich konnte nur antworten: „Das ist doch prima so, eine verkorkste Generalprobe gibt eine Medaille!"! So war es dann auch. Die deutsche Wundertütenmannschaft bescherte Markus Weise die erste Goldmedaille, jetzt ist er mittlerweile schon **„dreifacher Goldschmid"!** Einmal Gold mit den Damen, zweimal Gold mit den Herren des DHB.

Der Mannschaftsführer vom DSC 99: „Wir treten nur gegen euch an, wenn jeder von euch erst einmal ein Glas scharfen Düsseldorfer Senf probiert!" Was sollten wir machen? Wir wollten doch spielen und mussten halt das Opfer bringen. War schon scharf!!!!

 Das Hockeyspiel wurde immer rauer. Dann meinte Mannschaftsführer Jan Mahler: „Knüppelt doch nicht so, ihr braucht doch kein Kleinholz, ihr habt doch alle Zentralheizungen!

Die chinesischen Hockeydamen beim 4wöchentlichen Trainingslager bei uns in Bad Neuenahr: Wir hatten die für uns alle gleich aussehenden jungen Mädchen in ihren chinaroten Trainingsanzügen vom Köln/Bonner Flughafen mit einem großen Reisebus abgeholt. Den Busfahrer hatte ich gebeten, vor der Ankunft im Hotel Elisabeth mit den Sportlerinnen eine kleine Stadtrundfahrt zu machen. Alle 26 kleine chinesische Stuppsnäschen klebten an den Busfenster bis eine laut sagte: „Look – the city is so clean, but the inhabitans are so very old"!

Die Chinesinnen fragten mich, wie sie mich ansprechen sollten. Ich hatte ihnen geholfen, die sehr schweren Reisekoffer ins Hotel zu bringen. Vier Wochen lang war ich dann   „ihr Mädchen für alles". Ich schlug ihnen vor, mich „Ming-sching-sin-futsch!" zu nennen. Die Rheinländer wissen, d.h.: Meine – Scheine – sind – futsch. So nannten sie mich denn auch nach 2 Jahren beim Wiedersehen, dieses Mal in Mönchengladbach, hatten sie diesen verrückten Namen noch nicht vergessen. Sicherlich glauben sie, so einen Namen gibt es sicherlich in Deutschland.

Der Bundesminister der Verteidigung, Volker Rühe, beim Fest anl. des Hockey – Länderspiels: Deutsche Bundeswehrauswahl gegen das Militär der Niederlande auf die Frage von Mario Mahler: „Herr Minister, möchten sie jetzt ein Bier?",   „Na klar, wenn ich das „Maß" nicht ganz austrinken muss"!
Der Turnierleiter bei der Ehrung der besten Schiedsrichterin anl. der Damen – Europameisterschaft 1984:
„Beste Schiedsrichterin ist Ilona Popp, DDR. Der Pokal des Innenministers Rudi Geil wird überreicht vom HTC – Vorsitzenden Rudi Fick. Ein Lächeln bei den Zuschauer/Zuhörern auf der Tribüne.

Der Turnierleiter: Gerade war das Hallenhockeyfinale beim „Rotweinturnier"vor 1.100 Zuschauer zu Ende gegangen. Es muss für ihn sicherlich schwer gewesen sein. Denn als er den Zuschauern und den Gästen für ihren Besuch dankte, tat er dies mit folgenden Worten: „Vielen Dank – vielen Dank   und Gott sei Dank."   Dann sank er in sich glücklich und zufrieden.

74 Geschichten über den clubeigenen HTC - Kleinbus

8 Kleinbusse hat der HTC Bad Neuenahr nach und nach besessen und diese haben den Sportlern jahrelang gute Dienste gebreitet.

Für viele Mannschaften war es der „Disco – Bus" Hier gab es die „beste Musik" für die gute Stimmung und auch bei bestimmten Anlässen gar Liebeslieder.

Bei einem HTC – Bus explodierte bei der Heimfahrt der Mädchen A – Mannschaft bei einem Besuch bei Blau – Weiß Köln der Motor. Ein Knall, dann gelb – schwarzer Rauch und mit letzten Zuckungen erreichten wir auf der A 61 gerade noch den rettenden Standstreifen. Danach holten uns die alarmierten Eltern schnell ab. Doch dann gab es noch harte Verhandlungen im Vorstand, der dann schließlich für den Bus einen neuen Motor genehmigte.

Ein „schlimmer" HTC – Kleinbus kam zu Fernsehehren. Auf einer Fahrt zu einem anderen Kölner Club kam der Fahrer auf der A 555 bei Wesseling an einem Sonntagmorgen auf Glatteis. Der Kleinbus kippte in den Straßengraben und alle 8 unserer Hockeydamen wurden schwer verletzt und mit Hubschraubern in das Krankenhaus Köln – Merheim abtransportiert. Aber alle wurden geheilt. Damals war der Schock bei uns allen sehr groß. Viele Vereine schickten den Verletzten Genesungswünsche. Das tat uns allen gut.

Bei einem anderen HTC – Kleinbus war das Kühlsystem nicht in Ordnung. Am Armaturenbrett sah man ängstlich, wie die Warnnadel im roten Bereich immer höher stieg. Alle Kinder mussten ihre Wasserflaschen opfern, alle paar Kilometer mussten wir Wasser nachfüllen. Wir mussten ja unsere Punkte retten und auch ankommen.

Einige unser HTC – Kleinbusse waren Werbeträger. Für die Kurverwaltung haben wir den schönen Brunnen vor dem Badehaus von einer Bauernmalerin in bunten Blumen „tupfen" lassen.

Bei einem Busdefekt auf der Höhe von Erftstadt am späten Winterabend warteten wir mal wieder lange auf den Abschleppwagen. Wir hatten diesmal ca. eine Stunde gewartet bis ein Lieferwagen auf der anderen Autobahnseite anhielt, ein Mann mit einem unter einer Deckel versteckten Gewehr über die Mittelleitplanke kletterte und uns erschreckte. Er war dann selbst erlöst als er sah, da sind ja nur in Trainingsanzüge steckende Jugendspieler in diesem Bus. Man muss wissen, in Erftstadt wurde um diese Zeit der deutsche Arbeitgeberpräsident ermordet.

Die verschiedenen HTC – Kleinbusse waren manchmal Krankenwagen, Karnevalswagen, Disco, Transportfahrzeug, Aufenthaltsraum oder gar Kneipe. Es kam auf den Umstand an. Die einzelnen Mannschaften waren auch sehr-sehr unterschiedlich im Benehmen und in der Sauberkeit um die Fahrzeuge.

75 Wenn ihr Tennisspielerinnen viermal zum Hockeytraining kommt, fahre ich mit euch sofort nach München.

Das war doch eine Ansage. Die spielstarken Tennismädchen waren gerade im Tennis Rheinland – Pfalz – Meister geworden, als ich die 17 und 18jährigen Mädels zum Hockey locken wollte. Sie waren ja auch unsere Clubmitglieder. Da kamen sie doch tatsächlich viermal zum Hockeytraining und hatten auch Spaß. Versprochen ist versprochen.   Ein Telefonat mit Rot – Weiß München und wir   fuhren zum Hockeyspiel in die bayrische Metropole. Vorher hatten wir mit den Bayern ausgemacht, wir kämen nicht mit Hockeyassen, sondern wir wollten unsere Tennismädchen zum Hockey locken. Die netten Münchenerinnen, das sind die Mädels, die mit ausgestreckten Armen auf allen Münchener Straßenbahnen zu sehen sind, waren so milde und höflich, dass ein nettes Spielchen entstand und wir nur mit 4:2 verloren. Es war eine wunderbare Großzügigkeit von den Mädchen von Rot-Weiß München, gepaart mit viel Herzlichkeit. Leider blieben unsere Fräuleins doch beim Tennis, aber sie haben zumindest einmal in München Hockey gespielt. Wenn dies nichts ist?

76 Westfalenmeister und Niederrheinmeister besiegt. Unsere Jugend A wurde Dritter im WHV

Einen schönen Erfolg errang die HTC – Jugend A bei den Westdeutschen Meisterschaften in Geldern am Niederrhein.
Der Endstand:
1. Uhlenhorst Mülheim (Ruhrgebiet)
2. Rheydter Spielverein (Linker Niederrhein)
3. HTC Bad Neuenahr (Rheinbezirk)
4. Germania Hackenbroich (Linker Niederrhein)
5. SG Werne/Lünen (Westfalen)
6. Eintracht Geldern (Holländisches Grenzgebiet)
7. Soester Hockeyclub (Westfalen)

Unsere Teilnehmer: Justin Hoerster, Karsten Horn, Klaus Steinbach, Michael Müller, Benjamin Vins, Torwart Christian Kreidt, Trainer Erno Mahler.

Eine Woche später wurde die HTC – Jugend B bei der Endrunde in Kerpen Rheinbezirkssieger. Torwart Christian Lersch, Hanno Ruland, Christian Senk, Salvatore Scollo, Sascha Gies und Franjo Puskaric.

77 Vom Geist des Hockeys und warum es uns gefällt. (Aus der Wochenendausgabe der Frankfurter Rundschau)

Jule will nach hinten. Jule soll vorne spielen. Sie ist nämlich schnell, die Jule. Eben – darum ist sie auch im Sturm so gut. Aber sie spielt doch heute im Sturm! Sie will Vorstopper werden, das ist das Problem. Ja genau, sie ist immer so kaputt nach dem Spiel und deshalb will sie lieber hinten spielen. Weil man hinten nicht so viel rennen muss. Bloß weil sie nicht mehr soviel Lust hat. Hat sie doch! Warum will sie denn nach hinten, wo sie vorn so gut ist. Also ich finde, Luisa soll ruhig wieder in die Verteidigung, so toll war sie im Sturm auch wieder nicht. Luisa ist als Vorstopper genau die Richtige.

An so einem Spätsommertag haben Argumente um Mannschaftspositionen irgendwie fast kein Gewicht. Blickt man von der anderen Seite es Spielfeldes zu den Mädchen hinüber, die sich ihrer Trainingsanzüge entledigen, vernimmt man nur das Geschwirr ihrer Stimmen, die dem sonnendunstigen Septembernachmittag jeglichen Anflug von Melancholie nehmen. Anoraks, Jacken, Plastickrucksäcke, Hockeyschläger, Futterale bedecken nach und nach die weiße Bank und den noch immer sattgrünen Erdwall dahinter, die die Klubanlage begrenzt.

Bald sind sie alle auf auf dem Kunstrasen mit dem stichigen Chemiegrün über dem nun eine konzentrierte Stille liegt, unterbrochen von Rufen der Mädels und dem Klacken der Hartplastikbälle. Vor dem Spiel gegen den Harvestehuder THC ist für die A – Mädchen (das sind die Dreizehn- bis Sechszehnjährige) von Klipper Hamburg noch eine Stunde Training angesetzt.

Malte, ihr Trainer, ist noch so jung, dass er in ein paar Jahren als Freund kaum in Frage käme, doch bei der Mannschaftsbesprechung hat der Achtzehnjährige absolute Autorität. Durch das Geräusch von Rasensprengern, das Rascheln der über dem Boden kreisenden Blätter trägt der Wind seine Anweisungen „laufen – hinlangen – abgehen".

Sie hören zu, im stehen, oder in der Hocke sitzend, auf ihre Schläger gestützt, nicken, schieben die Schienbeinschützer unter den blauen Stutzen zurecht. Der konzentrierte Ernst auf ihren Gesichtern lässt sie zugleich jünger und älter aussehen.

„Es ist übrigens auch durchaus angezeigt, mal auf das Tor zu schnitzen", sagt der Trainer und meint damit, den Ball halbhoch und leicht angeschnitten auf das gegnerische Tor zu schießen. „Ja-aa". Wissen sie doch. „Ihr habt es aber im letzten Spiel nicht gemacht". Für diese leicht ätzende Erinnerung an ihre Unvollkommenheit erntet er ein von Eingeständnis und angekratzten Stolz in die Länge gezogenes „Daaaanke"! „Wo soll ich denn nun bei der Ecke stehen?" Fragt Anna-Katharina mit einem Ausdruck überdrüssiger Lässigkeit. Die ist nur gespielt, denn Anna – Katharina ist Mittelstürmerin und hat es neben Charlotte bis in die Jugendnationalmannschaft gebracht. Nachher wird sie eine ebenso dynamische wie elegante Aktion mit dem Tor zum Eins-zu-Null-Sieg für die KLIPPER abschließen. „Mimi geht ins Eck. Luisa spielt Putzer". Diese Einteilung erzeugt ein strahlen auf Johannas Gesicht. Sie steht nämlich im Tor und wird nun Mini, die eigentlich Emilia heißt, und Luisa das ganze Spiel vor sich haben. Emilia ist ihre Schwester, Luisa und Julia ihre besten Freundinnen, und in der gerade bei Johanna aufwallenden Freude über die Mannschaftsaufstellung offenbart sich, was Damenhockey hierzulande im Innersten zusammenhält: der soziale Bezug. Man ist miteinander verwandt, man ist befreundet.

Inzwischen sind die weißen Bänke längs des Spielfeldrandes kaum mehr zu sehen, weil immer mehr Eltern davorstehen. „Es ist familiär, das ist das Schöne". „Die Eltern sind dabei, sehen zu und trinken zusammen Kaffee", sagt die Mutter von Johanna und Emilia. Man ist unter sich, mehr oder weniger.

Der Ehrgeiz der Clubs und das familiäre Geflecht lassen indessen kaum ein Talent unentdeckt bleiben. Und wenn sie erst einmal Hockey spielen, dann bleiben sie dabei. Der drop-out zu anderen Sportarten ist bei uns sehr gering, sagt der frühere Damen – Bundestrainer Rüdiger Hänel.

Wenn ich wirklich gut werden würde, dann würde ich schon weitermachen. Emilia steigt im nächsten Jahr von den A – Mädchen in den Kader der weiblichen Jugend auf. „Dann komme ich in eine andere Mannschaft, und diese Mannschaft in der ich gerade bin, die ist gerade toll. Das ist überhaupt das Besondere am Hockey, in einer Mannschaft zu sein, die zusammenhält. Wo ich im nächsten Jahr spielen muss, da sind alle so gut, und wenn man dann immer nur die kleine Schlechte ist....................Verlustängste, erste Rücktrittsgedanken.

Für viele Mädchen hat der Hockeyschläger die gleiche Bedeutung wie Ballettschuhe oder Achtelgeige. Ein Instrument für die heranwachsende Persönlichkeit auf ihren Weg in die gesellschaftliche Einordnung. Emilias zwei Jahre jüngere Schwester Johanna allerdingst hat die Geigenstunden sausen lassen. Sie geht ganz in Hockey auf.

„Warum ist sie heute bloß so zaghaft", seufzt eine Mutter, als der Gegenangriff der Klipper über die linke Seite ins Stocken gerät."   „Nun schieß doch!" Maike funkt dazwischen und erobert den Ball. Das spanende Spiel geht nun in die Endphase. „Und liebe Grüße auch an Daggi!"   Bei der zu Grüßenden handelt es sich um die Mutter von Emilia und Johanna, auf deren Gesicht sich dieselbe Veränderung zeigt wie auf den Gesichtern der übrigen Mütter, die inzwischen hoffen, das ihre Mädchen den Eins-zu-Null-Vorsprung halten. Es ist ein Zug, der immer klarer hervorgetreten ist. Hingabe ist darin, Anspannung, Begeisterung und ein vor dem Hintergrund eines Hockeyspiels seltsamer Ernst.Und während sie die Bemühungen ihrer Tochter verfolgen, finden längst vergessene Spiele und Situationen in ihren Nervenzellen noch einmal statt. Davon wissen sie jetzt nichts. Dann sind die zweimal 30 Minuten Spielzeit herum. Ganz kurz steht die Zeit still, so dass das Septemberlicht und die Schatten der Bäume auf dem Spielfeld überdeutlich werden. <u>Noch gefangen von der Erregung des Spiels, sind die Gesichter der Frauen verjüngt, die der Mädchen gereift. Und wie die Mütter und Töchter nun aufeinander zugehen, sehen sie für einen kurzen Augenblick beinahe gleich alt aus.</u>

Ein sehr heiteres Team mit besten Erfolgen. Und immer guter Laune.

78 Jahresfahrt nach Holland
Herzliche Aufnahme beim „HC
Klein Zwitserland".

Der Empfang war herzlich und rührend. Die Knaben C – Spielerinnen und Spieler mit ihren Eltern, auch die mitgereisten Hockeyherren, merkten sofort: Die natürliche Hockeyfreude ist so echt und von niemanden zu überbieten. Nach den Spielen steigerte sich die Herzlichkeit der gastgebenden Holländer nochmals, gepaart mit einer für Hockey typischen Fröhlichkeit.

Vor den Spielen gab es den üblichen Wimpeltausch. Die Gastgeschenke, die wir vom HTC mitgebracht hatten, gaben Kundschaft über die in unserer Region wichtigen Erzeugnisse wie Ahrrotwein und Mineralwasser der bei uns ansässigen Firma Apollinaris und Schweppes AG. (jetzt auch Apollinaris & Coca Cola). Der Kur- und Verkehrsverein, die Touristik GmbH, Herr Wittpohl, ließ Geschenke, Werbeartikel und Prospekte verteilen.

Vor dem offiziellen Hockeyspiel der HTC – Herren unter Flutlicht am Abend auf dem dortigen schön grünen Kunstrasenplatz, (TV war schon aufgebaut), war die gesamte HTC – Crew im berühmten Badeort Scheveningen gewesen. Der lange legendäre Pier ins Meer hinaus mit den kindgemäßen Attraktionen hatten es den Jüngsten sehr angetan. Es folgten Plätschern mit den Füßen in die hereinkommenden Flut, Sandburgen bauen und Fußballspielen im Sand. Ob das die richtige Vorbereitungen waren für die Wettspiele im Nachbarland?

Die Hockeyherren waren mit 2:0 durch die Tore von Andreas Monschauer und Karsten Horn in Führung gegangen. Michael Müller und Benjamin Vins hatten die Vorarbeit geleistet. Dann kamen kurz vor der Halbzeit die Holländer mit zwei Strafecken zum 2:2. Nach der Pause gab es für den Torwart Christian Kreidt Schwerstarbeit zu verrichten, die Abwehr um den schnellen Mirko Perra und die tolle Partie von Bastian Meier als Libero bremsten immer wieder die Angriffe des Gastgebers. Der Druck der Holländer wurde immer stärker. Ein Alleingang von Andreas Monschauer über das halbe Feld , vier Gegner ausgespielt, dann unsanft zu Fall gebracht. Wäre der Siebenmeter erfolgreich gewesen, wäre das erneut die Führung gewesen. Doch so kam es nicht. Michael Müller erzielte noch ein drittes Tor, doch die Holländer wurden in der Schlussphase immer stärker und gewannen verdient mit 7:3.

Die C – Knaben hatten den erwarteten schweren Gegner ebenfalls vor sich. Ob es das berühmte Lampenfieber dieser ersten internationalen Begegnung war oder ob die Jungens sich beim Strandfußball bzw. Sandburgenbau verausgabt hatten, die Jungen vom HTC kamen in der ersten Halbzeit nicht über die Mittellinie.

Torwart Mark Roitzheim bekam sogar Beifall auf offener Szene von Freund und Feind. Nach der Pause ging es dann plötzlich besser. Es wurde ein schnelles und offenes Spiel. Nicolas Mertens war der Dreh- und Angelpunkt im Mittelfeld. Die gute Mittelfeldachse Kai Schneiders, Mate Vilic und Philipp Werner gaben den Stürmern Christian Temme, Andy Unger, Jan-Hendric Rakebrandt und Fabian Ebach viele gute Vorlagen und Joun Hansoro gelang der heiß-umjubelte Ehrentreffer zum 1:2. Sein erstes internationales Spiel hatte auch Zeno Mertens.

79 Neubeginn für Athen 2004. Das sagten wir im Jahre 2003

Irgendwo ist immer ein Neuanfang. In der Regel immer da, wo man nicht selbst ist. Das ist doch eine alte Weisheit. Das es aber einmal bei uns an der Ahr sein sollte, daran haben wir nie gedacht. Aber es kam so unerwartet und wir drehten automatisch an der kleinen Geschichtsstunde mit. Es sind ja die kleinen Dinge, die einen nachher erfreuen.

So kam die deutsche Herren – Nationalmannschaft zu uns nach Neuenahr, genauer in den kleinen Ortsteil Bachem. Und da war ein sehr strenger Hausmeister in der Sporthalle, Franz Graf, der seinen Tempel rein halten wollte und auch musste. Schmutzige Schuhe waren ihm ein Gräuel und auch Schuhe mit schwarzen Sohlen waren ihm ein „Dorn im Auge"; auch wenn die Schuhe nicht abfärbten. „Du kommst hier mit den Schuhen nicht rein!" brüllte   er den erstaunten neuen Bundestrainer Bernhard Peters entgegen und stellte sich ihm in den Weg. „Ob die Schuh neu sind, das interessiert mich nicht". Bernhard Peters musste sich dann die bereitliegende Plastik – Op – Überzieher anziehen. Das Meckern des strengen Hausmeisters hat den Bundestrainer sicherlich noch mehr angespornt, ihn sicher noch stärker gemacht. Am drauffolgenden Sonntag nach diesem öden Lehrgangserlebnis mit den Schuhen wurden seine Mannen in der Schweiz wieder einmal „Europameister im Hallenhockey".

80 Erfolgreiche und schöne Hockeyfahrt nach Brüssel zum Jahreswendeturnier 1961/62

Die Reise unserer 1. Herren nach Brüssel wird uns allen – das sei vorweg gesagt – unvergesslich bleiben.

Wir waren als einzige deutsche Mannschaft zum großen Hallenhockeyturnier im exclusiven Brüsseler Eispalast eingeladen worden, was nicht zuletzt der hervorragenden Arbeit, die unser Toni Hansen in den letzten Jahren für uns leistete, zu verdanken ist. Auch diese Fahrt war wieder glänzend organisiert und vorbereitet und wir starteten am Morgen des 30. Dezember 1961 durch Eifel und Ardennen, um rechtzeitig zur verabredeten Zeit bei „Männicken-Piß" einzutreffen.

Da unsere freundlichen Gastgeber wussten, dass wir uns als sogenannte Provinzler in der riesigen Stadt Brüssel kaum zurechtfinden würden, holten sie uns an der Stadtgrenze, um uns im Geleit zum berühmten Eispalast zu schleusen. Pünktlich am Place Meiser angekommen, schien das Problem jedoch noch nicht gelöst, denn wie sollten uns die belgischen Hockeyfreunde erkennen. Aber unser Erno wartete mal wieder mit einem vorzüglichen Geistesblitz auf. Eingedenk des berühmten Zitates: „An ihren Hockeyschlägern sollt ihr sie erkennen", stürzte er sich – seinen Hockeyschläger hoch über dem Kopf schwenkend – in das Menschengetümmel und hatte schon nach wenigen Minuten mit diesem „Köder" Erfolg. Zuerst zeigte uns unser Führer dann die Unterkunft, in der wir nach geschlagener Schlacht die müden Glieder ausstrecken durften. Doch darüber später noch ein Wort! Hiernach fuhren wir in das Clubhaus der „White – Star´s", um uns nach der langen Anreise zu erfrischen.Unsere Gastgeber wollten uns schon mit Alkohol verwöhnen, aber wir hatten uns ja für die Spiele viel vorgenommen und lehnten mit einem bedauernden „Lächeln" dankend ab. Dann wurde es Zeit zum Eispalast aufzubrechen. Unsere belgischen Freunde führten uns über das Gelände der ehemaligen Weltausstellung, welches heute von einem modernen Straßennetz und prächtigen Grünanlagen durchzogen wird. Die hereinbrechende Dunkelheit ließ uns das Atomium als riesiges, silbrig - graues Ungeheuer erscheinen. Noch im Schatten dieser prächtigen Anlage lag der Eispalast. Er machte seinem Namen alle Ehre, denn als wir eintraten, verspürten wir eine eisige Kälte. Einige glaubten schon, man habe uns mit einer Eishockeymannschaft verwechselt, denn in der Halle sah man reizende Mademoiselles nach lauter Musik Pirouetten und sonstige eislaufverdächtige Figuren drehen. Manche von uns fürchteten schon in einem Eishockeymatch als Schüler unseres berühmten HTC – Mitgliedes Gustav Jaenecke auftreten zu müssen. Aber es war dann doch anders. Nach genauem Hinsehen entdeckten wir, dass es sich um Rollschuhläuferinnen handelte und atmeten erleichtert auf.

Dann kam unser erstes Spiel. Wir hatten alle Lampenfieber und versiebten todsichere Chancen. Als wir dann doch 2:1 gegen Berchem Brüssel gewonnen hatten, vergaßen wir alle vorherigen Gedanken an Body- oder Kniescheck und sahen den kommenden Dingen mit Ruhe entgegen. Mit weiteren Siegen über Baudouin, Hui und White Star Bruxelles erreichten wir gegen 24 Uhr die Endrunde des Turniers. Unsere Freude war natürlich sehr groß und Toni, unser Boss, der stets von der Bande aus dirigiert hatte, strahlte über das ganze Gesicht. Aber das Endspiel machte uns doch sehr zu schaffen, sei es, dass uns die lange Anreise einen großen Teil der bis dahin guten Kondition gekostet hatte, sei es die späte ungewohnte Stunde, zu der wir ja normalerweise das warme Bett einem Hockeyspiel vorziehen, sei es wie es wolle – wir verloren, um es kurz zu sagen, mit 1:3. Bei der anschließenden Siegerehrung würdigte der Präsident des veranstalteten Clubs die gute Leistung und das sportlich faire Auftreten unserer Mannschaft.

Aber auch in Brüssel sind die Nächte lang, wäre eine Überschrift,die man über das folgende Kapitel schreiben könnte, aber man möge mir verzeihen, ausgerechnet hierüber habe ich mein Konzept verloren und gerade das hatte ich bis in „die kleinsten Einzelheiten" ausgearbeitet. Sogenannte Nachwehen dieses Kapitels sind aber leider nicht zu verheimlichen. (Anmerkung der Redaktion: Unser lieber Youbbes hatte morgens um 5 Uhr auf dem Marktplatz von Brüssel mit einer Marktfrau getanzt, die Frau hatte Tränen in den Augen vor Rührung).

In unserer Unterkunft waren wir „frühmorgens" des kommenden Tages zurückgekehrt, wie sich das für Sportler so gehört. Hier hatten wir schon am Nachmittag herausgefunden, dass es sich in diesen Zimmern des neu erbauten „Palais Nationale des Sports" nicht um Hotelbetten, sondern um zusammenklappbare Liegen handelte. Unseren lieben Toni haben wir mit einer an seinem Bett befestigten Schnur in der Nacht durch das Zimmer gezogen. Den Silvesterabend haben wir dann daheim am nächsten Tag nach gefeiert. Youkro

81 Dank an unsere Sponsoren:
(Eine Auswahl)

Es sind so viele Privatleute, Freunde, Firmen – sie alle haben ihre Verdienste an unseren HTC und all die Veranstaltungen, die wir gestemmt haben und hatten. Hier kommt eine Auswahl:
Kreissparkasse Ahrweiler, Volksbank RheinAhrEifel e.V., Kurverwaltung Bad

Neuenahr, Aktiengesellschaft Bad Neuenahr, Spielbank Bad Neuenahr, Ahr – Thermen, Apollinaris & Schweppes, Apollinaris AG, Hotel Astoria, Dorint – Hotel,

Hotel Elisabeth, Hotel Hersel, Hotel Villa Krupp, Eifelstube Ahrweiler, Kurhotel Steigenberger, Hotel Hamburger Hof, SETA – Hotel, Hotel Villa Aurora, Hotel Goldener Anker, Gebietsweinwerbung, Dagernova, Autohaus BMW Baum, Bahles Warenhaus, Konditorei Veelmann, Konditorei Irmgartz, Konditorei Schaab, Eifelfango, Provinzial – Versicherung, Weingut Peter und Tanja Lingen.
Metzgereien Aljes, Albrecht, Effert, Wiegang, Windolf, Zeltverleih Friedhelm Juchem, Kosmos Klinik, Reisebus Frank Bodtenberg, Autohaus Vornberger, Ahrmühle, Carl Offergeld OHG, Ahr – Winzer eG., Braun & Blumenrath, Bäckerei Brand, Brogsitter´s Weingüter, Moses, Fliesenfachgeschäft Manfred Steinborn, Intersporthaus NETT, Intersport Krumholz, Krupp Druck, Sinzig, Plachner Verlag, Hanni Kamps, Edith und Herbert Bauschulte, Dr. Arthur Weiß, Aline und Erich Maiwald, Ute Wenzel, Dr. Jutta Kurtenbach, Lolas und Gerald Endrich, Detlef Lypken, Service & Touristik GmbH., Dr. Ilse Dittrich, Eheleute Krumm, Dr. Claus Schmitz, Familie Herbert und Irene Bahles, Familie Ernst Osswald, Familie Leo Wissen, Dr. Karlheinz Laue, Frau Wagner (Lackfabrik Ahrweiler), Pokalspender Hans Cremer, Familie Hoff, Familie Gebhardt sowie so viele frühere und jetzige HTC – Freunde und Mitglieder.

<u>Wichtig wie die Gastbetriebe sind auch die Turnierärzte:</u>
Doktoren: Kell Behrens, Alfred Berbig, Churr Kam, Klaus Göppl, Wilbert Herschbach, Hartmut Ketz, Heinz und Petra Krönke, Karl – Heinz Laue, Christel Meinke, Helmut Mühlen, Fritz Neuss, Klaus Schmitz, Hubert und Renate Schmich, Wolfgang Schumacher, Arthur Weiß, Eduard Weiß,

Herrenmannschaft 2014 beim Hallenturnier

82 Deutsche Hochschulmeisterschaft im im Hallenhockey

635 Studentinnen & Studenten wirbelten bei uns um die Titel: „Deutsche Hochschulmeister,in". Obwohl wir hier keine Universitätsstadt sind und auch keine Hochschule beherbergen hatten wir uns beim Allgemeinen Deutschen Hochschulsportverband beworben und auch den Zuschlag aufgrund unserer Bewerbung erhalten.

Im Nachhinein ist uns bestätigt worden, neue erfolgreiche Maßstäbe gesetzt zu haben. Außer den Titeln und den Ehrennadeln des ADH haben wir weitere Ehrenpreise wie Pokale und Sachpreise für den jungen akademischen Nachwuchs bereitgestellt. Bei früheren Ausrichtern der DHM wurden in verschiedenen Lokalen mit den Studentinnen und Studenten gefeiert. Wir haben alle 635 gemeinsamen im Festsaal des Dorint- Hotels eingeladen und ein umfangreiches Unterhaltungsprogramm auf die Beine gestellt. Die einzelnen Unis haben ihre Beiträge zum Besten gegeben und das „Hockeylied" wurde auch gemeinsam gesungen.

Wir durften begrüßen 635 Studentinnen und Studenten von:
Freie Universität Berlin, Humboldt-Universität Berlin, FHW Berlin, Fachhochschule Braunschweig/Wolfenbüttel, TU Braunschweig, TH Darmstadt, Heinrich-Heine-Universität Düsseldorf, Friedrich-Alexander-Universität Erlangen/Nürnberg, Wolfgang-Goethe-Universität Frankfurt/M., Albert-Ludwigs-Universität Freiburg, Georg-August-Universität Göttingen, Georg-August-Universität Göttingen, Universität Hamburg, Ruprecht-Karls-Universität Heidelberg, Universität Karlsruhe, Deutsche Sporthochschule Köln, Universität Konstanz, Johannes-Gutenberg-Universität Mainz, Universität Mannheim, Philipps-Universität Marburg, Ludwigs-Maximilians-Universität München, Westfälische-Wilhelms-Universität Münster, Universität Passau, Universität Regensburg, Universität Stuttgart, Universität Trier, Eberhard-Karls-Universität Tübingen. (Wir haben noch zwei weitere DHM im Tennis gestemmt).

83 Heeresmusiker zogen vom Ledereinlage Minister, Königin und Fallschirmspringer.

Mehr als 4.000 Besucher erlebten das Einweihungsspiel des neuen Kunstrasenplatzes im Bad Neuenahrer Apollinarisstadion zwischen dem Hockey-Militärweltmeister Deutschland und der Militärauswahl von Holland. Nicht auf sich warten ließ der Schirmherr, Verteidigungsminister Volker Rühe. Auf dem alten Tennenplatz neben der modernen Kunstrasenanlage rauschte seine Fahrzeugkolonne heran.

Zackig begrüßte Brigadegeneral B. Volker Krauß den Dienstherr der vielen Bundeswehrangehörigen in der Kreisstadt. Erno Mahler aber, der Organisator und Initiator dieses Tages, zwängte sich mit einem „Vorsicht, hier kommt eine Königin!" durch die dicht gedrängten Zuschauerreihen: Er geleitete Gebietsweinkönigin Andrea Schreier zur Prominenz.

Die vergaßen die Zuschauer aber für Minuten, reckten die Hälse nach oben: der Hubschrauber der Fallschirmspringer knatterte in 1.500 m Höhe aus Richtung Grafschaft heran. Ihr Funkspruch: Wir können nicht springen – zu windig – war nur ein Scherz. Sekunden später lösten sich kleine Pünktchen aus dem Hubschrauber, bald blähten sich die hellblauen Fallschirme auf. Vier Minuten später landeten die fünf Fallschirmspringer der Bundeswehr aus Saarlouis sicher und fast genau auf der Platzmitte. Riesig war der Beifall für diese Leistung. Zwei Fallschirmspringer salutierten stramm vor ihrem Minister und übergaben ihm zwei fabrikneue Hockeyschläger, die sie mit aus dem Himmel nach unten gebracht hatten. Erno Mahler mischte sich dazwischen und sagte: „Diese Hockeyschläger Herr Minister sind nicht für sie, sondern für ihre Söhne in Hamburg!" Das war auch gut so.Ansonsten wären diese Stöcke in den Fundes des Ministeriums gekommen. Der Minister sagte zu seinen Adjutanten, sofort einpacken und nach Hamburg weiterleiten. So geschah es dann auch.

Bundesminister Volker Rühe machte mit der Weinkönigin kurz vor dem offiziellen Spiel das Hockey – Bully in „dreifacher Ausführung". Auch hier gab es tollen Beifall.

Zuvor waren schon die Musiker des Heeresmusikkorps III aus Düsseldorf mit klingendem Spiel aufmarschiert. Voran der stramme Musiker mit dem prächtigen Schellenbaum, an dem der Bundesadler in der Sonne leuchtete. Den Anstoß mit der Weinkönigin hatte das Spiel eröffnet. Minister Volker Rühe hatte früher selbst Hockey gespielt.

Kurdirektor Herbert Rütten hatte die Zusammenarbeit mit den hiesigen Kommandostellen der Bundeswehr und der Kurverwaltung und der Stadt als gut und vom gegenseitigen Vertrauen geprägt erklärt, der Minister betonte: „Ihr sportlich-kulturelles Fest führt Menschen verschiedener Nationen zusammen und hilf notleidenden Menschen". Der Reinerlös der Gesamtveranstaltung von 6.000,-- DM erhielt der „Verein „Hilfe für bosnische Flüchtlinge".

Sitzplätze gab es keine mehr, aber viele Menschen blieben einfach stehen, um dabei zu sein. (Aus Rhein – Zeitung).

Vor über 4.000 Zuschauern schlenzt Bundesminister Volker Rühe im Beisein der Weinkönigin und der Bundeswehrauswahl im Spiel gegen das Militär von den Niederlande gekonnt nach vorne. Kurz vorher waren die drei Fallschirmspringer aus 1.500 Metern abgesprungen und hatten die Hockeyschläger und den Ball gebracht.

Hallenhockey in der Sporthalle Bachem 2014

HTC – Herren 2014 mit Hockeyclub Grün – Weiß Mayen beim Hallenturnier

85 Von Kramers Hund und der Isar
Ein Bericht vom Jugendhockey bei irgendeiner Jahresfahrt.

Die Jungens vom Gladbacher HTC aus Mönchengladbach wurden von unseren Mitgliedern privat untergebracht und erlebten bei uns, wie sie sagten, ihr schönstes Wochenende. Wir vom Jugendhockey hatten uns viel einfallen lassen, um mit den Gästen vom Niederrhein in einen regen Spielverkehr zu gelangen. Nachts mit den wilden „Krawallis" im ältesten Weinkeller Europas auf urig-brutal, am nächsten Tag in Rhöndorf in Kultur. Doch alles das war nichts für zwei Jungen aus Mönchengladbach, die bei Margret und Karlheinz Kramer untergebracht waren. Am Abend waren die beiden todmüde ins Bett gefallen und am, nächsten Morgen lag noch jemand bei ihnen: der Riesenhund von Kramers. Sie sprudelten vor ihren Mannschaftskameraden über diesen Vorfall und berichteten dies telefonisch nach Hause. An diesem Wochenende sind Marlies und Achim Jung spontan eingesprungen und haben fremde Hockeykinder beherbergt, weil einige Eltern abgesprungen waren. Ein Dankeschön an die beiden Helfer.

Wo soll man anfangen beim Rückblick über das vergangene Jahr? Was zählt mehr, die offizielle Rheinbezirksmeisterschaft für die Knaben B oder die Gruppensiege der Knaben A und Mädchen A in den Vorrunden dieser Meisterschaften. Alle unsere Mannschaften durften plötzlich nicht weiterspielen um die WHV – Meisterschaften, weil wir zwischen den Stühlen saßen zwischen WHV und Hockeyverband Rheinland.
Wir hatten uns sportlich qualifiziert, doch da gab es Verbandsschwierigkeiten. Mir persönlich imponierte das 2:2 gegen den Westmeister Rot – Weiß Köln, eine Top- und Siegermannschaft und die knappe 3:4 Niederlage gegen den amtierenden Deutschen Meister Rheydter Spielverein am nachhaltigsten.

Die „Drei – Tagesfahrt" in die Hauptstadt mit Herz im Bayernland wird allen 65 Teilnehmern unvergesslich bleiben. Jahn München war ein perfekter, herzlicher Gastgeber. Sportlich gewannen wir bis auf eine Ausnahme alle Spiele, doch unsere Herzen haben wir dort verloren.

Wer von unseren Mitgliedern kann schon sagen, bei Jahn München gewesen zu sein, das deutsche Museum, das Olympiadorf mit allen Ecken, das Hofbräuhaus, viele Kirchen, die U – Bahn mit dem Münchener Kindl, die Straßenmusikanten usw., all dies gesehen zu haben. Die Kissenschlacht im vereinseigenen Heim oder die Weißwurst, alles bleibt unvergessen.

Erfreulich waren auch die Einladungen an unsere Spielerinnen zu Sichtungslehrgänge. Ob Bärbel Gilles, Doris Müller, Brigitte Jacquemien, jetzt Birgit Herberts, die Mädchen erfüllten alle vorgeschriebenen Bedingungen.

Bei Günter Giffels, längst fällig und fähig für den Länderspielkader, zögert der Verband noch.

Wann gab es das in den letzten Jahren? Koblenz und Mayen bei den Mädchen mit 8:1 und 7:1 hoch besiegt zu haben.

86 Beschwerde vom Marienburger SC
über unseren Aschenplatz

An den Vorstand im
HTC Bad Neuenahr 1920 e.V.
Postfach 414

53474 Bad Neuenahr-Ahrweiler

Betr.: Beschwerde über Ihren Aschenplatz

Sehr geehrte Damen und Herren!

Anlässlich unseres Knaben C - Hockeyturniers am Sonntag, 28. Mai 1989, haben wir zu unserem Bedauern festgestellt, dass die Knaben auf einem Aschenplatz das Hockey – Turnier austragen mussten.

Eines unserer Kinder stürzte zweimal auf den Hinterkopf und hatte aufgrund des harten Bodens tagelang unter Kopfschmerzen zu leiden.
Die Staubentwicklung während des Spiels war unzumutbar.
Wir würden uns sehr freuen, wenn wir im nächsten Jahr nicht auf einem Aschenplatz, sondern – wie üblich – auf einem Rasenplatz spielen könnten.

Mit freundlichen Grüßenden

gez. Hermann-Josef Maintzer
Hockey-Jugendobmann

87 Hockeyherren gegen den amtierenden
Hockey – Europacupsieger Limburger HC

Einweihung der Sporthalle Bachem. Einen Sonntag nach dem tollen Triumph des LHC hatten wir die Ehre, die beste Mannschaft unseres Erdteiles hier zur Halleneinweihung als Gäste begrüßen zu können. Die Limburger waren mit ihrem Bundestrainer Paul Lissek angereist. Bis zur Halbzeit hat unsere Mannschaft mit einem Rückstand von 0:6 noch ganz gut mitgehalten, dann wurden aber unsere Mannschaft mit 20:1 mehr als eindeutig besiegt. Für den HTC spielten: (v.l.)

Klaus Regeling, Jan Mahler, Olaf Henke, Andreas Schütz, Michael Hofer, Jörg Neufang, Guido Drodten, Gernot Sommer, Thomas Persigehl, Hing Kam, Joachim Schneider, Werner Schneider, Sönke Simon, Ulf Tolksdorf. Oben von links: Paul Lissek (Bundestrainer) und Frau Zirfas (Vorsitzende), dazu der Limburger Hockeyclub mit dem Bad Neuenahrer Bürgermeister Rudolf Weltken und dem Kurdirektor Herbert Rütten.

Spielszene vor dem HTC – Tor.

Plakat zum Spiel

88 Die Hockeyspiele von Bad Neuenahr.
Sehr frei nach Friedrich von Schiller
von Ute Welling

Zum Spiel der Spiele mit Gedränge,
die in der Ahrés Talesenge,
die vielen Kämpfer froh vereint,
zog´s alt und jung, den Hockeyfreund!

Wer zählt die Spieler, nennt die Namen,
die sportlich hier zusammenkamen?
Ob aus dem Norden oder Süden,
kaum einer ist daheimgeblieben!

„Seid mir gegrüßt , befreundete Scharen,
die mir im Sport Begleiter waren",
so rief Herr Mahler in alter Tradition
zum Kampf der Kämpfe mit Fleißkärtchen-Lohn!

Das Spiel beginnt dann rasend schnell,
die Senioren sind zur Stell´
und mit besonders guter Gabe,
schlenzt „Bub" mit seinem Hockeystabe.

Schon winkt der Torwart Hubert Rink
und auf **sein** Wort läuft jeder flink.
Zur Abwehr muss er sich bereiten
und drückt die Polster in die Seiten.

Und froh und munter in die Mitte,
tritt Albrecht´s Knut mit festem Schritte!
Wird dann aus Rufen fast Gegröle,
so hat der Ball der Manfred Röhle.

Da hört man von der Tribüne Stufen,
auf einmal eine Stimme rufen:
„Sieh da, sieh da, der Dieter Knoll,
der hält den Ball ganz einfach toll!"

Und schwer getroffen sinkt jetzt nieder,
er fühlt den Rücken und die Glieder,
die Schuhe bremsten, welch ein Jammer,
am Boden liegt der Manfred Klinkhammer.

Wohl dem, der so in bester Form,
wie Brüder Gies, es ist enorm!
Sie spielten, ohne zu ermatten
und stellten viele in den Schatten.

Selbst Armin zog´s nach alter Sitte
in die Hockeyspieler – Motte,
obwohl die Hochform der Vergangenheit gehört
nahm er´dran teil, ganz ungestört!

Und freudig am Abend hören´s die Gäste,
versammelt bei dem Hockey – Feste,
dass Freude, doch auch süßer Schmerz

gedrungen ist in jedes Herz!

Denn Platz an Platz gedränget sitzen,
es brechen fast der Bänke Stützen,
die Spieler bei Musik und Wein,
auch so ein Fest, das muss doch sein!

Der Abschied fiel dann jedem schwer-
und mancher drückt die Hand – nichts mehr !
Doch jeder lobt in herzlichem Ton,
diese phantastische Organisation !

89 Hockey – Bundestrainer Paul Lissek

Ein Lehrer, der Hockey liebt und versteht. Mit ungeheuerlicher Energie und Liebe hat er in Limburg an der Lahn und in der Nachbarstadt Hadamar Hockey mit Glanz und Gloria versehen. Deutsche Meisterschaft und gar Europacupsieger geworden, was für eine Leistung. Als Feingeist hat Paul Lissek die Arbeit mit dem Video perfektioniert und manche Nacht Schlaf ihm geraubt. Wie viele Nationalspieler kamen seinerzeit aus Limburg? Mit seinem Freund Heinz Weil hat er Limburg berühmt gemacht.
Paul Lissek weißt selbst, der „liebe Gott" lässt keine Bäume in den Himmel wachsen. Und als es einmal nicht so rund für ihn lief, traf ich den Bundestrainer einen Sonntag später mit seinen Knaben C bei einem Turnier wieder und er begann wieder mal von vorne.
So haben wir immer gerne den Limburger HC für ein Fortbildungstraining/Wochenende nach Bad Neuenahr eingeladen. In den berühmten Ahr – Thermen mit den heißen Thermalwasser, in dem schon die alten Römer ihre Wehwehchen heilten, fühlte sich die komplette Mannschaft wohl. So entstand eine persönliche Freundschaft zu Paul und seiner verehrten Frau Mutter. So war es für uns auch eine Ehre, den amtierenden Europacupsieger einen Sonntag nach dem Triumph als Gegner bei der Einweihung der neuen Sporthalle Bachem den Zuschauern vorstellen zu können.

90 Dank an die Platzwarte und Hallenwarte

Wer kennt nicht einen so manch mürrischen und unfreundlichen Platzwart. So ein Mitbürger kann einem manches Spiel oder Turnier gehörig versalzen. Wenn er die Stadiontore nicht oder zu spät aufschließt oder keine Spieluhr zur Verfügung stellt, wenn er mit den Gästen brüllt, vergeht einem die Lust, mit ihm zusammen wirken zu können.

So haben wir bei uns in der Stadt Bad Neuenahr – Ahrweiler jahrzehntelang gut ausgebildete und freundliche Stadionchefs angetroffen. Die ihnen anvertrauten Sportstätten sahen sie alle als ihr persönliches Wohnzimmer an, welches in Ordnung gehalten werden musste, aber auch, das diese Plätze und Hallen mit Leben erfüllt werden mussten. Diese freundlichen und hilfsbereiten Geister kamen selbst aus dem Sport und haben alle unsere durchgeführten Veranstaltungen aufgewertet, gar verbessert.

So muss es selbstverständlich sein, ihnen große Achtung und Wertschätzung und auch Freundschaft entgegen zu bringen. Und wenn das Jahr sich dem Ende nähert ist ein Dankeschön mit einem Geschenk für sie mehr als angebracht.

Wir zählen zu unseren guten und hilfsbereiten Freunde: Die Herren Thomas Schmidt, Dieter Jakobs, Jörg Strunk, Bernhard Weber.

Ein ganz besonderes „Dankeschön" geht an die früheren und jetzigen Sportamtsleiter und Sportamtsleiterinnen, die uns immer mehr als nötig unterstützt haben. Es sind: Karl – Josef Steinkämper, Frau Humann, Frau Andrea Feldhoff, Herr Terporten sowie die Gartenbauamtsleiter Erich Nagel und Leiter des Tiefbauamtes Dipl. Ing. Jens Heckenbach.

Die Bürgermeister der Stadt Bad Neuenahr - Ahrweiler standen als Schirmherren und großzügige Unterstützer immer bereit: Heinz Rüschenschmidt,
Rudolf Weltken, Edmund Flohe, Dr. Hans – Ulrich Tappe und Guido Orthen.

91 HTC – Kleinbusordnung für die Benutzer:

1.)
Der Busfahrer ist gehalten, die Verkehrsregeln ganz strikt einzuhalten, insbesondere soll die Geschwindigkeit von 100 km/h nicht überschritten werden, außer bei einer Gefahrenabwehr.

2.)
Normalerweise sollen die Fahrer mindestens 24 Jahre alt sein bzw. Familienvater sein. Junge Heranwachsende mit wenig Fahrpraxis sollen den Kleinbus nicht fahren.

3.)
Im HTC – Bus darf, wenn der Fahrer zustimmt, auch die Musik etwas lauter eingestellt werden. Es darf auch wie ein sog. Discobus wirken.

4.)
Der HTC – Bus muss nach der Fahrt wieder vollgetankt am Abstellplatz geparkt werden.

5.)
Die Benzinkosten werden je nach Absprache von den Abteilungen Hockey oder Tennis getragen oder nach Absprache von den Nutzern.

6.)
Bei sich überschneidenden Terminen muss eine Absprache erfolgen. Kinder gehen vor Jugendliche, Jugendliche vor Erwachsene. Meisterschaftsspiele vor Freundschaftsspielen.

7.)
Der Fahrer des Busses ist dafür verantwortlich, dass absolutes Rauchverbot gilt und das der Innenraum des Busses stets absolut sauber ist.

8.)
Es muss das Fahrtenbuch stets geführt werden.

9.)
An die Fahrten im HTC – Kleinbus sollen sich auch später alle gerne erinnern können, sei es für mitgebrachte Siege bzw. schöne Wettspiele und auch den fröhlichen Transport.

Hockeyabteilungsleiter – Tennisabteilungsleiter – Geschäftsführer - Vorsitzender

Unser neue Bus wurde mit Werbung vom neuen Springbrunnen versehen. Künstlerin: Frau Twachtmann

92 Unsere Hockeyjugendfahrt
nach Nürnberg

Am Samstagmorgen um 6 Uhr starteten wir zur großen Reise zum dreitägigen Oster-Jugend-Turnier in Nürnberg, zu dem bekannte deutsche Jugendmannschaften eingeladen waren. Nach 7-stündiger Fahrt erreichten wir ein wenig müde die Lebkuchenstadt. Kaum hatten wir den knurrenden Magen mit etwas Goulasch besänftigt, als wir auch schon zum ersten Spiel gegen die Nürnberger Hockeygesellschaft verloren wir unglücklich durch ein Torbully mit 0:1.

Nach einem vom Veranstalter gestifteten Abendbrot fuhren wir mit der Straßenbahn zur Jugendherberge, wo uns noch Allerlei bevorstehen sollte.

Als wir singend und guter Dinge in den Burghof einzogen, meinten einige Umstehende: „Das ist bestimmt die Bundeswehr"! Inzwischen war es 21.45 Uhr geworden und wir gingen gemeinsam mit den Augsburgern zu Bett. Youbbes lag grollend abseits, weil einer seiner mitgenommenen Brathähnchen auf unerklärliche Weise verschwunden war. - Leo lachte. - Da wir am Sonntag erst um 17 Uhr spielen mussten, besichtigten wir den herrlichen Nürnberger Zoo. Vorher hatten wir uns ganz besonders alle darüber gefreut, dass auch an diesem Ostermorgen – fern der Heimat – der Osterhase uns nicht vergessen hatte. Als wir zu unserem Bus kamen, fand jeder von uns auf seinem Platz ein schönes buntes Osterei.

Dann war es endlich soweit und wir spielten gegen die starke Mannschaft des Nürnberger HTC. Unsere Mannschaft zeigte ihr bestes Spiel sei Jahren und gewannen völlig verdient mit 3:1.

Wegen diesen großen und nicht erwarteten Erfolge hatte **Toni Hansen,** der es sich nicht nehmen ließ, bei dieser ersten Reise bei uns zu sein, veranlasst, dass wir erst um 23 Uhr in der Jugendherberge zu sein brauchten. Geschlossen wanderten wir mit unseren Freunden in ein gemütliches Lokal, wo mancher Humpen geleert und manche Bratwurst verzehrt wurde. Er war urgemütlich. Gegen 23 Uhr lieferte uns unser strenger Boss in der Jugendherberge ab. Als wir friedlich und nichts ahnend in unseren Betten lagen, ertönte auf einmal ein markerschütternder Schrei und wir sahen, wir unser Youbbes mit fliegenden Nachthemdchen durch den Raum wetzte und den Brathähnchendieb stellte................

93 Crack oder Kamerad

In jeder Mannschaft gibt es die, die sich von den anderen Mitspielern unterscheiden. Wenn Markus Weise oder Sepp Herberger oft sagen, einer helfe dem anderen Mitspieler und 11 Freunde sollt ihr sein, so ist das in der Idee richtig. Doch die jungen zornigen Männer von heute, aber auch die sanften oder selbstbewussten Typen, die sich dank ihrer Begabung im Sport aus dem Durchschnitt herausheben, mögen oft verspüren, dass ihnen eine neue unbequeme Gegnerschaft erwachsen ist: nämlich ihr eigenes Ich. Damit müssen sie nun irgendwie fertig werden, sonst können sie vor sich selbst und den anderen am Ende nicht bestehen.

Jeder Erfolg bringt stets zwei Wege mit sich: den Weg zum Crack oder den Weg zu Kameraden. Man braucht nur zu wählen. Am Ende des Weges, den der Crack bestreitet, steht der Egoismus, der Vereinsamung bedeutet. Der Weg zum Kameraden aber endet bei der selbstgewählten Gemeinschaft. Sie schenkt ein glückhaftes Lebensgefühl, die Anerkennung der Umwelt, ohne die, sei er groß oder klein, niemand auf Dauer existieren kann.

Jeder Sportsmann, der an der Spitze steht, wird nur dann die höchst persönliche Freiheit gewinnen, wenn er mit seiner Individualität, über die wir glücklich sind, bewusst seine selbstgewählte Mannschaft stützt. Ist er dazu außerstande, dann bleibt er besser – so begabt er auch sei – einer Mannschaft fern. Niemand würde ihn zwingen. Aber hat er sich für die Mannschaft entschieden, dann steht er unter ihrer Autorität.

Die Kölner „Bläck – Fööss“ singen manchmal:
Wir sind die „Weltmeister vum Rhing“,

„Meisterschaft – Bruderschaft“.

94 Bilder vom Damen Länderspiel gegen die CSSR

Dieses Land gibt es heute nicht mehr. Doch Anfang der 70er Jahre beim ersten Länderspiel gegen gegen die CSSR hatten die 1.500 Zuschauer im Bad Neuenahrer Apollinarisstadion ihre helle Freude. Die tschechische Torhüterin stand immer wieder im Brennpunkt des Geschehens und verhinderte durch prächtige Paraden eine höhere Niederlage der Gäste. Vor Beginn des Spieles erklangen die Nationalhymnen beider Länder.

Postkarten wurden gedruckt und verschickt...............

95 Plötzlich tanzten gar die Kellner im Smoking
in s´Hertogenbosch (Den Bosch)

- Picasso – Restaurant – Een kleurrijk mediterraan restaurant -

Bei der alljährlichen Hockey – Veteranen **WM** (Golden – Oldies) im schönen holländischen s´Hertogenbosch waren Leo und der Autor im Kreise der Spielerinnen aus Neuseeland und Australien abends in der schicken und sehr edlen Hotelbar ein wenig unter die berühmten Räder gekommen. Die gemeinsame Gruppe hatte schon einen horrenden Umsatz geschafft, der Barchef wollte aber seine ruhige Musik nicht gegen unsere Musikwünsche ändern. Doch im Hinblick auf den schon erreichten Umsatz hat er schweren Herzens seine beschauliche Tafelmusik gegen den unsrigen Wunsch getauscht. „Aber das mache ich nur einmal", meinte verzweifelt. Und auf unseren Wunsch hin legte er nun auf: René Froyer: „En eigen huis"! Was nun passierte, hatte der Barkeeper nicht erwartet. Alle Gäste sprangen auf, lachten und sangen lauthals mit. Selbst die im Smoking tätigen Kellner stimmten jetzt ein in die heitere Stimmung und singend und tanzend bedienten sie die heitere Gästeschar.

Das tat schon sehr weh – Hockeyparty mit 2.000 Gästen in einer Kirche.

Man muss verstehen. In Holland gibt es keine gesetzlich erhobene Kirchensteuer. So ist die Kirche in Holland arm. Manche Kirche wurde aufgegeben, wurde verkauft und anderen Zwecken zugeführt. So hatte eine Hotelkette auch in s`Hertogenbosch eine Kirche in einen Ballsaal umfunktioniert.

Es war der größte Raum in dieser Stadt und so wurde die Hockeyparty eben in dieser früheren Kirche durchgeführt. Dieses frühere Gotteshaus war noch nicht so richtig entkernt worden. Das „Ewig Licht" war wohl dort erloschen und abgehängt worden, doch religiöse Bilder, Lampen, Kreuze, Kerzen, die Wandbemalung, alles war noch genau so, wie es die Christen kennen. Auf dem Altar hatte die 8-köpfige Musikband ihren Standort, auf der Kanzel tanzte ein Go – Go – Girl und wo früher die Sakristei war, wurden die Speisen und Getränke angerichtet. Als Christ hatte ich an der Geschichte hier meine Probleme, bin dann zweimal nach draußen gegangen und habe mit meinem Herrgott verhandelt, doch mit der internationalen Hockeyschar zu feiern zu dürfen. Er hatte es mir erlaubt.

96 Diese Kölnerinnen waren keine liebenswerten Hockeyspielerinnen.

Der langjährige Geschäftsführer vom KKHT Schwarz – Weiß Köln, Herr Herbert Bohlscheid, hatte mit dem Unterzeichnenden vereinbart, einmal einen Tennis- und Hockeywettkampf zwischen der Weiblichen Jugend A an einem Samstagnachmittag auszutragen. Die Mädels vom HTC Bad Neuenahr waren gerade im Tennis Rheinland – Pfalz – Meister mit dem Team geworden und turmhoch den Kölnerinnen in diesem „weißen" Sport überlegen. Statt 6:0, 6:0 zu gewinnen spielten sie den Mädchen vom Rhein die Tennisbälle brav zu und sorgten für alle um ein sehr verträgliches Resultat. Die Mädchen von der Ahr sorgten dafür, das die Resultate knapp waren.

Diese sportliches Entgegenkommen gab es bei dem nun abgemachten Hockeyspiel in der Schwarz – Weiß - Halle aber nicht. Die Riehler Mädchen zeigten sich total unbeeindruckt von der Großzügigkeit der Neuenahrer und fertigten diese im Hockey in 30 Minuten mit sage und schreibe 35:0 ab. Jede Minute fiel zumindest ein Tor, obwohl wissend, die Neuenahrer hatten vorher noch nie ein Hallenhockeyspiel beschritten. Nach diesen 30 Minuten Einseitigkeit wollten die Mädchen vom KKHT nochmals 30 Minuten eine Fortsetzung. Die Abiturientinnen von der Ahr lehnten dankend ab und meinten, „wir nehmen niemals mehr einen Hockeyschläger in die Hand, wenn Hockeyspielerinnen so herzlos und taktlos sind und die Gegnerinnen einfach hemmungslos platt machen".

Großes Lob an den Geschäftsführer des KKHT Herrn Bohlscheid !

Ob Tenniskinder oder die Hockeyjugend, wenn wir mal kurzfristig ein Freundschaftsspielchen vereinbaren wollten, waren wir bei Herbert Bohlscheid an der richtigen Adresse. Bei anderen Clubs/Vereinen mit demselben Anliegen hieß es immer, wir sagen dem jeweiligen Jugendleiter oder dem Sportwart Bescheid. Darauf konnte man endlos warten und nur in seltenen Fällen kam es zu einem wirklichen Spielabschluss.
Herr Herbert Bohlscheid war das anders: „Ihr wollt ein Tennisspielchen?"   "Wann?"
„Nächsten Mittwoch oder morgen?"   „Wie viele Teilnehmer?"   Dann war schon alles gebucht und okay.

So kamen wir um 15 Uhr bei SWK an, Herr Bohlscheid war aus seinem Büro gekommen und hatte uns herzlichst und dazu noch fotografiert. Es wurde dann gespielt, dann gab es den Umtrunk und beim Abschied gegen 20 Uhr hatte er die Bilder entwickelt und verabschiedete uns am Ausgang des Clubgeländes. Und als wir daheim ankamen, war dieser Clubkampf schon im Internet. So schnell und gründlich ist nur Herbert Bohlscheid. Ob Tennis oder Hockey, nirgends ging es schneller und unkomplizierter als bei ihm. Große Hochachtung – großer Dank.

97 Olympiasieger Dr. Carsten Fischer und Volker Fried beim Podiumsgespräch über den Sport in Deutschland.

Auf Einladung der Stadtverwaltung Bad Neuenahr – Ahrweiler, (Sportamtsleiter Karl-Joseph Steinkämper), waren die beiden Olympiasieger in die Badestadt gekommen um mit anderen Experten und 300 Zuhörern über den Sport in Deutschland zu diskutieren. Ihre Olympiasiege waren bei den Zuhörern noch in bester Erinnerung, waren die Spiele gerade doch erst vorbei. Die Zuhörer stellten auch ihrerseits an die Hockeyspitzenspieler ihre speziellen und persönlichen Fragen. Nach dem ca. 2-stündigen interessanten   Sportdialog hatte die Stadtverwaltung noch zu einem gemeinsamen Umtrunk eingeladen. Hockey war in dieser Zeit ein beachtlicher „Türöffner".

Dr. Carsten Fischer und Volker Fried, neben Rudi Altig beim Gespräch. Am Mikrofon:
Bürgermeister Rudi Weltken.

98 Ausländische Hockeyclubs als Gegner des HTC Bad Neuenahr 1920 e.v.

RSHS Anderlecht, HC Antwerpen, Baudouin HC Brüssel, White Star Brüssel, Berchem Brüssel, KHC Brügge, Gentbrügge HC, HC Mechelen, HC Leopold, HC Liegé, Racing Brüssel.   Dazu, ihre Nationalmannschaft war hier.

Mal wieder schöne und faire gegen den t.h.c. „Were di" Tilburg. Unser holländischer Freund seit 60 Jahren. „Were di" in grünen Hemden, der HTC oben in weiß. Dazu 2 Landesflaggen. Muss sein!

<u>Holland:</u>

THC „Were di" Tilburg, (seit 60 Jahren), HC Groninngen, MHC Eindhoven, HTC Eindhoven, HC Rotterdam, HC Drachten, HC Hilversum, HC Leiden, Hoco Oisterwijk, HC s´Hertogenbosch, HC Bloemendaal, HL Klein – Zwitserland, HGL Warande Osterhout, Oranje Zwart, NMHC Nijmegen, HC Rotterdam, HC Eindhoven, Ring Pass Delft, Quick Stick Heerenveen, HC Heerlen, HC Zwolle. HC Veldhoven. Dazu: Ihre Damen- und Herren – Nationalmannschaften waren mehrfach hier bei uns an der Ahr.

<u>Luxemburg:</u>
HC Luxemburg

<u>Frankreich:</u>

Racing Club de Paris, HC Boulogne sur mer. Ihre Nationalmannschaft und ihre Militärauswahl waren hier.

Militärauswahl von Frankreich im Spiel gegen unseren HTC Bad Neuenahr: 4:4

<u>Ungarn:</u>
Postsportverein Budapest.
<u>Österreich:</u>
HC Wien. SV Arminen, HC Graz. Ihre Nationalmannschaft war hier.
<u>England:</u>
Bishops Stortford, London Watford. Ihre Damen- und Herren – Nationalmannschaften waren hier.

Vor dem Spielbeginn:

99 Hockey – Bundestrainer, die hier waren.
Prof. Dr. Hugo Budinger, mehrmals
Wolfgang Strödter, EM 1987
Horst Wein 1969-73

Rüdiger Hänel, verschiedentlich
Klaus Kleiter, 1974 - 1990
Paul Lissek, 1990 -2000, mehrmals
Bernhard Peters, 2000 - 2006
Markus Weise, seit 2006, mehrmals – Erfolgreichster Hockeytrainer der Welt. 3 x „Gold"

Auf diesem Bild Prof. Dr. Hugo Budinger und sein Bruder als Aktive.
Kurdirektor Dr. Dr. Erich Rütten hält die Begrüßungsrede.

100 Fahrendes Elternvolk oder
Morgens um 7 Uhr ist die Welt noch in Ordnung:
erlebt und geschrieben von Renate Lehmann – Richter, Bonn

Seit drei unserer Kinder in drei verschiedenen BTHV – Mannschaften den Hockeyschläger schwingen, ist unsere Wochenendwelt in Ordnung. Garantiert kein faules Gammeln am Sonntagmorgen mit ausgiebigen Frühstück um zehn – statt dessen Treffen beim Club um acht mit bekannten Vorprogramm (Wo sind meine Stutzen?", „Hast Du mein lila Hemd gesehen?", „Herrje, meine Schuhe! „Wieso Dein Rock, das ist **mein** Rock", „Wo steht denn das Auto?") letzteres von meinem Mann, der mal wieder den Fahrdienst macht – verschlafen, versteht sich!"

Vorbei die Zeiten der Qual der Wahl – gehen wir schwimmen, fahren wir zur Oma, besuchen wir Freunde oder machen wir nur „in Familie" ----------- ein Blick auf den Hockeykalender, und wir sind alle Sorgen los, fast alle jedenfalls, denn wer fährt nun mit nach Leverkusen und wer nach Düsseldorf?

HTC Team in neuen Röckchen

Anna-Katharina mit Freundin

Naja, Hockeyplätze sind alle grün und unterscheiden sich nur nach dem Grad ihrer Beheizung („Hast du´s lieber kalt, fahr nach Leverkusen – Grippe vorprogrammiert") oder ihre Ökonomie (vorhanden / nicht vorhanden???) Lang-gediente Fahrdienstlerinnen picken sich aus dem großen Fahrkuchen gescheiter-weise die „Café-Rosinen" heraus. Für andere wiederum spielt die Entfernung die ausschlaggebende Rolle – wenn man zu Nervenschwäche neigt, eine durchaus vernünftige Entscheidungsgrundlage: Taubheit, die durch den Krach begeisternder Hockeyspieler und-innen) im Auto verursacht wurde, gehört wohl zu den bekanntesten Berufskrankheiten fahrender Eltern. Andere wiederum lieben es kniffelig – die Übertragung der ausgehändigten Kartenskizze mobilisiert die in uns schlummernden, detektivischen Fähigkeiten („Ausfahrt Neuss-Zentrum oder Neuss-West, erste oder zweite rechts, nein!, links, Quatsch! Rechts!")

Ob links, ob rechts, man kommt zu spät an. Zu spät? Selten, die Torwartausrüstung kann man im Notfall im Auto anlegen.

Trost für Fahrneulinge: Im „zweiten Dienstjahr" findest du auf Anhieb die Hockeyhalle in Bad Neuenahr, dort, wo sie steht – nämlich in Bachem. Und wenn man dann im Alter von 18 Jahren (des Hockeyspielers) um die Kosten eines Führerschein ärmer in den wohlverdienten Ruhestand treten kann, hat man auch gewiss die Kalkulation von flüssiger und fester Nahrung längst im Griff.

Die Kilometerleistung unseres Autos erfuhr seit Ausbruch des Hockey-Zeitalters eine enorme Steigerung, die Kenntnis unserer näheren und weiteren Heimat ebenfalls. Und wer da meint, Hockey-Fahrdienst trage nicht zur Erweiterung des allgemeinen Horizontes bei, der irrt. Ich bin jetzt – auch ohne aktive Hockey-Vergangenheit – imstande, Schiedsrichter als das zu erkennen, was sie sind: befangen, ungerecht, schnöselig oder blind und nie in der Lage, es allen recht zu machen. Na ja, manchmal haben sie auch einen guten Tag, oder?

Halbzeitpause

Karnevalsturnier.

Mitgebrachte Besucher erweisen sich hingegen weniger als Beflügelung des Geistes denn als lästiges Gepäckstück, zu verführerisch die Möglichkeit zu Gesprächen mit Leidensgefährten am Spielfeldrand („Hatten Sie auch solche Schwierigkeiten, die Halle zu finden?", und nur Strickprofis vollenden einen Pulloverrücken nebst linkem Ärmel während des Sechs-Stunden-Turniers, weniger Versierte geraten zwischen Anfragen („Wann haben wir das nächste Spiel?") und heißen Debatten über den Spielverlauf ein paar entscheidende Maschen ins Abseits.
Wer nun glaubt, die Überschrift samt Text sei ironisch gemeint, der irrt (schon wieder)! Morgens um sieben Uhr ist die Welt für begeistert hockeyspielende Kinder noch in Ordnung, und, was noch wichtiger ist, abends um acht ist die immer noch in Ordnung. Ich habe meine Kinder in Prä-Hockey-Zeiten an Wochenende wohl müde, aber **NIE** gelangweilt oder mürrisch zurückkehren sehen. Jedes Turnier bzw. Spiel ist

ein Erlebnis für unsere Kinder. Also – warum unterstützen wir Eltern, die wir doch einvernehmlich nur das Beste für unseren Nachwuchs wünschen, diese geliebten Aktivitäten auf dem Hockeyplatz nicht (noch?) intensiver durch Aktivitäten am Rande, selbst wenn dann für manchen von uns Erwachsenen „die Welt um sieben" noch nicht so ganz in Ordnung ist?????!!
erlebt und geschrieben von
Renate Lehmann Richter

101 Geschenke für die Hockeyspieler.
Da macht uns keiner was vor:

Unser HTC hatte zeitweise eine wirklich gute Zeit. Wir konnten Hockey eine Menge geben. Ein langjährig aufgebautes Netzwerk mit Freunden aus der Wirtschaft, der Politik und einfach von richtigen Freunden machte es möglich, mal hier und da auch Geschenke zu verteilen. Der Aufbau eines Netzwerkes dauert lange und man muss auch eigentlich mehr geben als man bekommt, sich immer und immer wieder um gute Freundschaften bemühen.

Wenn der Bürgermeister und der Landrat was für ihre Bürger machen möchten ist ein Weg über den Sport nicht ungünstig. Und wenn man auch gezielt werben will, können die Wege mit dem Sport für alle günstig sein. Als Fremdenverkehrsort ist es evtl. etwas leichter, auf diesem Pferd zu reiten.

Wir achteten sehr darauf, dass für Spender und Unterstützer auch eine Menge an Ehre und Aufmerksamkeit zurückkehrte. Sei es durch positive Zeitungsberichte, Lautsprecherdurchsagen und Bilder sowie auch Einladungen zu Clubfesten oder persönlichen Begegnungen. Diese Dankbarkeit haben wir gar Jahrzehnte durchgehalten.

Michael Müller und Gisela Mahler überreichen Uhren und Handtücher an die Bundeswehrauswahl anl. der Eröffnung des Platzes

So konnten wir bei hiesigen Länderspielen jedem der Akteure schenken: Entweder Armbanduhr,
Reisewecker,
große Sporttaschen mit Inhalt,
Zinnteller,
Gläser,
Service,
Weine
Bilder.

Bei Jugendlichen und Kinder konnten wir auch verschenken:

Musik – Kassetten
CD´s,
Schallplatten,
kleine Radios, Schultaschen,,
Geldtaschen,
Mützen und Schals sowie T – Shirts usw.

Pommes frites, Erbsensuppe, Gummibärchen etc.,

und saubere Umkleideräume.

102 Fallschirmspringer müssen andere Leute sein

Es war Mitte September 1994. Einweihung unseres Hockey – Kunstrasenplatzes mit dem Bundesminister der Verteidigung und dem Wettspiel deutsche Bundeswehrauswahl gegen die Niederlande. Über 4.000 Zuschauer, Stress im HTC – Clubhaus. Nach dem Spiel das übliche gemeinsame Abendessen der beiden Mannschaften. Kurz vorher musste noch das 64-köpfige Musikkorps der Bundeswehr, die die Nationalhymnen gespielt hatten, ebenfalls im Clubhaus versorgt werden. Alles ging Hand in Hand und wie am Schnürchen.

Beim gemeinsamen Essen der Bundeswehrauswahl und des holländischen Militärs waren auch hohe Generäle anwesend. Korrektheit und fehlerfreies Benehmen mit Tischmanieren war angesagt. Mit den Ersatzspielern und der Trainerstäbe waren es ca. 50 Personen. Sie saßen wirklich perfekt in Reih´ und Glied und alles war perfekt.

An der Theke saßen drei von den fünf Bundeswehr – Fallschirmspringern, die kurz vor dem Spiel zwei Hockeyschläger und den Spielball aus einer Höhe von 1.500 m „herunter-gebracht" hatten. Denen gefiel das vornehme und zurückhaltende Benehmen ihrer Bundeswehr-Kameraden scheinbar nicht. Ich hörte zufälligerweise wie sie sagten: „Das sind doch keine Kerle, wie die da sitzen! Wir mischen die mal gründlich auf!"

Mir blieb das Herz im Leibe stehen. Die drei wilden, großen und über-kräftigen Männer wollten sich mit den fast 50 Kameraden anlegen und eine Schlägerei scheinbar anzetteln. Ich traute diesen Fallschirmjägern zu, hier eine wilde Auseinandersetzung durchzuführen. Die Veranstaltung sah ich schon am nächsten Morgen als Schlagzeile auf der Titelseite von BILD u.a.m.

Ich hatte Angst, dass dieses Fest zerstört wurde. Geistesgegenwärtig fragte ich die drei Fallschirmspringer, ob sie im Frühjahr bei unserer Saisoneröffnung im Club auch für 2.000,-- Euro vor dem Clubhaus auf dem Tennisplatz Nr. 9 landen könnten? „Wir können auf einem Bierdeckel landen, wir schaffen das!", antworteten sie. Innerlich zitterte ich und wollte sie von einer etwaigen Schlägerei ablenken. Was sie haben wollten fragte ich, fragte ich.   „64 Pils" meinten die drei Springer. Die Clubwirtin zögerte einen Moment. Ich zischte ihr zu, „bitte sofort die 64 Pils an die drei Herren!!" Sie verstand das Gott-sei-Dank. Um 5 Uhr in der Frühe machten sich die Springer dann auf, nach Saarlouis zu ihrem Standort zu kommen. Oh, was war ich froh. Ihr Militärfahrzeug war auf jeden Fall am nächsten Morgen nicht mehr vor unserem Clubhaus.

103 Der Aufsichtsratvorsitzende der
Apollinaris AG.

Frau Leisewitz hatte ich in der Hockeyzeitung gesehen, wie sie mit ihren Hockeykindern bei Wind und Wetter am Platz stand. Das hatte mir mächtig imponiert. Die Kinder Leisewitz spielten/spielen im Club zur Vahr in der Hansestadt Bremen. Das ist eine richtige echte Hockeyfamilie.

Ihr Ehemann, Lambert Leisewitz, hat als Chef der Apollinaris & Schweppes GmbH & Co. dem deutschen Hockeysport, dem DHB und unserem Club vielseitige Unterstützung zukommen lassen. Ab damals im Jahre 2001 war Apollinaris Hauptsponsor der deutschen Nationalmannschaften. Zum Auftakt dieser langfristig geplanten Zusammenarbeit hatte Lambert Leisewitz – die Herren – Nationalmannschaft trainierte hier an der Ahr für die EM in Luzern – den DHB und auch den Autor ins hiesige SETA – Hotel eingeladen. Gemeinsam mit allen Spielern, Trainern, dem Präsidium des DHB und Vertretern der örtlichen Presse gab es ein gemeinsames Abendessen. Lambert Leisewitz bestand darauf, dass der Unterzeichnende unbedingt neben ihm sitzen müsse. Sicherlich wusste er, die Aktiven an der berühmten Front müssen schon mal ansonsten, wie seine Frau, im Regen stehen und die Hockeykinder betreuen.

Deutsche Damen in Apollinaris – Trikots.

104 Wo kommt unsere „Firmenflagge" her?

Die riesengroße „HANDELSHOF" flatterte am Neuenahrer Hockey – Kunstrasenplatz im kräftigen Herbstwind. Unsere Elternmannschaft „The Queen of Table Waters" hatte die RWK – Mannschaft „Rouge Blanc" zum Wettspiel an die Ahr eingeladen. In deren Mannschaft spielen viele Ehepaare zusammen. Darunter war auch das Ehepaar Dr: Wilhelm von Moers und seine Ehefrau Lilly. (Superfrau meint Kay). Als die Kölner Spielerinnen und Spieler den Hockeyplatz betraten schielten besonders das Ehepaar von Moers immer wieder auf die „HANDELSHOF" - Flagge, deren Chef Dr. Wilhelm von Moers war und ist. „Wie kommt unsere Fahne hierher?", müssen die beiden von Moers sich ständig gefragt haben und guckten immer wieder auf die im Wind sich windende Fahne und sich selbst immer wieder an. Nur die einzige Fahne..............

Einige Tage vor dem Spiel war ich in die ca. 20 km entfernte Filiale des „HANDELSHOFS" gefahren und hatte mir vom dortigen Filialleiter die große Fahne ausgeliehen. Davon wusste ansonsten niemand etwas. Unsere emsiger Stadionchef Thomas Schmidt hatte der Fahne einen besonders guten Platz gegeben. Als Schiedsrichter hatte ich genügend Zeit, immer wieder zu den beiden „von Moers" zu gucken. Oft schauten sie während des Spieles immer und immer wieder zu ihrem guten Stück, was da am Neuenahrer Fahnenmast wehte. Da müssen sie schon gegrübelt haben. Wir sagten nichts bis. Nach dem Spiel, es endete 1:1, fuhren wir gemeinsam in das HTC – Clubhaus in den Neuenahrer Lennépark zur dritten Halbzeit. Am Spätsommertag auf unserer Clubterrasse bei mehreren Gläser Kölsch klärten wir die Sache auf. - Vorausgegangen war eine Trikotspende des Hauses. Fair bleibt fair.

Entdeckt in der Eifel.......................

105 Den Turnieren Namen geben ist wichtig!

Wenn zum Beispiel 64 Mannschaften zu einem Turnier gemeinsam anreisen, ist es sicherlich eine größere Veranstaltung. Wenn dazu auch Teams aus dem Ausland oder aus allen deutschen Landen, ob Nordsee oder Alpenvorland, dabei sind, kann man so ein Sportfest schon gewaltig nennen. Gewaltig sind auch dann die Zahlen und Geldmittel, die dabei entstehen. Alleine die Benzinkosten über zweimal 500 km für Anreise und Abreise und mehr, die höheren Hotelkosten, die Verpflegung etc., all das sind bei 64 Mannschaften und ca. einige hunderte Aktive, auch manchmal mehrere Tage hier vor Ort, all das sind extrem hohe Summen und für den Veranstaltungsort „ein warmer wirtschaftlicher Segen". Da muss so ein Turnier schon eine bestimmte Qualität haben, wenn man es mehrmals stemmen will.

Mit einem **Namen** für so ein Turnier legt man auch eine Seele in die Veranstaltung. Man gibt nicht nur eine Idee vor, sondern auch der Geist lenkt diese Veranstaltung leise mit. So nannten wir unsere Veranstaltungen z. B.

So:

„Hockeystunden zählen doppelt"
„Hockeyfunken springen über……"
„Fremde werden Freunde"
„Hockeyart – international"
„Gute Laune - Turnier um die Neuenahrer Spezialitäten"
„Heiterer Seniorinnen & Seniorentreff"
„Ständeturnier" **der verschiedenen Berufsgruppen**
„Rotweinturnier"

„Karnevalsturnier"
„Musikturnier"
„Olympiaturnier"
„Hallenhockey – Festival"
„Einweihungsturnier des Kunstrasenplatzes"
„Wiedereröffnung der Sporthalle Bachem"
„Bäderturnier"
„Winzerfestturnier"
„Länderspiel der .... „
„Länderspiel der deutschen Bundeswehr gegen Frankreich oder Holland"
„Deutsche Hochschulmeisterschaft der Universitäten und Hochschulen"

Bei dem offiziellen 8 Nationenturnier gaben wir dem Turnier den Namen des Hauptsponsors „Apollinaris – Cup";   oder wir nennen ein Turnier dann:

„Spielbank – Cup",
„Kreissparkassen – Cup", nur bei der
"Europameisterschaft" blieben wir bei diesem Namen.

106 Gründung unserer Elternmannschaft bzw. Hobbymannschaft:

Der Namen: **The Queen of Table Waters"** war schnell gefunden. Die Firma Apollinaris war zu der Zeit mit uns sehr eng verbandelt.   Der Gründer dieser Weltfirma, unser Familienvorfahre Georg Kreuzberg, ist uns in bester Erinnerung. Dann nannten wir uns schnell einstimmig: The Queen of Table Waters". Wir dachten auch, dieser Namen gibt uns einen internationalen Anstrich. Dabei spielten wir oft in Belgien, Holland, England und Frankreich. Dieser nun von uns benutzte Marke „The Queen of Table Waters" kennzeichnete auch, es ist das älteste geschützte Handelszeichen in Deutschland.

Wenn wir verreisten, nahmen wir immer gerne und dankend Erzeugnisse der Firma Apollinaris & Schweppes an, u.a. anderen Apollinaris classic, medium, Presta oder auch die berühmte Winzerschorle. So konnten wir auch bei unseren Gastgebern toll glänzen.

107 Bei Sitzungen im Rauch fast erstickt.

In den 50er und 60er Jahren bei den Sitzungen des Hockeyverbandes Rheinland – Pfalz oder auch an der Nahe in Bad Kreuznach, war man, wenn man zurückblickt, in regelrechter Lebensgefahr. Nach zwei bis drei Stunden Anfahrt fand man in ihren Vereinshäusern ältere Männer, die um die Wette qualmten. Oft sah man kaum noch seinen Nebenmann oder Gegenüber am Verhandlungstisch. Keiner wusste etwas über eine Raucherlunge oder sonstigen Gesundheitsgefahren und man schämte sich, wenn die eigenen Augen tränten. Es war damals einfach so üblich. Zum Inhalt der Sitzungen meine ich heute noch zu wissen: Jeder kämpfte für seinen Verein und das sehr konsequent.

Wie viel anders sind heute die Sitzungen zum Beispiel beim „Rheinbezirk". Wie der Namen es schon sagt, oft greift man zu einer „rheinischen Lösung", mit der eigentlich alle leben können. Früher wurde da auch schon mal geraucht, aber es hielt sich in Grenzen. Wenn es irgendwo Probleme gab, mit der rheinischen Lebensart wurden die Unstimmigkeiten schnell gelöst. Besonders war mit dem Bonner Kay Milner ein Mann am rechten Platz, der, wenn seine Wiege auch in Hamburg stand, der immer eine angenehme Lösung für alle Beteiligten fand.

108 Gespendete Trikots / Trainingsanzüge
und Regenjacken.

Es war eine goldene Zeit, die nie mehr wiederkommt. Aufgrund unserer eigentlich großen Aktivität, wir waren einmal bei der Aktion: „300er Club der Jugend", organisiert von der DHZ Jugendzeitung , an 7. Stelle.
Es war damals ein größeres Netzwerk entstanden. Es hatte sich quasi von alleine entwickelt. Der Bürgermeister, der Landrat, der Kurdirektor und die wichtigen Entscheider von Firmen und Behörden meinten es gut mit uns. Wir hatten keine Schwierigkeiten an Trikotagen oder Trainingsanzüge zu kommen. Die großen Firmen Apollinaris & Schweppes, die Kurverwaltung, die Spielbank, große Hotels, Weingüter, Ahr – Thermen, Kreissparkasse Ahrweiler und Volksbank Bad Neuenahr – Ahrweiler und andere stellten uns großzügig die benötigten Trikots zur Verfügung. Kleine Geschäfte und Handwerksbetriebe brauchten wir gar nicht anzubetteln. Doch heute dagegen: Nach den „fetten" Jahren sind die „mageren" Jahre gekommen.

Schönes Team – schöne Regenjacken – gestiftet Tanja und Peter Lingen.

109 Erinnerungen an Mannschaftskameraden

Alle frühere Mannschaftskameraden kann man nicht alle genau beschreiben. Vieles ist verblasst, viele Dinge und Eigenschaften sieht man heute anders und es wird natürlich auch vieles einfach vergessen. Hier ist nur ein kleiner Ausschnitt. Alle die ich nicht aufgeführt habe, euch alle bitte ich um wohlwollende Nachsicht.

<u>Manfred Röhle:</u>   Wir zwei hatten von 7 Tore gegen Mayen 5 gemeinsam erzielt. Im Training hatten wir Nummern uns ausgedacht und abgesprochen, die Laufwege zwischen Linksaußen und Halblinks zu klären. Das klappte famos.
Zum Hockeyländerspiel fuhren wir gemeinsam auf einer Vespa, die nicht angemeldet war. Wir hatten das Verkehrsschild mit „Augenbrauenstift" für uns gültig gemacht. Der auf dem Rücksitz Sitzende musste das Schild rückwärts vor der Polizei mit den Händen verdecken. Es war gutgegangen.
Jahrzehntelang half Manfred bei Länderspielen wie bei den größeren Turnieren ungefragt, dafür aber perfekt.

<u>Youbbes Krosta (Stürmer) und Fritz Neuss (Stürmer und Torhüter):</u>   Wie oft schmetterten die beiden gemeinsam ihr wohlklingendes „Buona Sera". Auch unsere Gegner wollten das in der 3. Halbzeit hören. Beide konnten auch in „Blitzesschnelle" jede Litfaßsäule erklimmen. Das konnte sonst niemand.

Norbert Assenmacher: Auf einmal war er weg auf den Weg nach Afrika. Als er heimkehrte, da hatte er in der Hockeynationalmannschaft von Namibia, dem früheren Südwestafrika, gespielt. Wir waren sehr stolz auf ihn. Ständig freuten wir uns, wenn er als Verteidiger die Gegner mit seinem besonderen Trick ins Leere laufen ließ. Das hatte er im Club „ Atlantis Sport Club" gelernt.

Leo Wickert:
Über ihn ist in diesem Buch eine Extraseite. Eigentlich kann man über ihn ein ganzes vollständiges Buch schreiben.

Günter Grünewälder:
Wie oft war er abends verschwunden, am nächsten Morgen bei den Turnierspielen wirbelte er aber wie noch nie. Wo wird er wohl gewesen sein?

Von links; Manfred Röhle, Erno Mahler, Bernhard von Loessl, Fritz Neuss, Klaus Esten, Pidi Kaller, Leo Wickert mit Baby.

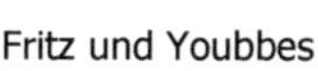

Fritz und Youbbes

110 Plakate - „public relation", wie helfe ich meinem Club?

Bei den vielen Länderspielen und den großen Turnieren wie die der EM oder bei Deutschen Meisterschaften, sowie den größeren geselligen Veranstaltungen, haben wir immer Plakate zur Werbung eingesetzt, auch wenn wir fast nie Eintrittsgeld verlangt hatten. Die Ausnahme war die EM, weil Eintrittsgelder dort vorgeschrieben waren.

Riesige DIN A 1 Plakate werden wohl schnell erkannt und gelesen, doch die hiesigen Einzelhandelsgeschäften wollten diese großen Formate nie in ihren Schaufenstern aushängen. Ihr Tenor: Dann sieht man ja unsere eigenen Waren nicht mehr! So wurden die Plakate immer kleiner.

Aber **wer** hängt die Plakate auf? Die Jugendspieler? Nein, das ging stets in die berühmte Hose. Wenn man 100 Kinder 200 Plakate zum Aufhängen gibt und sie bittet, diese Werbeträger aufzuhängen und dann durch die Stadt zur Kontrolle fährt, sieht man kaum drei Stück. Einfach nur im Geschäft abgeben und weitergehen, dies ist vergebene Liebesmüh. Es müssen zum Aufhängen der Plakate sehr verantwortungsvolle Helfer sein, die die Plakate selbst anbringen. Klebestifte, Tesafilm, all das muss man mitbringen und für das Plakat einen guten Platz sich selbst aussuchen. Und darum immer bescheiden **BITTEN** und sich auch gründlich bedanken.

Den Plakathauptsponsor besonders gut herausstellen, z.B. mit: **Die Kreissparkasse Ahrweiler oder Wilke GmbH präsentiert:** Das sehr groß und bunt und nicht nur in einer Ecke unterbringen. Bei Länderspielen sind die deutschen und ausländischen

Landesfarben in bunter Aufmachung ein guter Hingucker. Schwarz-Rot-Gold für Deutschland und z. b. Rot-Weiß-Blau für Holland. Sonst verpufft alles.

Bei unseren Auslandsfahrten, Fernfahrten in großen Reisebussen, malten wir Plakate wo wir hinfuhren bzw. hingen diese in das Rückfenster und zeigten damit, wer gerade im Bus reiste. Auch das ist „public relation".

111 Sponsoren – Namensliste:

Es gibt die großen, mittleren und kleineren Sponsoren und Gönner. Man kann sie nicht alle aufzählen, die in vielen Jahrzehnten dem HTC unterstützt haben. Es sind auch Mitglieder des Clubs und auch einfach nur Freunde, die das Wirken möglich gemacht haben. Hier kommt eine Aufzählung, die eigentlich <u>immer</u> geholfen haben: **Günter Kill, Hockeyspieler, Weltmeister der Studenten in Roland Garros Paris.** Kurkliniken Kurköln und Jülich. (Von Rot-Weiß Köln).

Ahrmühle, Ahrwinzer, Apollinaris & Schweppes, Ahr – Thermen, Auto – BMW Baum, Auto KBM,   Bahles GmbH, Bayrische Botschaft, Brogsitter, Braun & Blumenrath, Grafschafter Goldsaft,Dorint – Hotel, Hotel Ännchen, Hotel Aurora, Hotel Elisabeth, Hotel Ernsing, Hotel Krupp, SETA – Hotel, Steigenberger Hotel, Hilberath, Intersport NETT, Intersport Krumholz, Intersport Schüller, Juchem – Zelte, Kreissparkasse Ahrweiler, Krupp-Verlag, Kurkliniken Kurköln, Kurverwaltung, Osswald, Pizza Moretti, Prenner, Provinzial, Service & Touristik GmbH, Stadt Bad Neuenahr – Ahrweiler, Kreis Ahrweiler, Land RPL, Volksbank RheinAhrEifel eG., Warlich Druck, Weingut Peter Lingen, Weingut Dagernova, Weingut Brogsitter, Welngut Sebastian Rech, Wessel – Strickwaren, Wija. HANDELSHOF , Dr. Wilhelm vom Moers, Herbert Kolb. Hartmetall Wilke.

Dazu hunderte Clubmitglieder, die mitgeholfen haben und eigentlich nie abgewinkt haben, wenn sie angesprochen wurden, für etwas zu spenden. Die Tennissenioren von den 50er bis zu den 75er, alle stellten sich öfters den HTC Aufgaben gerne. Einige sind jedoch ein wenig herauszustellen, die immer wieder von alleine kamen und Geld spendeten: Eheleute Bauschule, Kamps, Rütten, Maiwald, Tanja & Peter Lingen, Eheleute Regeling, Herbert Kolb, Robert und Leo Bitzen, Eheleute Dr. Hartmut Ketz, Dr. Jutta Kurtenbach, Eheleute Wolters, Eheleute Christa und Manfred Steinborn u.a.m.

Und wie viele Eltern und Clubmitglieder fuhren die Kinder- und Jugendmannschaften zu den Auswärtsspielen?.
Das ist und war nicht mit Gold zu bezahlen. Aber es gab auch Gönner und Helfer, die z. b. bei der Europameisterschaft und anderen großen Turnieren, Fahrdienste übernommen haben und dabei selbst auf das Zusehen der Spiele verzichteten. Es gehört viel Begeisterung und Hilfsbereitschaft dazu, in so entscheidenden Momenten für seinen Club und die Sache einzustehen und zum 20. Male zum Flugplatz Köln/Bonn, Frankfurt oder zum Kölner Hbf. zu fahren. Mancher HTC – Chauffeur saß

täglich über 450 km am Steuer. Thomas Genneper hatte sein Studium unterbrochen und fuhr mit Mario Mahler unzählige Strecken. Lob gilt es heute noch zu sagen Fritz Rogge, Manfred Legies, Gisela Mahler, Georg Walden, Ulrike und Paul Nett, Christian Müller, Jacob Monschauer, Ulla Monschauer, Jürgen Niemann, Christian Monschauer, Andreas Monschauer, Horst Bellmann, Wolfgang Thill, Ernst Bitzegeio, Jolas und Gerald Endrich, Freimut Sommer, Günter Giffels, Klaus Radinger, Horst Raschke, Heinz Witzke, Leo Wickert, Manfred Röhle, Heinz Wollbrecht, Jerry Caltigone, – niemand stöhnte über Eis auf der Straße oder zu frühe „5 Uhr-Fahrten".

<u>Deutschland holte Gold in Athen, in Peking und in London:</u>

Da war in unserem Clubhaus und bei vielen Mitgliedern daheim beste Stimmung. Und in diesen Tagen spendeten unsere Mitglieder für die „Goldfeste" ihr Scherflein. Und den Rest bekam später die Ahrweiler Tafel. Darum kommen die Namen aus Dankbarkeit in dieses Buch. Die Spender wissen davon nichts. Hier sind die, die ich nicht vergessen habe:

Maria Adams, Norbert Assenmacher, Wilhelm Baumeister, Eheleute Kurt Becker, Eheleute Dr. Berbig, Leo und Robert Bitzen, Annelore Böhning, Hans-Gerd Breuer, Eduard Damrath, Hanne Dölle, Konrad und Bärbel Drücker, Bernd Eberl, Anne Eich, Gerald und Jolanta Endrich, Karl-Heinz Euskirchen, Marga Feistkorn, Lothar Fialkowski und Anke Ribeiro, Eheleute Mario Filipovic, Lieselotte Font, Hedi Galaske, Hami und Renate Gies, Irmtraud und Dr. Karl-Horst Gödtel, Philipp Gödtel, Anita Grünewälder, Gisela und Udo Hahn, Renate und Jörg Hahndorf, Michael und Jutta Hartmann, Traue Hoffmann, Michael Hölscher, Hedi Hora-Reichelt, Marga Ipowitz, Rudi Jarre, Vatana und Dr. Chhor Kam, Manfred Kauss, Regina Keul und Sohn Laurin, Siegfried Klaus, Anna Klein, Solveig und Willi Krause, Dr. Petra Krönke und Dr. Heinz Krönke, Helga Kubitza, Dr. Jutta Kurtenbach, Inge und Horst Langhoff, Günter und Reiner Lieverscheidt, Hildegard Lörken und Klaus Hilger, Hans-Hubert Maaßen und Lena Ney, Gisela und Erno Mahler, Jan und Kornelia Mahler, Gisela und Dietmar Martina, Dr. Wolfgang Maschmeyer und Frau, Ulrike und Paul NETT nebst Kinder, Erich Neugebauer, Ilse und Jürgen Niemann, Dorothea Norden, Dipl. Ing. Horst Ordemann, Ddf., Annemie Orso, Anneliese und Ernst Oßwald, Uschi und Heinz Pauker, Eheleute Walter Pfennigsberg, Klaus Radinger, Horst Raschke, Rüdiger Richter, Fritz Rogge, Manfred Röhle, Anneliese Ronge, Manfred Ruppel, Herbert und Elisabeth Rütten, Beatrix und Heinz Sauer, Dr. Renate Schmich, Dr. Hubert Schmich, Gisela und Jürgen Schmidt, MSC Köln, Joachim und Jennifer Schneider, Winfried Schneider, Hans Severins, Irmgard Stegh, Wolfgang Stehr, Freddy Surges, Unbekannte Volleyballspielerin 2 Bundesliga, Ernst Valluga, Brigitte Viets, Bernhard von Loessl, Doris und Kurt Weber, Eddy Weber, Weingut Tanja und Peter Lingen, Rudolf Weltken, Bernd Giffels, Maria Adams, Leo Wickert, Helga und Fred Widdershoven, Wilgard Heine, Eheleute Manfred Wilke, Manfred Winkler.

112 Brief von Silke Nahrmann, Dozentin DSHS und Trainerin von Rot-Weiß Köln und jetzt RTHC Bayer Leverkusen. 03.02.2014

Lieber Erno,

das war ein fantastisches Turnier gestern, von dem nicht nur ich, sondern auch alle Leverkusener Eltern und Kinder mehr als begeistert waren. Deine Hingabe und Perfektion und Liebe zum Detail ist nicht zu überbieten. Ein toller Erfolg für Dich und Deine Region!

Vielen Dank nochmal für alles!!!   auch für die tollen Pokale, die natürlich für die Kinder ein echtes Highlight waren. Plant uns bitte unbedingt für das nächste Jahr wieder ein........ So ein Event darf man nicht verpassen und wird noch lange in Erinnerung bleiben.

Nein, das Foto für Volker ist leider nicht angekommen..... es würde Volker sehr freuen , wenn Du es nochmals schickst.

Ganz lieben Dank an Deine liebe Frau Gisela für den leckeren Wein..................... Wir werden ihn in einer   ruhigen Stunde........wenn wir denn tatsächlich mal eine haben sollten..........genießen.

Ganz liebe Grüße und mach weiter so
Deine Silke und natürlich Volker

113 Brief von Bundesministerium der Verteidigung – Bundesminister Volker Rühe Bonn, 15. 09. 1994

Sehr geehrter Herr Mahler,

auf diesem Wege möchte ich mich noch einmal sehr herzlich bedanken für die Zeitungsausschnitte über die Eröffnung des Hockey – Kunstrasenplatzes in Bad Neuenahr und die gelungenen Fotos.
Mit Ihrer guten Organisation haben Sie eine Veranstaltung auf die Beine gestellt, die für alle Beteiligten ein großartiges Erlebnis war und zugleich einem guten Zweck diente.
Mit freundlichen Grüßen und herzlichen Dank.

Ihr
Volker Rühe

114 Hockey in Gentbrügge / Belgien

Für zwei Tage waren wir zum „Internationalen Hallenturnier" nach Gentbrügge gefahren. Die Endspiele fanden am späten Sonntagabend statt. Danach in der dunklen Winternacht, traten wir unsere Heimfahrt im HTC – Kleinbus an. Es waren einige hundert Kilometer zu fahren in klirrender Kälte. In unserem Gefährt schliefen einige Spieler schon. Durch die glatten Eis- und Schneestraßen fuhren wir etwas verhalten.

Gegen 1 Uhr in der Nacht sah ich plötzlich einen belgischen Polizeibeamten einsam in der Dunkelheit eine kleine Taschenlampe schwenken, mitten in der eisigen Nacht an einer ca. 400 m langen Brücke, die über ein tiefes Tal gespannt war. Viele Kilometer lang waren wir durch die einsame Gegend gefahren, dann unverhofft einen einsamen Polizisten zu erkennen, war schon mehr als ein großes Glück.

Die Brücke war spiegelglatt und für jedes Auto und ihre Insassen lebensgefährlich. Mit stockenden Atem und schnellen zitternden Herzschlägen versuchte ich nur ruhig geradeaus zu fahren und keinen, auch nicht nur den kleinsten Lenkausschlag zu riskieren. Nur den Wagen ausrollen zu lassen! Ein Gebet am Ende der Brücke ging schon automatisch gegen den Himmel. Ein einziger Lenkausschlag oder eine kleine Drehung hätte unsere Hallenmannschaft auslöschen können. Der Abgrund unter der Brücke war enorm.

Zwei Tage später schrieb ich an das belgische Polizeiministerium nach Brüssel und versuchte damit, unseren großen Dank den dortigen Polizeibehörden, insbesondere dem alleine an der Brücke zitternden Beamten, abzubitten.

115 Manfred von Richthofen,
Präsident des DOSB und Hockeyspieler.

Im Jahre 2005 in Mönchengladbach: Ehrengast Manfred von Richthofen hatte seine gute und wohldurchdachte Rede gehalten und für seine fröhlichen und launischen Ausführungen von der der Vollversammlung des DHB viel Beifall erhalten. Der damalige DHB – Präsident Dr. Christoph Wüterich hatte auch anerkennende Worte für den Ehrengast parat.

Nachdem man mir auf diesem DHB – Bundestag eine Urkunde übergeben hatte sollte ich etwas sagen. In der ersten Reihe der ca. 500 Hockeyfreunde aus allen deutschen Landen hatte ich neben meinem früheren Hockeylehrer Prof. Dr. Hugo Budinger meinen früheren Hocke**ygegner Manfred von Richthofen** stets im Blick. So konnte ich mir nicht verkneifen ihn anzusprechen mit den Worten: „Lieber Manfred, das dürft ihr niemals mehr mit uns machen, uns Neuenahrer Hockeyspieler den sehr steilen Kletterweg zur Burg Katz, auf den Rheinhöhen von St. Goarshausen, zu eurem Internat herauf zu locken und uns dann mit eurer Internatsmannschaft mit 7:1 abzuziehen!" Genussvoll und stark grinsend sah mich Manfred von Richthofen an und bestätigte den Sieg seiner damaligen Schulmannschaft gegen unser Team. Was ich nicht sagte, im Rückspiel 3 Monate später siegten wir bei uns an der Ahr mit 1:0.

Der frühere Lehrer und Spitzenhockeyspieler sowie Berliner Trainer Manfred von Richthofen hatte damals die Fusion vom DSB (Deutscher Sportbund) und NOK (Nationales olympische Komitee) vorangetrieben. Der große Sport war ihm ebenso wichtig wie der kleine Verein und der Schulsport. Er leitete auch die Kommission zur Aufarbeitung des Dopings in der früheren DDR.

116 Zwei Stunden unter der warmen Dusche gesessen. Die Spieler von Bishop´s Stortford waren „happy"

Zweimal waren wir mit unseren 1. Herren auf der britischen Insel. 7Mal, (und mehr), waren die englischen Spieler von Bishop´s Stortford bei uns.

Ihre riesigen, grasgrünen Naturrasenplätze sind wunderbar, sowie toll zu bespielen. Aber wir waren doch ein wenig geschockt, als wir zum Duschen wollten. Die Dusche war ein ca. 8 x 8 m großer Holzraum, mit vier winzigen Fenstern und viel Moos auf dem ganzen Fußboden. Oben an der Decke hing eine uralte Gießkanne mit eiskalten Wasser gefüllt, die man mittels einer Schnur schwenken konnte. Nach einem Wassersturz blieb einem das Herz stehen, besonders wenn man verschwitzt vom Spielfeld kam. Lieber stinken wir als das wir unter diese Tortour gehen, war unser fast gemeinsamer Tenor. Den Engländern machte dieses brutale Wechselbad überhaupt nichts aus.

Beim Rückspiel bei uns, wir spielten in der Sporthalle Bachem ein „internationales Turnier", passierte folgendes: Als unsere Gäste die Duschräume gesehen hatten freuten sie sich alle auf die Spielenden der Turnierspiele und die danach kommende Duschphase. Die Stadtverwaltung hatte noch nicht die Sparduschknöpfe montiert, die nach einer bestimmten Zeit den Wasserdurchlauf abschalteten. So hatten die

Engländer sich Schemeln geholt und und genossen voller Freude, mindestens zwei Stunden mindestens lang, das warme – wohlige   Wasser.
Ihre Meinung: Deutschland hat wohl 1945 den 2. Weltkrieg verloren, doch diese modernen Sporthallen wie hier, dies haben wir leider nicht daheim.

117 Weibliche Jugend baute selbst einen Karnevalswagen und warf Kamellen ohne Ende.

Gleich in vier großen Sporthallen mit Hockeybanden, Hockeytornetzen und Spieluhren haben wir die **„Deutsche Hochschulmeisterschaft im Hallenhockey"** durchgeführt. In Halle „Eins" hatten die „Weibliche Jugend"und die A – Mädchen mit großem Schwung, Einfühlungsvermögen und unbändiger Liebe die Betreuung der hockeyspielenden Studentinnen und Studenten übernommen. Sie schenkten, Wasser, Limo und Bier aus, verkauften Brötchen/Semmeln mit Schinken, Speck und Käse und hatten mit ihrem Einsatz auch viel Geld eingenommen. Der HTC – Schatzmeister spekulierte wohl auf den Überschuss, doch ich hatte die Mädels gelockt und geködert mit den Worten, der Reingewinn ist für eure Mannschaften. Dann könnt ihr eine Hockeyreise irgendwo nach Holland oder sonst wohin machen. Doch die jungen Spielerinnen hatten einen Traum: „Wir bauen uns einen Karnevalswagen und fahren darauf in Bad Neuenahr am Karnevalssonntag und am nächsten Tag, dem Rosenmontag, in Ahrweiler mit dem Karnevalsumzug und werfen fleißig „Kamelle – Kamelle".

Woher einen Karnevalswagen nehmen? In den Dörfern auf der umliegenden Grafschaft wurden wir nicht fündig. Beim Dachdeckerbetrieb Ring bekamen wir einen kleinen LKW geliehen.

Nun begann das kleine Lebenswerk von der Chefkonstrukteurin Barbara Dietenhofer, (genannt Babsi). Sie riss Simone Bitzen, Lena Endrich, Heide Moßmann, Luna Rösinger und ihre Freundinnen mit sich und sie bauten mit viel Freude ihren eigenen Karnevalsumzugswagen. In zwei – drei Tagen war der Wagen fertig, es war gezimmert, gehämmert, geschraubt worden, Blumen, Luftballons und Girlanden schmückten den Festwagen.

Dann ging es mit dem verdienten Geld zum Einkaufen des Wurfmaterials in den „Handelshof". Kamellen, Schokolade, süßen Speck, Gummibärchen, kleine Bälle etc. wurden erstanden. Die Eltern hatten noch zusätzlich Geld gespendet. Ein Vater stellte 7 Säcke Äpfel zur Verfügung, ein anderer Vater 4.000 ! Kunstkarten und andere Eltern auch noch die verschiedensten Wurfutensilien. Mit einem Kleinbus musste zweimal das Wurfmaterial herbei geschafft werden.

So blieb es nicht aus: Die HTC – Hockeymädels warfen bei diesen beiden Umzügen nach dem Karnevalsprinz das meiste Material unter / auf das am Rande stehende Volk. Da staunten wirklich alle Besucher und unsere Mädels waren glücklich wie nie.

118 „Rheinisches Missionswerk" der ersten Hockeyherren, auch sie waren beim Karneval aktiv.

Man braucht nicht viel zu sagen. Mag ein Sportverein noch so viel Erfolg haben, die Bevölkerung liebt zuerst die „Freiwillige Feuerwehr". Diese Männer helfen ja allen Menschen bei Not und Elend, das wissen die Bürger zu schätzen. Und bei diesen Leuten gibt es viele Feuerwehrleute, die handwerklich begabt sind. So kann man davon ausgehen das alles, was sie anfassen, perfekt ist. So war und ist auch der Hockeyspieler Jens Heckenbach gleichzeitig ein Führungsmitglied bei der Feuerwehr. Mit seinen Freunden wie Justin Hoerster, Simon Grunewald, Michael Hofer, Michael Müller, Karsten Horn und wie sie alle hießen, bauten sie einen Karnevalswagen, der jede TÜV Kontrolle auf Anhieb mit vollstem Bravour bestanden hätte. Und bei der Namensgebung war jedem Zuschauer klar: Diese Burschen mit so einem schönen Umzugswagen und dem Titel: „Rheinisches Missionswerk" sind schon „Erste -Sahne – Leute".   Der große Beifall war redlich verdient.

Jecke Spieler

119 Olympische Fahnenträgerin von London: Natascha Keller, begann ihre Wahnsinns-Karriere auch bei uns in Bad Neuenahr.

Fast jeder in Deutschland kennt unsere Rekordnationalspielerin und Goldmedaillengewinnerin aus Berlin. Ihrem Vater Carsten Keller, (auch Olympiasieger), aus der berühmten Hockey – Keller Familie), wollten wir eine Freude machen und hatten zwei Mädchen – Mannschaften seines BHC Clubs zu unserem winterlichen Hallenturnier eingeladen. Wer Turniere bei uns besucht hat weiß, es waren immer besondere Veranstaltungen. So hatten wir für den Berliner Hockeyclub, sie hatten ja die weiteste Anreise und für die holländischen Mannschaften aus Tilburg, folgendes aufgeboten:
a) Alle Kinder waren 2 Nächte privat untergebracht.
b) Alle Kinder durften im Steigenberger Hotel Thermalschwimmbad schwimmen.
c) Besuch im Phantasialand.
d) Internationales Musikturnier mit großen Pokalen und Urkunden.
e) Alle Kinder erhielten Geschenke, Bärchen, kleine Radios, Spielesammlungen.
f) Reit – Unterricht auf einem Gestüt beim Olympiateilnehmer Hubert Nettekoven.
g) Weihnachtsfest im HTC – Clubhaus.

Vielleicht war dieser Besuch bei uns ein kleiner Baustein am Bau einer BHC – Damenmannschaft, die fast alle jahrelang von den C und B – Mädchen bis zur Bundesligamannschaft zusammen geblieben waren. Und dabei war Natascha Keller, unsere Olympiafahnenträgerin von London. Wer kann so etwas schon aufweisen?

120 Hotel Elisabeth – ein wichtiger – ewiger Sponsor.

China, Argentinien, Holland und **Deutschland,** die Nationalmannschaften aus diesen Ländern bevölkerten u.a. das von den Eheleuten Regeling geführte Sterne – Hotel mit großer Freude. Wenn auch Sohn Klaus, selbst ein Hockey-, Tennis- und Golfspieler, ein wenig an den festen Beziehungen zwischen dem Hotel und dem HTC beteiligt war, so war gerade dieses Hotel ein ganz wichtiger Baustein und Garant für Erfolge. Und für den Bundestrainer Markus Weise gab es eine separate Wohnung dazu.

26 Chinesinnen und ihr Trainer- und Betreuerstab hatten sich 4 Wochen vor den olympischen Spielen zu Athen 2004 im Hotel angemeldet. Die Eheleute Regeling waren Feuer und Flamme und taten ihr Bestes. Zu der perfekten Ausstattung eines

Sterne – Hotels gehören nicht unbedingt Ess- Stäbchen, wurden aber vom Hoteleigentümer sofort geordert. Ein riesiges Begrüßungsschild: **CHINA** wurde sofort bei einem Maler- und Anstreichergeschäft bestellt und zur Begrüßung oben am 4. Stock des Hotels hin-gehangen. Besonders für die China – Gäste wurde ein neuer Fahnenmast in den Hotel – Vorgarten eingemauert. In der Eile der Vorbereitungen für die Gäste aus dm fernen Osten wurde an nichts gespart. Selbst am Nürburgring wurden für die Asiatinnen kurzfristig Utensilien besorgt.

Die Weinstube wurde als Besprechungsraum für das Trainergespann reserviert. Als drei verwegene – sehr selbstbewusste Männer, lautstark nach den Toiletten fragten und diese forderten, und sich dazu für überaus wichtig hielten, da wusste das Hotelehepaar Regeling, das müssen die olympischen Dopingkontrolleure sein. Solche Kontrolleure kannten das Ehepaar Regeling noch nicht.

Weiße Betten in Einzelzimmern, eine Hotelküche vom Boden bis zur Decke ganz im glänzenden Edelstahl gehalten, dies entlockte den Chinesinnen mehrmals den Ausdruck: „Oh – so clean, so clean!" Die große Auswahl an Vor-, Haupt- und Nachspeisen sowie Schonkost, für ansonsten dort kurende Kurgäste, als das gefiel den Spielerinnen und Trainern sehr. Nach den 4 Wochen war der Abschied zwischen den Gästen und dem Hotelpersonal sehr rührend, Tränen flossen en masse.

121 War es der Club Raffelberg oder Uhlenhorst Mülheim? Erst den Sternekoch geschockt - dann gab es hohes Trinkgeld.

Dumme und oder oberflächliche Menschen würden sagen, es wären sogenannten Angeber gewesen. Nein, es waren einfach junge Leute, die Freude am Leben hatten und auch das so auslebten.

Vorgeschichte: Wir vom HTC Bad Neuenahr waren zu einem Hallenturnier nach Heidelberg gereist. Am Samstagmorgen dort angekommen steuerten wir auf ein gediegen und solide aussehendes Restaurant zu und wollten dort zu Mittag essen. Kurze Zeit später kam eine andere, selbstsichere, lebenslustige und fröhliche Mannschaft in schicken roten Clubjacken, die heute keiner mehr trägt, mit Hockeytaschen und Hockeyschlägern, ebenfalls in dieses noble Hotel – Restaurant. Uns konnten diese Hockeyspieler aus dem Ruhrgebiet nicht sehen, wir dagegen durch die Butzenscheiben vor dem Restaurant ihre vielen Porsche – Autos mit den Autokennzeichen.

Beim 2 – Sternekoch bestellten die Hockeyfreunde aus dem Ruhrgebiet edle Speisen, teuer und aus dem oberen Bereich der aufwendigen Speisekarte. Nach einer gewissen Zeit kamen die Spezialitäten dieses Hauses auf den Tisch und ließ alle Herzen höher schlagen. Doch die Mannschaft rief nach dem Sternekoch und verlangte   eine 3 – Liter Tomaten – Ketchup – Flasche. Der jedoch sah seine Kochkunst mit Füßen getreten und seine Arbeit umsonst. Die Speisen wären doch perfekt und fein, doch die Mannschaft schüttete ihren Ketchup in Massen über das Essen. Der Koch konnte diese Banausen nicht verstehen und verschwand enttäuscht.

Doch als es ans Bezahlen des Essen ging und die Spieler dem herbeigeeilten Koch erzählten, so gut hätten sie noch nie gespeist und ihm ein „gewaltig hohes" Trinkgeld gaben, war auch der Koch wieder versöhnt.

122 Dem Bonner THV klauten unsere Mädels
ein Bild von ca. 2x4 m aus ihrem Clubhaus.

Am Bonner Sträßchensweg steht heute das Johanniter – Krankenhaus. Dort hatte der BTHV seinen Naturrasenplatz nebst einem Clubhaus. Der Platz war eigentlich eine Wiese in den Rheinauen,aber schön gelegen. Um an das Clubhaus zu gelangen musste der Busfahrer schon etwas Mut aufbringen, die Fahrt konnte nur über einen schräg liegenden Feldweg gelingen.

Nach dem Spiel der Mädchen waren die Jungen aufgerufen, gegen die Bonner die Schläger zu kreuzen. Am Anfang des Spieles hatten die Mädchen uns Jungen noch angefeuert, auf einmal waren sie alle verschwunden. Sie hatten sich in das BTHV – Clubhaus geschlichen und ein Riesenwandbild von ca. 2 x 4 m von der hohen Wand abgenommen und hinterhältig in unseren großen Reisebus gebracht. Dort stand es im Gang des Fahrzeuges, ziemlich hinten.

Nach dem Umtrunk zur dritten Halbzeit mit den Bonnern stiegen wir danach gemeinsam alle in unseren Bus ein, natürlich ohne unseren Hockeyleiter Toni Hansen, der höflich noch vom Bonner Hockeychef Abschied genommen hatte.

Uns blieb der Schreck im Halse stecken als wir das geklaute Bild im Gang des Busses sahen. Natürlich rieben sich die Mädchen vergnügt die Augen, doch uns Jungen war die Sache mehr als peinlich. Es wurde gelästert und gelacht bis unser Toni Hansen nach hinten in den Bus kam, wir waren schon 15 km auf dem Heimweg, totenblass das Bild sah und den Busfahrer sofort anwies, umzukehren und das Bild zurück zu bringen. Heute erinnere ich mich immer noch an diese Peinlichkeit; hatten uns die Bonner doch Cola und Limo spendiert gehabt, was damals für uns ein ganz besonders Geschenk war.

123 War es von uns Betrug, als wir vor 1200
Zuschauern einfach den 1. und 2. Sieger-
preis kurzfristig vertauschten?

Über tausend Spielerinnen und Spieler sowie Zuschauer waren bei dem Endspiel der „Königsklasse" der 64 Mannschaften unseres „Rotweinturniers" in der Sporthalle Bachem zugegen. In allen der vier Hallen hatten es extrem faire, heitere Spiele um die Platzierungen gegeben ohne ein einziges Foul. Nur beim Endspiel der Mannschaften aus Heidelberg und Duisburg hatten die Männer aus NRW irgendwie Blut geleckt, sie spielten äußerst hart und gar unsportlich. Die Halle war wütend über diese harte Gangart. Vielleicht waren auch die ausgesetzten Sieger- und Ehrenpreise für diese harte Spielweise einer Mannschaft der Auslöser. Der erste Siegerpreis war ein 18köpfiger zweitägiger kostenloser Aufenthalt im hiesigen 4 - Sterne SETA – HOTEL mit Schwimmbad, Sauna.   Der zweite Ehrenpreis „nur" ein Faß des guten Ahrrotweines. Beide Ehrenpreise waren in der deutschen Hockeylandschaft schon etwas Besonderes und sind bisher noch nicht übertroffen worden.

Aufgrund der harten und sehr unfairen Spielweise einer Mannschaft hatte die Turnierleitung die Ehrenpreise schnell ausgetauscht, Der Sieger bekam „nur" das Faß Rotwein, der Vizesieger den kostenlosen 18köpfigen Hotelaufenthalt.

Eigentlich sollte man immer fair spielen.

124 Neuseeland wollte nicht zum Länderspiel antreten.

Eine Woche lang war die Herren – Nationalmannschaft Neuseelands bei uns hier in Bad Neuenahr – Ahrweiler in einem Trainingslager. Wir als Gastgeber versuchten, ihnen jeden Tag schön zu machen. Wir denken, es ist uns gelungen.

Zum Abschluss dieser Trainingswoche für die Gäste aus dem von Deutschland am weitesten entfernten Land, war ein **offizielles** Länderspiel zwischen Deutschland und Neuseeland angesetzt. Das Fernsehen, die Presse und die hiesige gesamte Bevölkerung waren zu diesem Match aufgerufen und eingeladen worden. Am Samstagmorgen, einige Stunden vor dem Spiel wurde uns mitgeteilt, NZL würde nicht antreten, der Hockeyplatz wäre zu rutschig, zu glatt. Auf uns wartete eine Blamage vor dem DHB und der Bevölkerung. Was war zu tun?

Schirmherr war zum Glück der amtierende Bürgermeister unserer Stadt. So hat er weise und unbürokratisch als Chef der freiwilligen Feuerwehr, der er ja auch ist, seine fleißigen Mannen beauftragt, den Hockeyplatz mit zig C – Schläuchen abzuspritzen. Die 30 Feuerwehr Leuten machten wieder einmal beste Arbeit und das Länderspiel konnte beginnen. Es endete 2:2 vor 750 Zuschauern.

Vor und nach dem Spiel waren Zuschauer und Spieler mit Hymnen und Musik beglückt worden. „Ihr habt einen guten Job gemacht", das waren die Aussagen von Neuseeland.

Auch die Damen aus Neuseeland marschieren ins Apollinarisstadion ein.

125 „La Bamba" lief bis 5.30 Uhr beim Club Raffelberg.

Immer wenn heute im Radio das Lied „La Bamba" ertönt, gehen meine Gedanken immer wieder zu diesem bedeutenden deutschen Hockey Club. Nach dem Turnier feierten wir im dortigen Clubhaus den berühmten „Hockeyball". „La Bamba" war gerade geboren worden und wir hörten diesen Hit dort zu ersten Male. Ob in Gruppen oder in Kreisform, wir sprangen wie die Verrückten die ganze Nacht bei diesem Song bis 5.30 Uhr. Heute schlafen wir um diese Zeit. Wie haben wir das damals nur ausgehalten? Ach – ja. Wir waren jung.

126 Kurparkanlage in Travemünde umgepflügt.

Die wunderbare Parkanlage vor dem ehrwürdigen Kurhaus und Spielbank von Travemünde wurden alljährlich durch die Hockeyspieler beim alljährlich stattfindenden hochgelobten Pfingstturnier total umgepflügt und dadurch beschädigt. Als Bad Neuenahrer, die wir auch Kurpark und Spielbank in unserer Stadt besitzen, denkt man schon mal darüber nach.

Auf der einen Seite waren wir Hockeyspieler äußerst froh, vor den vielen immer wieder stehen bleibenden Pfingsttouristen spielen zu können, auf der anderen Seite konnten wir uns erst einmal nicht vorstellen, dass durch uns Hockeyindianer der

Kurpark so grausam in Mitleidenschaft gezogen würde. Heute in der Zeit des modernen Kunstrasenwesens können viele jüngere Hockeyspieler sich kaum vorstellen, dass diese Sportart auf einem guten glatten Naturrasen auch seine Reize hat. Wir haben viele Jahre dort gerne gespielt und herausgefunden, dass die dortige Kurverwaltung rechnen konnte. Einige hundert Gäste zu Pfingsten mehr in diesem Ostseebad füllt die Betten der Hotels und Pensionen. Das ist halt so eine Rechenaufgabe. Wenn am Pfingstdienstag nach dem Turnier die Leute abgereist waren, dann schnell kamen die Gärtner, pflügten die beschädigte Wiese um und säten den Platz neu ein. So ging das jedes Jahr.

Mettbrötchen beim Hockeyball im Kurhaus dort zu Travemünde: Der Hoteldirektor schien nicht rechnen zu können. 5,-- DM für ein halbes Mettbrötchen, das war allen Spielerinnen und Spielern zu teuer. Stundenlang lockten wohl die „hunderten von leckeren Mettbrötchen" hinter den Glasvitrinenfenstern uns an, doch keiner kaufte eins. Als der Geschäftsführer an unserem Tisch vorbei kam und wir ihm rieten, setzen sie doch den Preis auf 1,50 DM herunter und er es schließlich auch tat, waren in Minuten alle Brötchen verkauft.

Unser Leo und der Bernd, die hatten am meisten Spaß an diesem nächtlichen Hockeyfest. Sie kamen erst im Morgengrauen ins Hotel zurück. Um 10.30 Uhr mussten wir gegen eine Hamburger Mannschaft spielen, wie schwer die Beine waren, kann sich doch mancher Hockeyspieler vorstellen.

Unser Mittelstürmer Youbbes hatte einen langen Schrägplatz zum Linksaußen gespielt, sehr schräg und sehr steil. Bernd raste, holte aus, doch oh Schreck, er hatte den Hockeyschläger vergessen. Das Gelächter war groß.

127 Zwei Hockeyschläger für den Herrn Verteidigungsminister.

Irgendwie hatte ich es geahnt, dass mein Vorgehen bei der Bundeswehr – Heeresfliegerbrigade 3 in Mendig - nicht richtig verstanden werden konnte. Diese Brigade führt den Einsatz der Lufttransportkräfte des Heeres im Einsatz der Lufttransportkräfte des Heeres im Einsatzflugbetrieb für die Bedarfsträger der Bundeswehr – Streitkräfte. Außerdem steuert und koordiniert sie alle Maßnahmen der Heeresfliegergruppe.

Und da kommt ein sehr verschwitzter Mann in nasser Tenniskleidung mit einem voll von Reklame versehenen Kleinbus und sagt dem wachhabenden Soldat am Standorteingang: „Guten Tag, ich habe hier zwei Hockeyschläger für den Herrn Verteidigungsminister Volker Rühe!" Mit ungläubigen Augenaufschlag fragte dieser Mann, was das wäre und wie das geschehen sollte?

„Ihr Chef, der Herr Minister, weiht unseren neuen Hockey - Kunstrasenplatz ein. Dabei springen fünf Fallschirmspringer von ihrem Hubschrauber ab und übergeben diese Hockeystöcke ihrem Minister!" Sein ungläubiges Gesicht und seine Grimasse verrieten, dies konnte er sich nicht vorstellen. Er rief dann von seiner Wache seinen Vorgesetzten an sagte an Telefon: „Hier steht ein Mann, der hat zwei Hockeyschläger, die sollen nach einem Hubschrauberabsprung unserem Minister übergeben werden!" Es dauerte nicht lange bis der Hauptmann, nun mit Verstärkung, an die Pforte trat und mir sagte: „Hm – Hm" – dabei schaute er zum Himmel und meinte: „Von da oben kommen dann die Sportgeräte zu unserem Minister?" Ich nickte nur und wusste sogleich, dass ich mal wieder nicht ernst genommen wurde. Immer wieder zeigte er nach oben zum Himmel, immer ging seine Hand von Richtung Himmel in Richtung Erde und sagte zweifelnd: „Von da oben bekommt der Minister die Hockeystöcke überreicht??" Genüsslich nickte ich immer wieder und machte das Spiel mit, dass er glaubte, einen Irren vor sich zu haben. „Ja – Ja – wir nehmen mal die Hockeyschläger an". Dann verschwanden die drei Soldaten in Richtung Kaserneninnenhof.

Ich fuhr die ca. 30 km nach Hause. War kaum angekommen, da klingelte das Telefon. Die Sekretärin des Bonner Verteidigungsministeriums rief an und sagte, vor zwei Minuten wurden hier zwei Hockeyschläger für unseren Chef abgegeben. Ich stellte dann sicher, dass diese Hockeystöcke nicht für den Minister persönlich, sondern für seine in Hamburg hockeyspielenden Söhne seien. Diese sollten doch bei der Einweihungsfeier durch die Fallschirmspringer nach ihrer Landung dem Minister nur übergeben werden.

Dann hörte ich noch durch das Telefon die Ansage: „Die Hockeyschläger **sofort** zurück nach Mendig zu den Heeresfliegern!"

Und so geschah dann auch alles! Die Fallschirmspringer brachten von ganz oben, 1.500 Meter, die Hockeyschläger mit nach unten, salutierten vor ihrem Minister, schlugen die Hacken zusammen und übergaben sie ihm. Da ich hier unten neben dem Minister stand sagte ich nur ganz schnell: „Die Schläger sind nicht für sie, Herr Minister, sondern für ihre Söhne in Hamburg!" Volker Rühe sagten dann schnell seinen Adjutanten:
„Sofort zurücklegen für Hamburg!" Und so kamen die Hockeystöcke **nicht** in den offiziellen „Fundus" des Ministerbüros. Aus diesem Bereich darf auch ein Minister sich nichts holen. Und etwas später kam ein Dankesbrief aus Hamburg, so waren die Hockeyschläger dort angekommen, wo sie hin sollten.

Landrat Weiler, Weinkönigin, Minister Volker Rühe, Kurdirektor Herbert Rütten nebst Bürgermeister Flohe und Soldaten. Sicherheitskräfte.

128 Was so manchmal zu machen war: Fahrten mit den Kindern über 1.000 km an einem Tag.

Mit dem HTC – clubeigenen VW – Kleinbus waren viele Fahrten, auch zu Trainingsspielen während der Woche, viel leichter zu bewerkstelligen. Oft war es schwierig, Eltern für die Fahrten zu den Spielen oder auch zu Ausflügen, zu gewinnen. Manchmal war man sehr verzweifelt, wenn vorher zugesagte Fahrten der Eltern, am letzten Tag, aus den verschiedensten Gründen abgesagt worden waren. Danach musste man manchmal bis zu 40 Male telefonieren, auch bis spät in die Nacht hinein, um noch Ersatz zu finden.

So war ein Sonntag für den Hockeyleiter fast ein Rekordfahrtag. 3 x von Bad Neuenahr zum TSV Schott Mainz und zurück. Und zwischendurch noch einmal von Bad Neuenahr nach Aachen, hin und zurück. Das waren gegen 22 Uhr an diesem Tag 1.100 km Fahrtstrecke gewesen. Damit wäre man aus dem Rheinland bis nach Rimini in Italien gekommen.

Nach Mainz wurden erst die C – Knaben gefahren, dort einem Mainzer Freund zur Beaufsichtigung übergeben. Es folgte meine Leerfahrt zurück und danach wurden die A – Mädchen in die Landeshauptstadt befördert. Bis dahin waren ja die C – Knaben mit ihrem Turnier fertig und wurden wieder nach Neuenahr heim kutschiert. Nun wurde die Jugend B männlich eingeladen und wieder ging es nach Mainz; auch nur abgeladen. Zwischenzeitlich waren die A – Mädchen mit ihren Spielen auch fertig geworden und wurden sie wieder heim transportiert. Hier stand nun die Fahrt der A – Jugend in die alte Kaiserstadt Aachen an, dieses Team kam dann in der Nacht mit Freunden wieder zurück. Aber die Jugend B musste auch noch in Mainz abgeholt werden. So sah der Hockeyleiter nur die Autobahn mit den jede Sekunde sich veränderten Anblick, von seinen Aktiven, die er ja trainiert in der Woche, sah er an diesem Sonntag nichts. Ob das ein Rekord war, kann man nicht wissen.

Hockeytore schleppen:

Nicht zum richtigen Standort auf dem Hockeyplatz, nein, dieses Mal auf die hohe Bühne im Theatersaal des Kurhotels.

Samstagnachmittag um 17 Uhr. Die Kurgartenstraße voller Kurgäste und Passanten. Horst Bellmann, Toni Krüger und der Unterzeichnende schleppen das schwere Tor. Wegen der Breite des Tores muss die Straße benutzt werden. Dahinter schleichende Autofahrer. Die Kurgäste machen ein paar Bemerkungen über unsere Schlepperei. Mit hochroten Köpfen werden wir immer kleiner.

129 Als Ehrengast zum Hubschrauberflug vom DHC eingeladen. Heiterer Auftritt mit Düsseldorfs OB „Erwin" am Seestern.

Der Düsseldorfer Hockey – Club hatte den heimlichen König der NRW – Landeshauptstadt, Oberbürgermeister Joachim Erwin, zum DHC – Clubfest eingeladen und für ihn und mich, der auch dabei sein sollte, einen Hubschrauberflug geordert. Da das für viele Mitglieder im dortigen Club eine Überraschung werden sollte, waren wir um Verschwiegenheit gebeten worden und sollten uns im rückwärtigen Gelände des Düsseldorfer Flughafens einfinden.

Der OB und ich trafen uns an der Baracke des Hubschrauberpiloten. Da wir uns nicht kannten und der OB bekanntlich der „tolle Macher" war, kam es zu folgendem Dialog:

OB: „Wer sind Sie und was tun sie hier?"

Ich selbst: „Bin E.M. und wurde zu dem Hubschrauberflug eingeladen."

OB: „Warum wurden Sie hier zum Hubschrauberflug eingeladen?"

Ich selbst: „Weiß´ich selbst nicht."

OB: „Ihre Krawatte sitzt nicht gut, werde die mal richten!" Und er fummelte an ihr herum."

Dann kam der Pilot: „Herr Oberbürgermeister, ein Momentchen bitte, gleich starten wir."

Der OB sagte nur: „Das Momentchen, das bestimme ich!" In diesem Moment wusste ich, wer dieser andere Herr war, mit dem ich eingeladen war. Ich sagte dann dem OB Erwin, ich würde den Piloten nicht ärgern wollen, er müsse uns doch gesund wieder herunter bringen.

„Wo wollen sie sitzen?", fragte mich der OB. Bescheiden sagte ich nur, das überlasse ich natürlich ihnen! „Gut, ich sitze vorne neben dem Piloten!" Da wollte ich eigentlich auch sitzen, sagte aber forsch: „Der Bundespräsident sitzt auch immer hinten rechts!" Da funkelten die Augen des OB schon sehr stark und er wies den

Piloten an: „Zuerst fliegen wir über die neue Landebahn, die will ich mir als Chef des Düsseldorfer Flughafens jetzt erst einmal ansehen!" Und dann flogen wir über den Rhein zum „Seestern", Heimat des DHC. Und gekommen waren auch: Schwiegertochter Koko, ihr Ehemann Jan und die beiden lieben Kinder.

Hundert hübsche Düsseldorfer Hockey- und Tennisfräuleins standen Spalier, als wir auf dem Hockeyplatz landeten und riefen unsere Namen. Es war kein ungutes Gefühl und wir gingen zum bereit stehenden Mikrofon.

Mein als Kompliment an die schöne Landeshauptstadt Düsseldorf gerichtete Wort, wie schön und sauber die Stadt sei und auch als das „Wohnzimmer des Ruhrgebiets" gelte, kommentierte der OB Erwin mit den Worten: „ Oh-we, Pisa lässt grüßen!" Düsseldorf sei nicht das Wohnzimmer des Ruhrgebiets, woher ich das hätte. Ruhig entgegnete ich ihm: „Das haben wir schon im 3.Schuljahr in der Grundschule gelernt. Und dann hatten wir beide so viel Freude an dem ganz besonderen DHC – Clubfest. Der Cheforganisator Ingolf Rayermann hatte alle Details so wunderbar organisiert, wir fühlten uns sehr-sehr wohl. Dieser Tag bleibt unvergesslich. Und auch der OB strahlte.

130 Schlafen in Zelten.

Als Jugendlicher und Herrenspieler war das immer ein Erlebnis. Als Betreuer, der mit den Kindern und Jugendlichen als Aufsichtsperson das machen musste, wurde das von Jahr zu Jahr immer beschwerlicher. Manchmal tat der Rücken weh, in der Regel kam man als Letzter zur Ruhe.
Wenn gegnerische Mannschaften uns einen Streich spielen wollten oder ein gefährlicher Fuchs durch die Zeltstadt schlich,der erst drei Schafe gerissen hatte und als tollwütig galt, dann war an Schlaf für uns Aufsichtspersonen überhaupt nicht zu denken. Im Nachhinein war es eigentlich nicht so schlimm, ohne oder mit wenig Schlaf, ausgekommen zu sein zu müssen. Doch bei vielen Erinnerungen denkt man aber auch: „Wofür habe ich das jahrelang gemacht?"

131 Wie kommt man an Pokale?

Eigentlich: Wenn man gut spielt und gewinnt!   Aber wie kommen die Turnierausrichter an Pokale?

Die meisten Kinder, Jugendliche und auch Erwachsene freuen sich über schöne, auch hohe Pokale, die es bei der Siegerehrung gibt. Und über schöne – bunte Urkunden, die liebevoll gemacht wurden und nicht einfach auf dünnen Papier mit dem Kopierer abgezogen worden sind. Aber tolle Pokale und Urkunden kosten auch viel Geld.

Wanderpokale besorgen. Zeitungsberichte über die Spender von Wanderpokalen kommen bei vielen Menschen gut an. Sie kommen in die Zeitung, und das quasi jedes Jahr. Und Imagepflege kann fast jeder Mensch gebrauchen.

Wir haben auch eigene Pokale, die man früher selbst einmal gewonnen hat oder die von Freunden, die diese „Staubfänger" nicht mehr haben wollten, gerne angenommen und für die weitere Verwendung umgestaltet. Ach ein Geschäft, das jahrelang Pokale gesammelt und ausgestellt hatte, wurde um Unterstützung gebeten. So konnten wir in manchen Jahren jeder teilgenommenen Mannschaft einen Ehrenpreis übergeben, selbst dem Turnier-letzten. Manchmal waren die von uns ausgegebenen Pokale schöner und wertvoller als bei bedeutenden Veranstaltungen.

Wenn bei unserer Tennisabteilung einmal Pokale übrig blieben, bekamen wir diese für die Hockeyabteilung. Die Schirmherren unserer Turniere, in der Regel Bundes- oder Landesminister, Regierungspräsidenten, Landräte und Bürgermeister, gaben uns gerne zur Ausgabe bei der Siegerehrung solche Exemplare. Und manchmal gab auch einfach das Budget genügend Mittel frei. Auf jeden Fall, bemühen muss man sich über genügend Ehrenpreise mindestens schon ein Jahr zuvor.

Pokale werden oft gebraucht. Man muss sich frühzeitig darum bemühen!

132 Was uns vom HTC einfach noch so gefiel:

1.) 700 Hockeykinder in rot-weißen Hockeytrikots, alle in der Hockeyhalle von Rot-Weiß Köln, alle erkennbar auf einem Bild, das ist großartig und das hätten wir auch so bei uns.

2.) Bundestrainer Markus Weise war mal wieder zu einem Hockeylehrgang bei uns in Bad Neuenahr mit seiner Damenmannschaft. Olympia in Athen stand auf dem Plan. Das Hoteliersehepaar Regeling vom Hotel Elisabeth wusste um die schwere Aufgabe, die Markus Weise bevor stand. So bekam er im Bereich des Hotels, 20 m von den Damen entfernt, eine komplette neu erstellte und eingerichtete Wohnung, um ruhig seinen Plänen und seiner kommenden Strategie nachgehen zu können. Der Lohn: Die „Wundertütenmannschaft" erkämpfte sich toll die „Goldmedaille". Da hatte alles zusammengewirkt.

3.) Wir hatten Markus Weise natürlich persönlich noch einmal eingeladen, mit seinen Goldmedaillengewinnern von Peking ihr **„Einjähriges Goldmedaillenfest"** bei uns drei Tage lang zu feiern. Die Spieler waren ja gekommen, darüber wird in diesem Buch an einer anderen Stelle berichtet, Markus Weise sagte leider persönlich ab und ließ die Spieler alleine feiern. Sie hätten ja gespielt. Seine weitere Begründung lautete: „Ihr wollt mir doch etwas schenken!" Das wollten wir tatsächlich. Diese Bescheidenheit muss doch jedem Menschen gefallen und imponieren.

4.) Drei Polizisten verstanden anl. der „Champions Trophy" in Mönchengladbach die Welt nicht mehr. Holländer und Deutsche feierten gemeinsam ohne Streit ständig miteinander, sangen und tanzten, die ganze Woche lang. Das Zusammenleben von allen Spielern und Zuschauern war so friedlich. „Warum sind wir eigentlich hier?" fragten die Polizeibeamten uns. Wir schmunzelten.

133 Sätze – die zum Hockey hier gehörten:

„Was machen denn die Pokale hier am Altar?"
Man merkte, Sohn Jan wuchs in einer sportlichen Familie auf. Bei einem Besuch am Sonntagmorgen in der Kirche rief unser 4jähriger Sohn ziemlich laut: „Was machen denn die Pokale hier am Altar? Die Kirchenbesucher schmunzelten."

Michi, Michael Röhle: Bei unserer Hockeyfahrt zum UHC Hamburg fragte er: „Ihr redet immer von der Reeperbahn, wann fahren wir dann endlich dorthin?""

Jan Mahler zum gegnerischen Spielerkader, als die eine härtere Gangart an den Tag legten: „Knüppelt doch nicht so, ihr habt doch alle daheim eine Ölheizung!"

Jan Mahler, als es in einem Spiel nicht so gut lief und viele die Flügelchen hängen ließen: „Freunde, es heißt doch „Hockeyspielen" und nicht „Hockeyärgern".

Und bei einem anderen Spiel als das Team 9:0 führte: : „Jetzt schießen wir kein Tor mehr, wir wollen die doch nicht plattmachen!"

26 China – Hockeydamen und ihr Trainerteam fragten mich, wie sie mich Ansprechen sollten bei ihrem 4-wöchendlichen Trainingslager bei uns in Bad Neuenahr vor den olympischen Spielen 2004 zu Athen? Ich hatte diese Gruppe mit einem riesigen Reisebus am Köln/Bonner Flughafen abgeholt und ihnen beim Einsteigen mit ihren schweren Koffern geholfen. Das war für die Chinesinnen sehr ungewöhnlich, dass ein Mann ihnen beim Koffertragen half. Meine Antwort auf ihre Frage nach nach meinem Namen lautete: Ming-Sching-sinn-futsch". Da hatte mich kurzfristig der „rheinische Schalk" geritten. Die Rheinländer wissen was das heißt: Ming-Sching-sinn-futsch. Es lautet: Meine Scheine sind futsch, weg. Sie redeten mich dann die ganze Zeit so an.

Als die Chinesinnen mit dem großen Reisebus durch unsere Stadt Bad Neuenahr – Ahrweiler fuhren, ich wollte ihnen zur Begrüßung zeigen, wo sie jetzt 4 Wochen lang wohnen, drückten sie ihre kleinen Stuppsnäschen an die Busfenster und meinten nur: „Oh, the city is so very clean, but all the people are so very old".

Auch, als sie die große Hotelküche im Hotel Elisabeth sahen meinten sie nur: „Oh so very clean this all!"

134 Was mir als Autor selbst noch so passierte...

a) Mittelfußbruch beim Hallenturnier bei Rot-Weiß Köln.
b) 3 Zähne ausgeschlagen beim Oktoberfest-Turnier bei Wacker München.
c) Hockeyball mitten ins Gesicht von einem unserer Jugendspieler.
d) Hockeyspiel in Mettmann. Mein Gegner hat mit seinem Schlag meinen
   Hockeyschläger, Schienbeinschützer durchgeschlagen. Blut floss.
e) Drei Schulter - Sehnen wurden abgerissen, als ein 5jähriger Mini
   - Junge beim Einmarsch zu einem Hockeyspiel mir unabsichtlich seinen
   Hockeystock zwischen die Beine schob. Operation.
f) Mein Puls wurde in einem Heidelberger Krankenhaus mit 215 Schlägen gezählt,
   hatte sicherlich zu viel gekämpft.
g) Bei einem weiteren Oktoberfest – Hockeyturnier beim ESV München ein wenig
   schlapp gemacht, Leo und andere trugen mich vom Platz. Die letzten 10 Minuten
   war ich aber wieder im Spiel.
h) Hockeynationalspieler Chefarzt Dr. Jörg Hillekamp operierte mich sehr erfolgreich
   im St. - Augustinus – Krankenhaus in Düren. (Olympia – Stützpunkt – Rheinland).

135 Prominente und unser HTC

Bundesaußenminister Hans-Dietrich Genscher bei einem Anruf in seinem Büro zu seiner Sekretärin: „Ist das wieder der Hockeymann von der Ahr?" Grußwort und seinen Pokal hatte er uns schon zuschicken lassen. Auf dem Wege zu uns wurde er per Autotelefon zu einer wichtigeren Aufgabe plötzlich umdirigiert.

Bundesminister der Verteidigung, Volker Rühe, machte auf unsere zu ihm verschickte Briefpost ein **„grünes Kreuz".** Das sagt aus: Kein Staatssekretär, kein Büromitarbeiter behandelt die Hockeypost, es ist jetzt „Minister – Sache". Volker Rühe hat sich mit seiner Einwilligung, Schirmherr bei der Einweihung unseres neuen Kunstrasenplatzes zu sein, verdient gemacht.

Mario Mahler und Volker Rühe am Bierstand im Kurpark: „Herr Minister – ein Bier?"
„Wenn ich es nicht ganz austrinken muss, herzlichst gerne!", so Volker Rühe.

Innenminister Rudi Geil von Rheinland-Pfalz hatte einen Ehrenpreis für die beste Schiedsrichterleistung   anl. der Damen – Europameisterschaften hier bei uns gestiftet. Diese Auszeichnung hatten die Vertreter der 8 Nationen der damaligen DDR – Schiedsrichterin Ilona Popp zugesprochen. So entstand ein Wortspiel, was nicht geplant war. Naiv sagte ich bei der Siegerehrung über den Lautsprecher: „Den Ehrenpreis des Minister Rudi Geil geht an Frau Ilona Popp, er wird überreicht vom HTC – vorsitzenden Rudi Fick. Das Lachen der vielen Zuschauer hatte ich nicht registriert, hatte nur auf den Beifall geachtet.

Staatsministerin Hanna Renate Laurien: „Bevor ich nach Bad Neuenahr komme, gehe ich erst zum Friseur!"

Rocco Granata, (Schlagerstar: Marina-Marina), hatte nach seinem mit viel Beifall bedachtem Auftritt beim Hockeyfest direkt einen Nachfolgeauftritt bekommen. Ein Hockeyspieler aus Frankfurt/Main, bei der Allianz – Versicherung tätig, hatte ihn nach Rom zu einem Allianz – Betriebsfest engagiert.

136 Von 30 Auswahlspieler war unser Günter Giffels bei fast allen Testaufgaben der beste Teilnehmer.

Die DOG, die Deutsche Olympische Gesellschaft, die Stadtverwaltung Bad Neuenahr-Ahrweiler, der DHB, hatten alle, neben vielen anderen Institutionen, zum bundesweiten Jugendtreff nach Bad Neuenahr-Ahrweiler eingeladen.

Die einzelnen Verbände haben bei dieser Gelegenheit auch ihre Kader getestet und erklärt. Weil wir uns sehr eingebracht hatten, kostenlose Quartiere zu besorgen, durfte ein Jugendlicher von unserem Club an den 25 geforderten Lauf-, Sprung-, Schlagtest etc. auch teilnehmen. Das war als kleines Dankeschön für uns gedacht.

Wie es manchmal so im Leben spielt, war unser Mitglied Günter Giffels, in fast allen Disziplinen der Kandidat, der die höchste jeweilige Punktzahl erringen konnte. 1.000 m Lauf, Sprint über 5 m, 30 m, Weitschlag des Hockeyballes, Balljonglieren, Dreibeinlauf, Zielschießen, Passen, Vor- und Rückhand, Schlenzen. Nur beim Spielaufbau fiel er in seinem Leistungsvermögen etwas ab. Nominiert werden konnte er nicht, weil seine Mannschaft in diesem Jahr keine Meisterschaftsspiele austrug. Wäre Günter Giffels in einem größeren Verein groß geworden, sicherlich wäre er in der Bundesliga gelandet. (Vater Bernd wollte auch noch gefragt werden.)

Dieses Team gewann das 8 – Nationen – Turnier

HTC Minis in Köln 2014

Abschiedsspielspiel
Rot – Weiß Köln

138 Unsere Tochter Jennifer und
ihre Familie.

Als kleines Mädchen von 4 und 5 Jahren trainierte sie mit ihrem Bruder Jan in einem Kellerraum. Der war ganz leergeräumt, nur zwei richtige „Ein-Meter-Törchen" standen dort. Es wurde dort gepasst und geschlenzt und bald gab es auch Löcher in der tapezierten Wand. Freundinnen und Freunde, die gerade mal von der Straße in dieses kleine Hockeystadion kamen, wurden schnell besiegt. Den Eltern half sie immer und spielte auch eifrig in ihrer Mannschaft.

Mit ihrem Mann Joachim und den Kindern Moritz und Anna, sowie Freunden, bauten sie in Rheinbach die SG Pallotti Rheinbach gekonnt auf und vermehrten Mannschaften und Erfolge. Aufgrund des Leistungsgedankens ist auch der Bonner THV für die Familie eine wichtige Anschrift.

Der Aufbau dieser Hockey – Spielgemeinschaft ging „im Nu Komma nix".

139 Velthoven/Holland:
Unsere Pfingstteilnahme.

5 deutsche Hockeyclubs waren im 16er Feld beim Pfingstturnier in Veldhoven angetreten. **Die Endabrechnung:** Platz 1 bis Platz 5 die deutschen Vereine, ab Platz 6 bis 16 standen nun die holländischen Vereine. Der letzte, der 16. Platz, ging an die beste Mannschaft des Turniers, an ein Team der höchsten holländische Liga, der „Hoofdklasse".

Sie hatten uns Deutsche ganz schön „veräppelt". Holland wollte nur feiern – singen etwas spielen – Musik hören und uns ein wenig auf die berühmte Schippe nehmen. Das war ihnen wirklich gelungen. Wir dachten, wir wären in Hockey ganz gut, Pustekuchen, die Holländer waren besser – tranken und sangen viel mehr und hatten viel mehr Spaß als wir. Sie haben freiwillig das Endresultat auf den Kopf gestellt.
Ein Organisator sagte mir: „Wir spielen das ganze Jahr auf Sieg, Pfingsten wird nur gefeiert.

140 Leo Wickert ist ein Rekordhalter in Sachen Hockey – Reisen.

Leo und ich kennen uns schon aus der frühesten Kindertagen im HTC. Wir spielten zusammen Hockey, Tennis und liefen auch gemeinsam Ski. Als er in München Elektrotechnik studierte wurde er auch Mitglied bei Jahn München. Das war dort seine erste Münchener Station. Dann hat er nicht nur in all den anderen Hockeyclubs in der Stadt gespielt, er wurde auch Mitglied in Hannover, Hamburg, Berlin u.a.m. Als Gast in „Reiseteams" bei den verschiedensten Vereinen hat er alle fünf Erdteile besucht und dort auch den Hockeyschläger geschwungen. In **einem** Jahr ist Leo gleich **zweimal** um die Erde geflogen, überall hat er mit den Teams gespielt. Nach meiner Meinung hat Leo in mehr Ländern Hockey gespielt als sonst Jemand im Lande. Wir hatten einmal mit ihm die Reise überschlagen und sind auf 160 fremde Hockeyplätze gekommen. Kein Nationalspieler hat sicherlich mehr Einsätze aufzuweisen als Leo.

Leo spielte u.a. in Deutschland, fast alle Städte. Österreich Wien, England Bishop´s Stortford, Ungarn Budapest, Tschechoslowakei Prag, Frankreich Boulogne sur mer, Schweiz Bern, Uruguay Montevideo, Chile Santiago de Chile, Peru Lima, Kolumbien Bogota, Venezuela Caracas, Aruba, Mexiko City, New Jersey, Kanada Toronto und Montreal, Vancouver, Singapur, Bangkok, Kuala Lumpur, Fidschi Inseln, Australien Brisbane, Neuseeland Christchurch und Wellington, China Peking, Hongkong, Kenia Nairobi, Südafrika Durban und Elisabeth Town, Südwest – Afrika Windhuk, Zimbabwe Harare u.a.m. Er muss die Welt nun kennen!

141 Mail von Knut Kirchhoff:

Lieber Erno,
ich glaube, wir waren irgendwann beim Du. :-) Vielen Dank für dass nette Kompliment, das ich herzlich gerne zurück reiche, denn du hast es eher verdient als ich.
Ich glaube, dass sich kaum jemand mehr um den Breitensport Hockey in ganz Deutschland verdient gemacht hat. Wenn ich mich alleine an die Hallen EM damals zurück erinnere,, da war ich noch klein, das hast Du damals fantastisch organisiert und wie schön war es, dass die Spieler damals so zugänglich waren. Ich habe damals ein Trikot geschenkt bekommen:-). Oder auch die unglaublichen Jugendturniere, bei denen der Torschütze stets einen Hockeyaufkleber bekommen hat:-).

Was wäre aus Bad Neuenahr, aber auch aus vielen anderen, kleinen Vereinen geworden, wenn nicht ein Don Quichote des Hockey ständig gemahnt hätte und die Arbeit „auf dem Land" propagiert hätte? Ich glaube ernsthaft, dass viele dieser ehemals kleinen Vereine, wie zum Beispiel **Nürnberg**, sich eine Scheibe abgeschnitten haben und heute ganz anders da stehen. Das wird leider nur, wohl von vielen verkannt.

Ich für meinen Teil habe Deinen Enthusiasmus stets begeistert mitgenommen und mir selbst einiges abgeschaut.
Daher gebe ich gerne die herzlichsten Grüße aber vor allem die Blumen an Dich zurück.

Liebe Grüßen
Knut

142 HTC Jugendliche schickten Pakete nach Polen.

Der frühere DHB – Generalsekretär Reinhold Borgmann hatte von der damaligen schlimmen Not in Polen berichtet. Er bat uns, uns dort auch einzubringen. Unsere Hockeymädchen und Hockeyjungen sammelten bei ihren Eltern und in verschiedenen Geschäften ein, was die Not im Nachbarland etwas mildern sollte. Die Begleitbriefe hatten wir in die polnische Sprache übersetzen lassen und in die Pakete gelegt. Schon nach kurzer Zeit kamen die Dankesbriefe der Polen zurück und die Freude floss zurück in die Kinder- und Jugendherzen.

144 Wie unser Freund Manfred Röhle
in voller Montur in den Teich fiel.

Für über 1.200 Hockeyfreunde war der große Kurtheatersaal des Steigenberger Hotels nebst „Englischem Garten", Gartensaal und Empore anl. des Rotweinturniers 8./9. Nov. 1986 fest gebucht. Die Kurverwaltung hatte den Termin irgendwie verschlafen und einem Ärzte – Symposium über Zuckerkrankheiten den Zuschlag gegeben. Auch einige hunderte Mediziner waren von der Kurverwaltung erwartet worden.

Es war ein richtiger Skandal. Der Kurdirektor entschied, die alljährlich kommenden Ärzte wären für das Heilbad wichtiger als ein Hockeyturnier. Eine Katastrophe schien sich anzubieten. Es musste ein großes Festzelt nun plötzlich erstellt werden. Aber wo soll es aufgestellt werden? Nicht auf einer Wiese oder auf einem Parkplatz! Das hätten die illustren Hockeygäste niemals verdient gehabt. Wir wollten uns auch nicht blamieren, so wurde dieses Zelt in den vornehmen Kurpark postiert.

Die schicken englischen Parkleuchten wurden in das Festzelt integriert, einige Äste des uralten Baumbestandes mussten geopfert werden. Der Rand des Festzeltes ruhte auf dem Rand des Baches und Teiches, der den Kurpark durchquerte. Bis zur großen Musikmuschel im Park dehnte sich jetzt dieses Festzelt hin. Die seitlichen Ausgänge an einer bestimmten Seite waren eigentlich nicht benutzbar.

Stefan und Jan hatten sich bereit erklärt, nach dem Auftritt von PATRIZIUS, dessen CD´s im Zelt zu verkaufen. Danach wollte Manfred die beiden Jungverkäufer nach Hause bringen. Dieser Vater Manfred nahm zum Ausgang einen der seitlichen Ausgänge und landete mit voller Montur im nächtlichen Blumenteich. Er war sicherlich geblendet von dem hellen Bühnenlicht und sah wohl einige Seerosen, doch da war es schon geschehen. Später war er umgezogen wieder im Festzelt und feierte kräftig mit der gesamten Hockeyschar. Heute lachen wir darüber.

145 Wie kommt man in den Festsaal des Hamburger Rathaus zur 1. Etage?

Ein Hockeyfunktionär braucht eigentlich keine Ehrung. Für diese Tätigkeit gibt es beim Tun schon genug Freude. Der DHB war da anderer Meinung und hatte andere Funktionäre und mich anl. des 100jährigen Bestehens des Deutschen Hockey Bundes zur Jahrestagung in die alte Hansestadt an der Elbe eingeladen. Namhafte Ehrengäste, Minister und Sponsoren waren gekommen, es wurden kluge Reden gehalten bei einer guten, schönen und würdigen Veranstaltung.

Doch erschlagen hatte mich die Pracht des alten Hamburger Rathauses. Ein ca. 30 Meter langes, unglaublich schönes Wandgemälde zierte den Raum und schlug alle Besucher, die das erste Mal dort waren, in ihren Bann. Da wird man nachdenklich, was die Hamburger Vorfahren in ihrer Zeit, so alles aufgebaut haben. Und für den DHB war es ein angemessener Rahmen.

146 HTC Mehr als nur ein Sportverein sein, Kindern und Jugendlichen ein Stück Heimat sein.

Frühere HTC hockeyspielende Jugendliche haben es zuweilen bis zur Bundesliga geschafft oder spielen heute in Hochschulmannschaften oder an Orten, wo sie studieren oder lernen. Wir hatten uns abgeschminkt uns zu ärgern, wenn die uns

Anvertrauten, in der Regel nach ihrem Abitur, den Club verlassen müssen, um weiterzukommen. Aber ihnen eine schöne Zeit zu bieten, Chancen zur Sportlichkeit zur Verfügung zu stellen, das war und ist unsere gesellschaftliche Aufgabe.Vielleicht kommt ein ehemaliges Mitglied wieder zu uns zurück. Doch das Land ist nicht klein.

Aus vielen Bildern von jugendlichen Hockey- und Tennisspielern haben wir mal ein Mannschaftsbild einer früheren Knabenmannschaft ausgesucht um zu sehen, was kurz nach dem Abwandern aus ihnen geworden war. Heute sieht das sicherlich wieder ganz anders aus. Und alljährlich kann man sich immer wieder eine andere Mannschaft so vorstellen:
Hinter den hübschen grünen HTC – Sporttaschen erkennen wir die Mannschaftsmitglieder: Dietmar Brandt (Dipl. Ing.), Daniel Krüger (Amerikanismus), Ralf Hoffmann (Kranführermeister), Dr. Jörg Neufang (Arzt), Christian Wolf, (Abfallwirtschaft), Michael Wolf (Möbeldesign), Patrick Krüger (Hotelkaufmann), Michael Bahles (Dipl. - Kaufmann), Timo Wissen (Zimmermann – Meister).

Untere Reihe: Jörg Felten (Reiseverkehrskaufmann), Dominik Ketz (Dipl. Foto – Design BFS), Patrick Wissen (Immobilienkaufmann), Thomas Dietrich (Bäcker und Konditor), Stefan Dietrich (Malermeister), Jürgen Bahles (Dipl.-Volkswirt), Jan Mahler (Dipl. - Volkswirt), Dr. Michael Mahler Dipl. - Biologe).

Jahrelang ein gutes Team. Die Taschen brachte der St. Nikolaus.
Mit Mario Mahler und Toni Krüger als Betreuer.

147   Das Deutsche Patentamt München hat

unter der Rollennummer G 82 30 840.3
Hauptklasse   A 63 B 59/12,
die Eintragung am 17.02.1983, festgestellt, dass Hasco Erno Mahler den Gebrauchsschutz auf seine Erfindung an Hockeyschlägern, erhält.

Entstanden war die Idee, als dem Unterzeichnenden beim Schlenzen der Hockeyball oft über den Schläger rutschte. Mit einer Säge hatte er verschiedene schmale Rillen in die Kufe geschnitten, geritzt, was großen Erfolg ihm brachte. Von da an schlugen seine geschlenzten Bälle glashart unter der Latte ein.

So wollte er mit seinem Patentamtsschutz auch ein wenig Kleingeld verdienen. Er bot seine Erfindung verschiedenen Schlägerherstellern an. Diese vertrösteten ihn und versuchten nun ihrerseits, die neue Erfindung zu umgehen. So ist es halt im Leben. Nachdem über zwei Jahrzehnte die relativ hohe Patentschutzgebühr zu bezahlen war, hat der Erfinder danach auf den Patentschutz verzichtet.

148 Fahnenklau in der Sporthalle Weststraße.

Es war in den früheren 50er Jahren, als der HTC sich vornahm, zünftig schöne und größere Hockeyturniere zu organisieren. (Idee von Toni Hansen). Der Stadtrat hatte nach gründlicher Überprüfung festgestellt, auf dem dortigen Parkettboden konnte man Hockey spielen. Weil wir bei den ersten Hallenturnierveranstaltern waren kamen wir auch schnell zu Rundfunkehren. Der SWF war aus Baden – Baden gekommen und hatte aus der Sporthalle Weststraße, anl. der Rheinlandmeisterschaft, über den Äther berichtet. Wir waren zufrieden und stolz wie Oskar.

Doch nach der fröhlichen und heiteren Siegerehrung, man kennt das ja, mussten wir Organisationskräfte noch die Banden abbauen und viele Kleinigkeiten erledigen. Beim Verlassen der Sporthalle mit einem letzten, zufriedenem Blick auf die Sporthalle, sah man, eine Fahne war vom Fahnenmast entwendet worden, geklaut worden. Das tut dann so weh, denkt man doch, alle Teilnehmer müssen doch zufrieden gewesen sein. Doch wer tut so etwas? Wir waren sehr enttäuscht und wie sollten wir das der Stadtverwaltung melden. So beschlossen wir, die Fahne wird von uns ersetzt. Doch diese winkte ab: Hatte die doch weitblickend vorher eine „Fahnenversicherung" abgeschlossen. So ist sie – unsere Stadtverwaltung! Auf Zack.

Der vordere Teil unserer Tennisanlage im Lennépark zu Bad Neuenahr bei der DSM

149 Irgendwas treibt doch fast jeden Menschen an.

Wenn er sich nützlich machen will, wo geht er hin? Was treibt ihn an? Geht er in einen Stadtrat oder gar in einen Sportverein? Er möchte doch nützlich sein.

Das ist doch eine Frage, die man wie folgt beantworten kann:
Geht man in einen Stadtrat, lässt man sich dort hinein wählen, was bleibt für einen zu tun und was kann man bewirken? Da kann man sich ein Beispiel vorstellen:

Man hat z.B. eine Idee, an einer sehr steilen Wegstrecke eine Ruhebank hinzustellen, hinstellen zu lassen. Man hat auch schon eine Vorstellung, wo diese evtl. Bank dem müden Wanderer den besten Ausblick schenken könnte. Man hat auch schon über die Gestaltung, Höhe und Breite sowie Farbe der Bank nachgedacht.

Doch dann kommen die Stadtratsfreunde, die Parteifreunde, die ersten Ausschussmitglieder. Ja, eine Bank könnten wir aufstellen. Aber doch nicht gerade da! Besser wäre eine andere Stelle. Und die Farbe grün, nein – niemals. Und so hatte man am Anfang eine Idee, man war stolz darauf, doch was ist aus ihr geworden? Die eigene Freude war weg.

Ganz anders kann es laufen, wenn man sich z. B. in einem Sportverein engagiert:

Man hat eine Idee. Und wenn man diese ehrlich verfolgt, sich dafür total einsetzt, ist es leichter, diese Idee zum Erfolg werden zu lassen, leichter als in einem politischen Raum. Dazu kann man in einem Sportverein, Dinge die einem am Herzen liegen, die man kennt und gar erlebt hat, leichter zum Erfolg führen. Man kann auch Sachen, die einem in seinem angestammten Beruf nicht direkt berühren, leichter bewegen.

Man kann Pläne schmieden, organisieren, mit Behörden sprechen, Anzeigen sammeln, Musikgruppen engagieren, mit Ministern Kontakte anbandeln, Hotels aufsuchen, Zimmer reservieren lassen, Turnierärzte engagieren und tausend andere Dinge tun. Man kann vieles alleine machen, viele Dinge mit Gleichgesinnten tun.

Wenn das kein Unterschied ist: Arbeit in einem Stadtrat oder in einem Sportverein.

150 Die Musik bei unseren Hockeyturnieren und Hockeyfesten.

Fahnen und Musik bei HTC – Veranstaltungen gab es eigentlich immer. Der Club hat schon früh bei der GEMA, Gesellschaft für die Musikrechte, einen jahrelangen Vertrag unterzeichnet. Das spart Geld und auch Ärger. Bei Frühanmeldungen kann man ganz schön sparen, ohne Anmeldung gibt es schon mal Strafgebühren.

Wir wussten: Nationalhymnen sind kostenlos, Livemusik ist günstiger als Musik aus der Konserve,CD etc. Ob Länderspiele oder Mini – Turniere: Musik gehört beim HTC – Hockey dazu.

Besondere Höhepunkte waren:
a) Heeresmusikkorps 7 der Bundeswehr, Major Christoph Lieder
b) Blaue Funken Korps, Köln   1987
c) Peanuts – Band (sehr oft) alle Jahre mal wieder
d) Bönnsche Swing Trüppche 1987
e) Wormersdorfer Landsknechte, gerade aus New York zurück. 150 Mann
f) Mary-Salon-Band 1986
g) Siegfried – Service (DHM im Hallenhockey 1993)
h) Batida de Samba (zweimal)
i) Lustige Kurkapelle
j) PATRIZIUS
k) Polnische Band

l) Zigeuner – Duo
m) DJ Monschy Paris/Luxemburg (DHM)
n) Rocco Granata
o) Mitgebrachte Sängerinnen und Sänger der Gastmannschaften
p) und weitere Kapellen bzw. Bands.

151 Wann gehen wir endlich zu Mc Donald´s?

Diesen Satz kennt jeder Trainer, Betreuer von Kinder- und Jugendmannschaften zur Genüge. Ob nach Siegen oder Niederlagen, ein Besuch dort nach dem Wettkampf hat in der Regel den jungen Heranwachsenden „gut" getan. „Essen wir schnell im Lokal oder hier im Auto?", diese Entscheidung hing oft davon ab, wie weit wir noch zu fahren hatten. Natürlich mussten wir Erwachsenen aufpassen, dass kein Kind **nicht** mit in das etwas andere Restaurant gehen konnte. Hatte das Mädchen oder der Junge kein Geld, mussten wir eine Lösung finden. Sicherlich haben wir bis heute eine ungeheure Zahl von Mc Donald´s – Betriebe kennengelernt. Das ist doch auch eine Bildung. In **London** waren wir mit 76 Kindern bei McD, in **Paris** mit ca. 60 Pänz. Von der Ostseeküste bis nach Oberbayern sind uns diese Betriebe nicht unbekannt.

152 Sekt von den Gebrüdern
Horst und Jürgen Wein.

Gehofft hatten wir alle, bei den olympischen Spielen in Mexiko in der Olympiamannschaft dabei zu sein. Bundestrainer Hugo Budinger hatte 24 Kandidaten für die engere Auswahl benannt. Seine Worte: „Ich muss präzise überlegen und -abwegen", hatte jeder auf seine Weise gedeutet und eingeschätzt. Als ich wusste, ich war nicht mit dabei, war die Enttäuschung groß. Doch die Gebrüder Horst und Jürgen Wein hatten es geschafft und waren dabei. Sie schenkten mir zum Trost eine Flasche Sekt. Diese kleine, für mich tolle Geste, half mir schnell über meine Traurigkeit hinweg. Getrunken hatte ich den Sekt zwischen zwei Vorlesungen an der Deutschen Sporthochschule Köln. Das war keine gute Idee damals.

153 Ehefrau Gisela schrie laut auf,
beim Varieté – Auftritt von
Villingen – Schwetzingen.

Anl. des „Heiteren Seniorenturniers", auch „Rotweinturnier" genannt, mussten alle 64 Mannschaften bei ihrer Anmeldung auch einen ca. 5minütigen Bühnenvortrag anbieten, ansonsten konnte ihre Anmeldung nicht angenommen werden. Danach wurden von den 64 Vorschlägen 32 Bühnenauftritte festgelegt. Wenn man überlegt, bei 32 Auftritten, dann noch Reden, Tanz etc., wird es mit Sicherheit 5 Uhr morgens, bis die Veranstaltung zu Ende gehen kann. Keiner verließ den Kurtheatersaal, jeder wollte sehen, was die anderen Clubs so auf die Beine stellen konnten. Und alle blieben.

Die Hockeyfreunde von Villingen – Schwetzingen hatten eine Striptease – Nummer einstudiert. Mit der „schlüpfrigen Stripteasemusik", war es „Feeling good" oder „Deshalillez moi" von Julietta Greco, bei der sinnlichen Lichtgebung tanzten drei Hockeyspieler im Frack, weißem Hemd, Zylinder und weißen Handschuhen, vor den Gästen. Atemlos und totenstill starrten alle auf die Bühne. Kleidungsstück um Kleidungsstück fiel. Als fast alles ausgezogen war, als alle Gäste mit offenen Augen auf die Bühne starrten, in letzter Sekunde, als die Hose fiel und die drei Künstler ihren Zylinder genau an diese bewusste Stelle rissen, die das „Schlimmste" verdeckte, in dem Moment schrie Gisela wie am Spieß.

Aber nach diesem Schreck gab es für Villingen – Schwetzingen einen tollen – langanhaltenden Beifall.

154 Verwegenes Hockey in einer Schule.

In einer Schule mit körperlich sehr starken, breitschultrigen und rauhen 15jährigen jungen Männern war das Hockeyspiel gegen eine andere technisch gut ausgebildete Schulmannschaft am Anfang des Spieles sehenswert. Als jedoch die erstgenannte Mannschaft in einen Resultatsrückstand geriet, änderte sich ihr Verhalten augenblicklich. Im wahrsten Sinne des Wortes.

Sie knüppelten nun richtig auf die Hockeystöcke und Finger der gegnerischen Mannschaft, warfen ihre Schläger rücksichtslos über 20 m in den gegnerischen Schusskreis und benutzten die Schläger auch als Fußangeln. Welcher normale

Hockeyspieler käme auf die Idee, dem ihm enteilenden Gegner mit dem herumgedrehten Stock, als eine richtige Fußangel, von den Beinen zu reißen? Der Schiedsrichter musste das Spiel abbrechen.

155 Ein Team, welches sich nicht schickte, wurde heimgeschickt.

Obwohl schon im reiferen Seniorenmannschaftsalter, dazu mit hochwertigen Autos zum Rotweinturnier angereist, benahmen sich Spieler aus NRW nicht besonders liebenswert. (Zurückhaltend ausgedrückt).

Als ihnen das bei der Abendveranstaltung gereichte Abendessen nicht gefiel, gaben sie es nicht der Bedienung zurück und bemängelten die Speisen, sondern sie machten dieses Essen total ungenießbar. Sie übersprühten mit „Parfum" alle Speisen auf den Tellern mit dem Ausruf: „ So, jetzt kann und soll auch das Personal dies nicht mehr essen können!"

Dies erboste Gisela so sehr, dass sie diese 40jährige Seniorenmannschaft sofort am Tisch disqualifizierte und sie bat, sofort abzureisen.

156 Gutachten um Rheinbacher Hockeytore.

In einem gerichtlichen Rechtsstreit um Reparaturkosten an zwei Hockeyfeldtoren hatte der damalige Hockeyobmann des Pallotti – Schüler – Sportvereins, Dipl. Sportlehrer Peter Meier, uns um ein fachliches und schriftliches Gutachten ersucht. Dem konnten wir nachkommen. So werden die Hockeytore manchmal auch für andere Zwecke berührt und nicht nur für dem ihm zugedachten Sport.

157 Brief von Uschi Keimer, DHB.

Im Namen des DHB möchten wir uns recht herzlich bedanken für die so erfolgreiche Durchführung des Hockeylehrgangs für Fachberater für den Schulsport im Regierungsbezirk Koblenz.

Gerade ein Lehrgang für Fachberater an Schulen scheint uns sehr sinnvoll zu sein, da diese doch Multiplikatoren im hohen Maße darstellen, und wir somit wieder einen Schritt näher an unsere „magische Zahl" 70.000 Hockeyspieler herangekommen sind. Ich hoffe, dass sie auch in Zukunft in diesem Sinne weiterarbeiten und den Deutschen Hockeysport verbunden bleiben. Ihre gez. Uschi Keiner.

158 „Jugend trainiert für Olympia" im Hockey.

5 jahrzehntelang war meistens eine der örtlichen Schulen im Stadtgebiet unserer Vaterstadt beim landesweiten Schulwettbewerb vertreten. Das gefiel unserem HTC naturgemäß.

So hatten unsere Schülerinnen und Schüler die Gelegenheit, offizielle Wettspiele im Bundesland Rheinland – Pfalz auszutragen. So spielten die Mannschaften mal wieder in Koblenz, Bad Kreuznach, Trier, Speyer oder Frankenthal, also an Orten, die nicht zum WHV gehören. In den 50er Jahren spielte unser HTC auch zeitweise beim Hockeyverband Rheinland, bis wir wieder zum Westdeutschen Hockeyverband kamen, hier hatten wir 1920 begonnen; im WHV. Unser Vorsitzender Dr. Dr. Erich Rütten war auch damals Vorsitzender im WHV. In der hiesigen Region ist das „Peter – Joerres – Gymnasium" zur Zeit die einzige Schule, die an diesem Wettbewerb teil n immt.

159 Hockeylied des HTC Bad Neuenahr:
Melodie: Gold und Silber, (fröhlich – schmettern)

Hochgepriesen sei der Ort
Unter Gottes Sonne,
Wo die Jugend Spiel und Sport
Treibt mit Lust und Wonne.
Drum nach Tages Müh´und Hast
Leg die Sorgen nieder,
Eil hinaus zum Hockeyplatz
Stärk dir Geist und Glieder.

Wo Gesundheit soll gedeih´n,
Frohsinn soll erblühen,
Muss nach Arbeit, Last und Leid
Man zum Sportplatz ziehen,
Mit dem Schläger in der Faust
Manchen Sieg erringen,
Wenn der Ball zum Ziele saust,
Dass die Fetzen fliegen.

Brennt die Sonne auch mit Macht,
Bräunt dir Stirn und Wangen,
Zaust der Sturm der Locken Pracht,
Lasst den Kopf nicht hangen.
Schlägt dir auch des Gegners Spiel
Manche tiefe Wunde,
Bist du auch kein Champion,
Bist du doch gesunde.

Der ist doch ein armer Tropf,
Den kein Sport mehr locket,
Der mit Grillen in dem Kopf
Hinterm Ofen hocket.
Ist er auch ein Mann von Geist
Muss er doch versauern,
Weiß nicht was Gesundheit heisst,
Ist recht zu bedauern.

Drum leb´ hoch der Hockeysport,
Blühe und gedeihe!
Seinem Wohle fort und fort
Dieses Glas ich weihe!
Werden auch die Locken weiß,
Jung das Herz doch bleibet
Dem, der Hockeysport mit Fleiß
Bis ins Alter treibet. **E.M.**

160 Plötzlich war mehr Geld vorhanden.

Fritz Klein war ein guter Hockeyspieler und er war auch Fernsehsportkoordinator von **ARD und ZDF.** Ihn hatten wir angeschrieben, ob er uns helfen könne, etwas für unsere Hockey – Europameisterschaft zu tun und für das Hockey im Ganzen. Selbstverständlich wollten wir bei etwaigen Fernsehübertragungen **kein** Geld haben, wir wollten nur Hockey etwas bekannter machen. (Diese Naivität wird sicherlich kaum einer begreifen).

Was Fritz Klein für Hockey in diesen Tagen geleistet hat ist ungeheuerlich. Er hat Millionen von Fernsehzuschauern Hockey bekannter gemacht und hat keinen Lohn, kein besonderes Lob dafür erhalten. Freitag hat die ARD und das ZDF zu besten Sendezeiten berichtet von unserer EM, am Samstag sendete zu den beiden großen Sendern auch RTL und Sat1. Im ZDF – Sportstudio, ARD – Sportschau, WDR, ein komplettes Spiel wurde direkt übertragen. Man konnte Hockey jeden Tag sehen.

Die EM wurde u.a. auch in den Ländern der teilnehmenden Ländern übertragen, dazu gar Australien.

Vor der EM hatte eine Schweizer Werbeagentur bei uns angefragt, ob sie bei dieser Veranstaltung Werbeflächen aufstellen dürfe/ könnten und diese dann vermarkten dürften. Wir haben diesem Angebot zugestimmt, aber nicht viel von dieser Aktion gehalten. Das lief alles so am Rande mit. Der Schatzmeister hatte das auch alles gebilligt und diese Geschichte war kaum in unserem Gedächtnis geblieben.

So kam eines Tages unverhofft eine Menge Geld zu uns, wie vom Himmel gefallen. Wir hatten gar nicht mehr mit so einem Segen gerechnet. Die gesamte EM war vorher natürlich durch kalkuliert worden und wir hätten das Geld nicht nötig gehabt. So war die Freude bei den Vorstandskollegen doch enorm und im nach hinein stellten wir fest, es war doch auch aus dieser Sicht, eine tolle Sache gewesen, diese EM.

161 Besuch beim ZDF in der „Pfiff – Sendung"

Die „Pfiff – Sendung" gibt es nicht mehr. Das war eine Fernsehsendung mit Michael Sauer, ähnlich wie das „Aktuelle Sportstudio", doch für Kinder und Jugendliche. Mit 18 Jugendlichen sind wir der Einladung zum „Meenzer" Lerchenberg gefolgt und hatten einen schönen Tag. Zuerst wurde uns das ganze ZDF – Gelände gezeigt und später durften wir bei der „Live – Übertragung" anwesend sein. Bei der Hinfahrt zur Landeshauptstadt wurde wohl unsere Autobusscheibe plötzlich zerstört, doch das störte niemand. Solche Aktionen wie der Besuch bei einer Fernsehanstalt erfreute damals doch die Clubmitglieder sehr. Heute sollten wir diese Vorgehensweise auch wieder pflegen.

62 Musik und unser Hockey:

Die Musik hat unser Hockey hier an der Ahr wirklich ständig begleitet. Man denke nur an die
Europameisterschaft,
Deutsche Hochschulmeisterschaft,
Internationale Turniere,
Jugend- und Kinderturniere, Karnevalsturniere, Frühlingsturniere,
Rotweinturniere,
Weihnachtsfeiern etc.

Patrizius sang für die Hockeyspieler

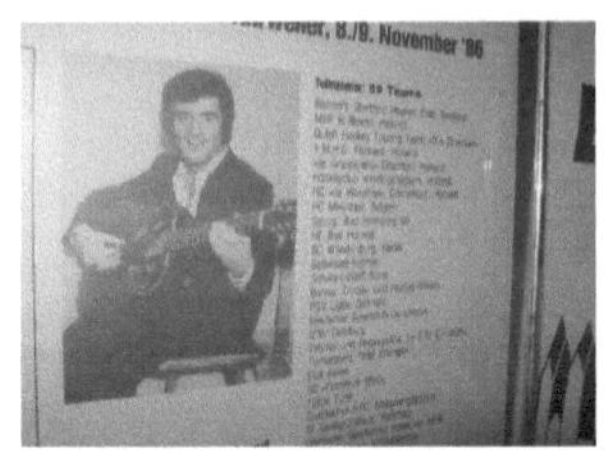

Bei den offiziellen Veranstaltungen gehören Nationalhymnen, Einmarschmusik, Players Night, Trommeln zum Anfeuern, einfach dazu. Ob bei den Märschen, Tanzmusik, Mitsingmusik oder Musikberieselung, uns war der Einsatz der Musik immer sehr wichtig. Zaubert sie doch Atmosphäre. Unser Hockeylied haben wir oft gesungen, auch, weil jeder es auch schnell mitsingen kann.

Selbst bei Fahrten im HTC – Kleinbus war der Transport quasi eine „fahrende Disco". Die Kinder freuten sich schon stets darauf. Karnevalsturniere gehen nicht ohne die rheinischen Liedern. Aber bei einer Nachahmung, an die GEMA denken!

163 Der Nürburgring und unsere Hockeyabteilung.

Bad Neuenahr – Ahrweiler liegt etwa ca. 30 km vom legendären Nürburgring entfernt. Wir haben das Gefühl, er gehört auch zu unserem Besitz. Unser Landreis Ahrweiler war mein ganzes Leben lang Miteigentümer dieser mit großem Mythos versehener Autorennstrecke und die Nordschleife, auch „grüne Hölle" genannt, ist die schönste Rennstrecke der Welt.

Um unseren Hockeymädels und Hockeyjungen auch noch mehr zu bieten als das schöne Hockey, haben wir bei günstiger Schneelage dort oben, in ca. 700 m Höhe, unsere Langlaufmeisterschaft im Skilanglauf, mit ihnen durchgeführt. So sind unsere Hockeyspieler auf der „Formel 1 Strecke", vor der Tribüne, auch „fit" gehalten worden. Wir älteren Clubmitglieder waren auch in unserer HTC Wintersportabteilung und haben für unseren HTC auch Riesenslalom, Slalom und Abfahrtslauf mitgemacht, einige wurden sogar Eifelmeister im Skispringen wie in der nordischen Kombination.

Fahrten über den Nürburgring mit dem Auto, dem Fahrrad sind uns nicht fremd. Bin mal selbst hinter einem BMW V8 bei einer hohen Schneedecke mit den Ski die ca. 21 km lange „Nordschleife" gezogen worden. (Skijöring).

Unser Hockeyspielerinnen und Hockeyspieler waren teilweise auch öfters bei „Rock am Ring" und wir haben auch HTC – Wanderungen über und neben dem Nürburgring durchgeführt.

Die „Nürburg - Ruine" und die „Hohe Acht", die höchste Erhebung in der Eifel, liegen ca.3 km auseinander. In dieser Berghöhe von etwas über 700 m haben wir auf dem Rasenplatz des Vereins „Hohe Acht" ein Hockeyspiel gegen die SG Pallotti Rheinbach nebst Picknick, durchgeführt. Wir denken, das könnte evtl. das am höchsten landschaftlich gelegene Hockeyspiel, in Deutschland, gewesen sein. (?). Oder auch nicht.

Der grausame Verkehrsunfall unserer Hockeymädchen Rita, Dagmar und Körnchen auf der Döttinger Hohe, 20 m neben der Formel 1 Strecke, beschäftigt uns heute noch. So liegen dort am Nürburgring Freude und Leid nebeneinander.

Hockeyjugend – Clubmeisterschaft im Skilanglauf auf der Formel 1 Strecke des Nürburgrings

----

164 „Goldfest" 2005 von Athen 2004 bei uns:

Die deutsche Damen – Nationalmannschaft im olympischen Hockeyendspiel im Jahre 2004 in Athen. Sie hatten ja bei uns hier in Bad Neuenahr trainiert. Wir fieberten vor dem Fernseher kräftig mit und zitterten um unsere sogenannte „Wundertütenmannschaft". Wir wussten nicht, endet es gut oder nicht so gut. Ein langer Ball an der Außenlinie vorbei in der letzten Spielminute, das war Gold.Mit dem Schlusspfiff waren wir alle glücklich und stolz. Unser erster Gedanke: Wie können wir gratulieren und danken für diese prächtige Leistung. So war schnell der Entschluss gefasst, liebes Team, fahrt alle nach Hause – feiert dort – und genau ein Jahr später feiern wir euch, unsere Nationalmannschaft, bei uns hier an der Ahr. Und so begannen die nötigen Vorbereitungen bei uns sofort für das **__Einjährige Goldmedaillenfest"__** .

Am Tages des Triumphs will jeder gratulieren und Danke sagen. Aber wir wissen, nach einigen Tagen, in dieser so schnelllebigen Zeit, schwinden die Gefühle. Doch wir wollten und haben unser Versprechen eingehalten. Aufgrund vieler HTC – Mitgliedern, auch aus unserer Tennisabteilung und vielen Freunden, Gastronomen und Geschäftsfreunden, konnten wir den „Goldmädels" ein schönes Fest ausrichten.

Besonderen Dank müssen wir aussprechen der Familie Volkermann, Hotel – Restaurant „Hohenzollern", dem besonderen Weingut   „Maibachfarm", Familie Gatzmaga, der Dokumentationsstätte (Atombunker), Vorsitzender Dr. Wilbert Herschbach,   dem SETA Hotel, Familie Gangnus – Rieck, der Kreissparkasse Ahrweiler, Direktoren Dieter Zimmermann und Herbert   Breuer und den HTC Clubmitgliedern. Viele kleine Einzelspenden ergaben ein hübsches Sümmchen und belohnten die Aktion: „Goldmedaillen - Goldfest".

__Vorgehensweise für die „Wundertütenmannschaft":__

a) Samstagmorgen 9 Uhr Einchecken im SETA – Hotel mit gemeinsamem Frühstück.

b) 11 Uhr im 300 Meter entfernten HTC – Clubhaus Sektumtrunk.
c) 12 Uhr Mittagstisch im 4 ½ Sterne Hotel SETA.
d) 13 Uhr kam ein „offener Aussichtswagen" mit Traktor zur Fahrt nach Marienthal.
   13.30 Uhr: Hier kurze Wanderung zum Hotel Hohenzollern zum „Kaffee".
   Die „Damen Spielerinnen"spekulierten aber auf Champagner. Der kam direkt.
   Herr Volkermann hatte extra seinen Urlaub unterbrochen und öffnete seine
   Schatzkammer. Die Mädels happy. Der fröhliche Blick ins Tal, zauberhaft.
e) Nun folgte ein 10minütiger Spaziergang zum „Atombunker". Hier sollte im
   Kriegsfalle die Bundesregierung regieren. Der Chef Dr. Wilbert Herschbach begann
   mit dem „Bunkersekt". Au – weh!
f) Nun Fahrt auf die andere Seite der Ahrberge zum „Weingut Maibachfarm". Die
   Familie Gatzmaga hatte eine 12 er Weinprobe mit leckerem Essen vorbereitet.
   Wie sollten die Sportlerinnen dies überstehen? Aber auch dieses wurde von den
   konditionsstarken Athletinnen leicht bewerkstelligt. Die KSK Ahrweiler über
   reichte zusätzlich noch ein Weinpräsent für jede Goldmedaillengewinnerin.
g) Ein Besuch in der Spielbank und ein nächtliches Bad sollten auch noch sein.
h) Beim tiefen Schlaf im schicken SETA - Hotel kamen sicherlich die Glücksgefühle
von den letzten Sekunden von „Athen" wieder zurück. Am nächsten Tag gab es untereinander Drücken & Küsschen und wir waren auch glücklich, das „Goldfest" ausgerichtet zu haben.

165 „Goldfest" 2009 für Gold Peking 2008

Ein Jahr nach dem Goldmedaillengewinn von Peking.
Die Olympiasieger feierten auf Einladung des HTC Bad Neuenahr.
(Aus hockey.de – Nachrichten:)

Der HTC Bad Neuenahr hatte die „Olympiasieger von Peking" ein Jahr nach ihrem Goldmedaillengewinn von Peking, an die Ahr eingeladen. Organisator Erno Mahler und sein Team hatten die Feierlichkeiten in der Weinbau – Region minutiös durchgeplant. Eine Stip – Visite in der offiziellen Dokumentationsstätte des „Kalten Krieges" war ebenso dabei wie der Eintrag ins „Goldene Buch" der Stadt Bad Neuenahr und der Besuch eines

regionalen Weinfestes in Bachem. Rund 15 Spieler und Staff – Mitgliedern folgten der Einladung.

Diese Mannschaft hat Geschichte geschrieben. Wir vom HTC Bad Neuenahr sind sehr stolz, mit ihnen das „Goldfest" haben feiern dürfen.

Zu ihrem einjährigen Goldmedaillenfest nach dem Gewinn des olympischen Edelmetalls in Peking schossen die Goldherren in der dunklen Röhre der Dokumentationsstätte der Bundesregierung aus allen Rohren. Ob aus der Luft oder vom Boden der kilometerlangen Bunkerröhre, alle Olympioniken legten sich mächtig eins Zeug; jeder wollte doch in diesem früheren Staatsgeheimnis mit seinem Hockeystock ein Zeichen für die friedliche Nutzung dieses Bauwerkes mit einer Rekordmarke setzen.

Timo Wess schlägt in die Röhre des Atombunkers.

Die umsichtige Museumsleiterin Heike Hollunder und der Vorsitzende Dr. Wilbert Herschbach, selbst Hockeyspieler und Hockeyvater, hatten hundert Kunstwerke in der langen Tunnelröhre wegräumen lassen, sonst wären viele der weltbekannten Ausstellungsstücke nun „kopflos". Besser hätte dieser besondere Tag der Goldherren nicht beginnen können.

Ein wunderbarer Spätsommertag ließ die fünf Ringe der Olympiafahne vor dem Vier – Sterne – SETA - HOTEL in einem edlen Licht erscheinen und die liebevolle Begrüßungsritualien des Hauses stimmten die Spieler der **„Mannschaft des Jahres"** (vor der TSG Hoffenheim 1899 und der deutschen Fußballnationalmannschaft) erwartungsfroh. Tanja Lingen, die schnellste Hockey spielende Winzerin des Weingutes Peter Lingen, und darüber hinaus, und ihre Schwester, auch Hockeyspielerin, überreichten an die Nationalspieler jeweils ein Weinpräsent.

Zum Start des Tages führte Erno Mahler das erfolgreiche Team um Mannschaftsführer Timo Weß ins gegenüberliegende HTC – Clubhaus zum ersten Begrüßungstrunk. Pünktlich um 12 Uhr begann mit einem vielseitigen Mittagessenbuffett ein Unterhaltungsmarathon im rasenden Tempo. Mit einem offenen Planwagen, geschmückt mit schwarz-rot-goldenen Bändern, mit Flaggen aus China und Deutschland, mit Musik für die Ohren und Getränke für den Gaumen, wurde durch die Neuenahrer Innenstadt sowie durch das Kurviertel gefahren und im Intersporthaus NETT schnell ein Foto gemacht. Dafür gab es für die Mannschaftskasse einen Obolus.

Weiter auf dem Planwagen ging es nach Marienthal zum Beginn auf dem legendären Rotweinwanderweg. Im herrlich im Hang gelegenen Hotel-Restaurant Hohenzollern, (Familie Volkermann), weilten schon viele Persönlichkeiten, Kaiserin Soraja, der russische Expräsident Gorbatschow oder Thomas Gottschalk. Der wunderbarste Blick von oben ins Ahrtal, präsentiert von Hotelier Ludger und Carin Volkermann sowie Torsten und Ester Glöde – Volkermann, hat die Hockeynationalspieler sehr berührt. Kaffee und Kuchen, Ahrrotwein und Champagner - wurden als Dopinggaben genossen.

Ein fünfminütiger weiterer kurzer Wanderweg führte dann zu dem „Atombunker" mit den schon beschriebenen spannenden und aufregenden Aktivitäten. Viele dort befindliche Besuchergruppen freuten sich, die deutschen „Goldstars" gesehen zu haben. (Über 100.000 Besucher werden jährlich durch diese Anlage geführt). Wieder ging es im strengen Zeitmanagement auf den offenen Planwagen zurück, wurde die Altstadt Ahrweiler angefahren, die letzten Meter über den Marktplatz ging es zu Fuß.

Die Goldherren marschieren über den legendären Rotweinwanderweg, trinken den guten roten Ahrwein, schlagen die Hockeybälle im Atombunker, sehe sich im Weingut Maibachfarm selbst auf der Videowand beim Einmarsch ins Olympiastadion. Singen die schönen Hockeylieder und heben ihr Glas.

Mit fröhlich – launigen Worten klärte der Neuenahrer Sitzungspräsident Oskar Hauger, eine dortige Lokalgröße, nach der Olympiahymne über Lautsprecher die dortigen Besucher über die besonders angenehmen deutschen Hockeygrößen auf. Autogrammjäger ergatterten sich unter dem Objektiv eines regionalen Fernsehsenders die begehrten Autogramme. Zum eigentlichen Goldfest im Weingut Maibachfarm war der Schirmherr dieses Goldfestes, der Bürgermeister der Stadt, Dr. Hans – Ulrich Tappe, mit Gefolge und dem „Goldenen Buch" erschienen.

Nach den Begrüßungsworten des Stadtoberhauptes erinnerten sich die Hockeyspieler an ihre Zeit in Peking, erzählten untereinander und lachten miteinander, derweil im Video, zugeschickt von der Botschaft in China, sie sich selbst beim Einmarsch am Olympiaort Peking erkannten. Der Rotwein in seinen vielfältigen Formen mundete ausgezeichnet, das Essen stärkte die ungewohnten Muskelpartien bei der Wanderung. Das wird den Bundestrainer Markus Weise besonders freuen, weiß er doch als „doppelter" - (jetzt sogar dreifacher) „Goldschmid", was wirklich nötig ist und so gut tut.

Anstrengend war für die Athleten das ständige Aufstehen für die ankommenden Fotografen. Dass Hockeyspieler außer Hockeyspielen auch feiern können, bewiesen die mit Inbrunst & Aufstehen bei den gesungenen Liedern. Ein weiterer Besuch war danach der Besuch des Bachemer Weinfestes, wo unter den tausend Weinfestbesucher die Hockey – Nationalspieler, vor der Musikband auf dem Podium auf dem Marktplatz, wieder sangen, tanzten, steppten, flirteten und mit den Einheimischen zu deren Begeisterung feierten. Die Bachemer Bürger und die sonstigen Gästen staunten mit offenen Augen über die Lebensfreude, Trink- und Feierfestigkeit , gepaart mit **gutem** Benehmen, der deutschen Spieler.

Alles in allem erkannten die DHB - Auswahlspieler an den begeistert von ihnen aufgenommenen Reden des   HTC Vorsitzenden Dr. Karl – Horst Gödtel, des Verkehrsdirektors (Ahrtaltourismus) Andreas Wittpohl, dem Sponsor Günter Kill (Kurkliniken Kurköln), u.a.m., das die Leute an der Ahr gerne mit der deutschen Hockeynationalmannschaft fiebern und ihnen die Daumen drücken.

Nach der langen Nacht mit dem Besuch noch in der nächtlichen Spielbank, schliefen sich die Spieler zum nächsten Tag, vor der Heimreise wieder frisch und fromm. Die gesamte Gold – Herrenmannschaft dankte dem Organisator mit einem von ihnen signierten Nationaltrikot. Erno Mahler war über die Herzlichkeit und Dankbarkeit überwältigt, gab den Dank aber weiter an den „Förderkreis Goldherren". (Der Überschuss der Aktion ging an die „Ahrweiler Tafel" und teilte den Dank auch mit den engen Mitstreitern Jennifer und Joachim Schneider nebst Moritz und Anna – Katharina und dem treuen ständigen Mithelfer Manfred Röhle.

166 „Goldfest" nach Olympia London 2012
beim HTC abgesagt.

Wir vom HTC Bad Neuenahr hatten auch zum 3. Goldfest eingeladen für die Goldmedaillengewinnern von London 2012. Das Fest sollte sollte 2013 sein. Aber es wurde leider nichts daraus, obwohl wird schon mehr als in der Planung angekommen waren.

Erstes Goldfest war für die deutsche Damenmannschaft, Athen 2004, im Jahre 2005 als „Einjähriges Wiedersehensfest" durchgeführt worden. Bericht etwas vorher.

Zweites Goldfest war für die deutsche Herrenmannschaft, Peking 2008, ein Jahr später im Jahre 2009, ebenfalls als „Einjähriges Wiedersehensfest, gelaufen. Bericht auch vorher.

Zum dritten Goldmedaillenfest hatten wir unsere Goldherren von London 2012 ebenfalls für ein Jahr später, also 2013, eingeladen. Wir hatten schon Geld gesammelt, Hotel vorab reservieren lassen und uns unsere Gedanken gemacht.

Und wir hofften insgeheim, dass der Wunderknabe, der Goldschmid, unser Bundestrainer Markus Weise, endlich auch kommen würde; er – der Vater als dieser Siege! Und es sollte wieder ein tolles „Goldfest" werden.

Doch die Zusagen kamen spärlich. Wir hatten wohl im Fernsehen, in den Tageszeitungen, im Internet, in der DHZ, überall gelesen und gehört: Unsere braven – fröhlichen – gut erzogene junge Männer hätten unser Traumschiff, „die Deutschland", versenkt. Da wollte sich eine Reederei sanieren und hatte viele Lügen aufgetischt. Heute wissen wir alle, außer ein paar Rotweinflecken, hier bei uns an der Ahr ein Kompliment, und zwei zerbrochenen Gläsern, war es dort auf dem Schiff nur ein rauschendes Siegerfest gewesen.

Heute können wir auch nachfühlen, dass der Gewinn einer Goldmedaille kaputt gemacht werden kann durch so eine törichte, und dazu falsche Aussage, von einer Reederei, wie geschehen. So kann es nach dem „Rufmord" gegen unsere Goldherren jeder begreifen, dass edle Männer erhaben sind und auf das Goldfest verzichteten. Traurig ist, wenn so eine olympische Leistung, eine Goldmedaille, zerrieben wurde durch falsche Anschuldigungen.

Und so mussten wir leider das 3. „Goldfest" absagen.

167 Nachtwanderung im
Neuenahrer Wald.

Neben Besuchen beim ZDF oder dem Kölner Schokoladen – Museum, oder im Bonner „Haus der Geschichte", war bei uns im Hockey sehr oft etwas los. Die Kinder und Jugendliche waren stark mit dem Club verbunden. So hatten wir mal wieder eine Nachtwanderung durch den Neuenahrer Wald angesetzt. Der Schatzmeister freute sich, entstanden doch mal keine Kosten für den Club.

So waren bei dieser Aktion ca. 50 Mädchen und Jungen, mit und ohne Taschenlampen, in den Wald gekommen. Wer noch nie nachts durch den Wald geirrt ist, über Steine, Äste, Blätter gestolpert ist, kann sich kaum vorstellen, wie sehr das die jungen Heranwachsenden prägt. Wenn man nichts sieht, evtl. durch die Taschenlampe des Freundes geblendet wird, wenn man hinfällt und sich verletzt, wenn Ängste kommen, dann ist das für verwöhnte Menschen schon eine ganz neue Erfahrung. Und mit ziemlicher Sicherheit kann man sagen, solche Aktionen machen die Kinder und Jugendliche nicht schwächer, sondern stärker.

168 Im schönsten Saal von Bad Neuenahr
gefeiert.

Krippenspiel

Jeder Verein, so sagt man, hat mal fette und magere Jahre. Zu einer bestimmten Zeit hatten wir sehr viele junge Clubmitglieder. Wenn wir auch in den Vorjahren die Weihnachtsfeiern mal im Clubhaus, zur Abwechslung mal in der Edeldiscothek Zamamphas abhielten oder in der „Schwarzbrennerei" beim Rudi feierten, in einem Jahr wollten wir etwas besonders Tolles anbieten und durchführen. Und die Kinder und Jugendlichen mussten gehörig an den Programmpunkten üben.

Der große Kurtheatersaal war angesagt. Entgegen heutzutage, hatte die Hockeyabteilung mehr Aktive als die Tennissparte. Heute haben wir im Club viel mehr Tennisjünger als Hockeyindianer. Damals wurden Engelchen – Kostüme von den Eltern geschneidert, der große HTC – Chor übte vier Wochen vorher, der Nikolaus und der Hans Muff, waren bestellt worden.

Über 460 Kinder nebst Eltern machten im großen Theatersaal schon etwas her. Weihnachtlich hatte der damalige Vergnügungsausschuss mit vielen Eltern den Saal geschmückt, ein riesengroßer Weihnachtsbaum hatte die Kurverwaltung extra aufgestellt. Bei weihnachtlicher Musik wurde Kakao und Plätzchen gereicht, der Kinderchor sang, der Nikolaus brachte die Geschenke. Für das aufgeführte Krippenspiel war wochenlang geprobt worden. Es war ein unvergessliches Fest. Ob so etwas mal wiederkommt?

169 Tobias Hauke und Max Weinhold auf dem „Bachemer Weinfest" sowie Jan – Marco Montag und die Mannschaftskameraden.

Wenn das olympische Hockeyendspiel im Fernsehen zu sehen ist bewundern Millionen von Menschen die Schnelligkeit, Athletik, Ästhetik der Sportler. Die Menschen vor den Fernsehern wissen um das knochenharte Training und Askese der Spieler. Man merkt, besser und leistungsfähiger kann ein Mensch kaum sein.

So waren die Einwohner des kleinen Weinortes Bachem/Ahr mehr als verwundert, wie großartig, lebensnah und gar fröhlich die Hochleistungssportler zu feiern verstehen.

Das Goldmedaillenteam war schon sehr ausgelassen zum abendlichen „Lichterweinfest" gekommen. Auf dem Festplatz (mit Lampions geschmückt ohne Ende) spielte die Musik weinselige Lieder. Die Weinfestbesucher erkannten die hohen Gäste des Hockeys und der Ansager hatte die Mannschaft herzlichst begrüßt. Die feiernden Einwohner und die vielen Gäste luden die Hockeynationalspieler an ihre Tische und schenkten großzügig ein. Die ganze Mannschaft waren auf über zehn Tische verteilt. Alle Einwohner des Ortes hatten noch nie Olympiasieger live erlebt und mit ihnen gefeiert, und leckeren Rotwein von der Ahr, getrunken.

Wie staunten die Besuchern dieses Weinfestes, als Max Weinhold, Jan – Marco Montag, Tobias Hauke und Timo Wess einen „Limbotanz" vor der Tanzkapelle, Rücken fast auf dem Boden des Marktplatzes, vorführten. Ein riesiger Beifall war den Goldjungens von Peking sicher. Mutig zog Tobias Hauke an einer ihm gereichten Zigarette, was die Bachemer Einwohner mit der Frage begleiteten: „Ihr könnt ja rauchen!" „Ja", murmele Tobias, „wir sind ja Partyraucher!" und zog fröhlich feiernd weiter.

170 Presse – Schlagzeilen über unser Hockey

Sieben Säcke voller Zeitungsausschnitte hatten wir mal entsorgt, die über Hockey bei uns berichteten. Wir haben und hatten hier vor Ort umsichtige und sehr fleißige Journalisten, die eigentlich jede Woche, in den verschiedensten Zeitungen hier vor Ort, über Hockey berichten und berichteten. Die 7 Säcke, aus vielen Ordnern herausgesucht, waren einfach zu viel an Erinnerungen. Jetzt sind wohl noch Ordner in einem hohen Wandregal. Es fällt uns schwer, diese auch zu entsorgen. Es sind so viele Erinnerungen dabei. Doch das Leben geht weiter.

Natürlich gab es bei den großen Turnieren oft ganze Seiten voller Reportagen und eine Flut von Bildern. Wie und wo soll man diese großen Mengen von Hockeybegegnungen archivieren? Bei den kleineren Hockeyaktivitäten kann man nur hoffen, dass die Beteiligten selbst etwas von ihrer Hockeyzeit gespeichert haben.

Wenn wir nur mal in die vielen prallgefüllten Ordnern schauen, kommen die Erinnerungen. Da gibt es:

- Wiedersehenstreffen der alten Leipziger.
- Neuer Hockey – Tennenplatz.
- Jetzt Hockey auf dem Rasenplatz im Stadion.
- Neuer Kunstrasenplatz wird eingeweiht.
- Europameisterschaften.
- Rotweinturniere.
- Länderspiel gegen......
- Erste nacholympische DHB – Maßnahme an der Ahr.
- Deutsche Damen trainieren hier.
- Deutsche Herren hier.
- Das rote Apollinaris – Dreieck aus Bad Neuenahr ziert jetzt Hockey.
- Goldmädels von Athen bei uns.
- China – Holland -Argentinien bei uns.
- Goldherren beim Goldfeste.
- Kinderturniere – Meisterschaftsspiele der Damen und unserer Herrenhockeyspieler.
- „Bully-darf-nicht-aussterben.de".
- unsere neuen Mädchen – unsere neuen Minis.
- usw. / usw.

So hat alles seine Zeit....................

171 Unsere HTC – Clubjacken,
meine landete in der Kleidertonne, leider .

e

Toni Hansen hatte Anfang der 50er Jahren mit seinen Vorstandskollegen besprochen, wir schaffen auch Clubjacken mit Wappenemblem an. Wir wollten „in" sein, wie die englischen Sportler. Wirtschaftlich ging es nach den harten Kriegswirren nun aufwärts, da ist in der Gesellschaft immer viel Schwung. Mein Gott, waren wir stolz, wenn wir diese für uns so schicke Jacken trugen. Auch auf Auswärtsspielen war das Tragen Pflicht. Zur Anschaffung wurde manches Opfer gebracht, wir alle sollten die Clubjacken tragen.

Als ich mein Prachtstück bei einem Auswärtsspiel mal wieder tragen wollte, da war sie verschwunden. Ich suchte überall. Gisela, meine bessere Ehehälfte, fand diese HTC – Clubjacke nicht so toll und hatte sie in die „Kleidertonne" des DRK geworfen. Seit dieser Zeit habe ich nie mehr ein derartiges schönes Kleiderstück bekommen. Dabei sind Clubjacken auch ein guter Werbeträger für unseren Sport.

Wenn ich bedenke, wie der Fußballsport mit Fan – Artikeln, Clubjacken, Vereinsschals, Aufklebern, Sporttaschen nicht nur Geld verdient, sondern auch eine wirksame Werbung vollbringt, wird mir klar, Hockey könnte schon in den kleinsten Vereinen viel mehr für die Hockeywerbung tun.

172 Geschenke, die uns erreichten und die wir gewannen:

„Wimpeltausch" war mal ein schöner Brauch und ist beim Hockey ein wenig aus der Mode gekommen. Im Fußball, bei jedem Länderspiel werden schöne, große Wimpel dem Gegner überreicht. Beim Hockey seht man das viel seltener. Wir hatten mal über 230 Wimpeln stolz an unseren Wänden im Clubhaus hängen. Bei einem Großbrand in einer Nacht war alles verloren. Viele damals doppelt erhaltene Wimpeln zieren heute noch mein privates Büro.Doch oft wechseln die Clubhauspächter oder mancher neuer Vorstand findet nicht so viel Plaisir an Wimpeln. Diese Aktionen der Wimpelübergabe liegt ja auch in der Regel in grauer Vorzeit, und dann landen diese kleine Erinnerungsfähnchen in Kisten und lagern, wenn es gut kommt, auf dem Speicher.Der Bonner THV hat jetzt nach Jahren ohne Wimpeln im Clubhaus diesen schönen alten Brauch wieder neu aufleben lassen. An früheren Gegebenheiten kann man sich gerne erinnern bzw., die frühere Aktivitäten des Vereins, werden wieder herausgestellt und das kann doch nicht schaden.

<u>Geschenke die wir mal bekamen:</u>

Lebendiges Schweinchen,
Lebendiges Schaf, sollte als Rasenmäher wirken,
Uhren und Stadtbilder ohne Ende,
Düsseldorfer Radschläger – Düsseldorfer Senf,
Münchener und bayerische Bierkrüge,
Zinnteller und Wappenteller,
Bierfässer gefüllt, ohne Ende,
Trikots, Hockeyschläger groß und normal, signierte Hockeyschläger,
Einladungen, Abos, Gummibärchen Kreuz, Spezialitäten der Gästemannschaften,
usw. usw.

Gisela Mahler erhält vom DHB Präsident Schaefer ein Geschenk. Generalsekretär Reinhold Borgmann gratuliert. Im Hintergrund Volker Fried.

173 Arbeiten für Hockey,
die keiner sieht.

a) Spielerinnen und Spieler ansprechen in Schulen, in sonstigen Gesprächen, damit sie evtl. zum Hockey kommen. Plakate malen und an wichtigen Stellen aufhängen, Anzeigen entwerfen und schalten.

b) Listen führen, Spielerpässe beantragen – Passbilder einsammeln, (macht jetzt Frau Hübner im Clubbüro), zu Sitzungen fahren, Spielgesuche machen, Zeitungsberichte schreiben, Statistiken führen. Hinweisschilder malen trotz Navigationsgeräte, Kabinentüren beschriften und schnell wieder entfernen! Kochgeräte beschaffen. Kuchen bestellen sowie Obst.

c) Streitschlichter sein, verletzte Kinder unter Umständen ins Krankenhaus oder zum Arzt bringen, Zuhörer sein bei Leid oder Liebeskummer.

d) Trikotagen, Trainingsanzüge, Regenjacken erbetteln. Dazu Firmen, Behörden und Freunde ansprechen. Frühlingsfest, Sommerfest, Herbstfest, Weihnachtsfeier und Karnevalsfest planen und durchführen,

e) Karnevalswagen bauen, Blumenkorso - Wagen bauen, Sporthallen organisieren, Anzeigen sammeln für Programmhefte, Pokale kaufen und erbetteln, Grußwort erbetteln durch Schreiben, Schirmherren buchen, Turnierärzte organisieren, Gäste betreuen, Spendenquittungen persönlich ins Haus bringen, Polizei benachrichtigen, Dankesbriefe schreiben, usw. usw.

f) Training geben, Kinder nach dem Wettspielen nach Hause vor die Haustür bringen, speziell die Mädchen.

g) Dopingfahnder ins Hotel und auf den Trainingsplatz bringen, Kühlspray und Eis organisieren, Fahnen holen und wieder zurück bringen, Bandentransporte von einer Halle zur anderen Halle organisieren.

h) Als Betreuer bei der eigenen Kleidung an unsere HTC – Clubfarbe denken.Wie die Betreuer von Rot – Weiß Köln in „ROT" erscheinen, die vom RTHC Bayer Leverkusen in „BLAU", so waren wir oft in „GRÜN" als der HTC Bad Neuenahr erkennbar.

Es sind die kleinen Sachen, die uns erfreuen.

174 Dies und das............

Die ersten HTC – Hockeytrainer:
Sprachlehrer Fabian, Dr. Arthur Weiß, Toni Hansen, Dieter Ledwig (RTHC), Heribert Reisen (ETUF), Youbbes Krosta, Jan Mahler, Erno Mahler.

In einem Jahr meldeten sich gleich 3 Mädchen an, alle geboren am selben Tag, also Drillinge. Einige Jahre später, wieder Drillinge, die zum Hockey kamen. Das kommt nicht so oft vor.

Der Geschäftsführer des Bonner THV, Kay Milner, wurde in seiner Stadt von der Bonner Oberbürgermeisterin Bärbel Dieckmann, für seine unglaublich guten Verdienste im Tennis und Hockey, auf unseren Vorschlag hin, geehrt. Als Nachbar in einer Entfernung von ca. 30 km konnten wir sehen, was er alles geleistet hatte.

Der Erste Bürgermeister der Freien Hansestadt Hamburg, Henning Voscherau, gewann mit seiner Mannschaft, „Die Dampfkapelle", die Gruppe der 40jährigen Spieler und hatte uns schöne Geschenke aus seiner Stadt mitgebracht.

Ohne Clubbeiträge wurden drei Jungen bei uns in der Hockeyabteilung aufgenommen, die mit ihren Eltern aus Kambodscha fliehen mussten.Diese Jungen erbrachten alle drei die besten Leistungen und waren im Benehmen ohne Tadel.

Die Neueröffnung der abgebrannten Sporthalle in Bachem wurde mit einem Spiel des damals amtierenden Europacupsiegers, Limburger HC, mit Bundestrainer Paul Lissek, gegen unsere Herren durchgeführt. Endstand 1:20, Halbzeit 1: 4. Zuschauer 450.

Der Limburger Heinz Weill war mit Bekannten in der Bad Neuenahrer Spielbank. Das gewonnene Geld musste abgegeben werden, weil es „Teufelskram" sei.

Ohne Licht hat ein Fahrer unseres HTC, die Fahrt vom „Heiligen Berg" des Kloster Andechs in Bayern, in der Nacht in 8 Stunden, nach Bad Neuenahr, geschafft. Er hatte sich an den vor ihm fahrenden PKW gehangen, der natürlich mit Licht fuhr.

175 Wie tut der DFB dem DHB so weh?

Um 16.00 Uhr gebe ich den Minis Hockeytraining in der Sporthalle in der Weststraße. Bin schon eine halbe Stunde vorher in dieser Halle. (Aufsichtspflicht). Was sehe ich?
Die dortigen Grundschüler haben bis 16 Uhr Unterricht, alle die Jungens werden von einem älteren Fußballtrainer, sehr gekonnt, trainiert. Es ist jedoch kein Grundschullehrer, sondern ein erfahrener Fußballtrainer, bezahlt vom Fußball – Verband Rheinland. Alle Kinder in dieser Schule spielen Fußball, auch die Mädchen. Wirklich alle Schulkinder. Die Lehrerschaft bekommt also Hilfe vom Fußballverband Rheinland. Was hat der DFB einen unheilbaren Vorsprung vor dem DHB.

Wenn ich im Jahre 2014 Sportunterricht am hiesigen Gymnasium gebe bitten mich nicht nur die Jungen, **auch die Mädchen:** „Können wir heute mal Fußball spielen?" Das war früher nie der Fall, Mädchen wollten damals nicht so gerne gegen den größeren Fußball treten. Das hat sich so geändert. Vormals spielten nur die Jungen Fußball.

Der DFB hat nach der erfolgreichen WM 2006 hier in Deutschland 1.000 „Bolzplätze"in die deutsche Landschaft gestellt. Mit einer einen Meter hohen Bande, eingezäunt, irgend ein Hausmeister oder ein sonstiger Mensch achtet auf die Sicherheit und Sauberkeit der Anlage, bzw. schließt auch schon mal „die Türen auf und zu". Diese Bolzplätze stehen in de Regel in kleinen Dörfern, manchmal sind sie in einen Schulbereich, integriert. Zwei dieser Anlagen musste ich einmal für ein Gericht kontrollieren. Diese vielen Bolzplätze, die vielen eingesetzten Fußballtrainer, sichern dem DFB seinen Fortbestand. So haben es die anderen Sportarten immer schwerer, sich entwickeln zu können.

176 Weltmeister aus anderen Sportarten entdeckten Hockey.

Während meines Studiums an der Deutschen Sporthochschule Köln, u. a. auch bei Prof.   Dr. Hugo Budinger als Hörer gesessen, bemerkte ich, welchen hohen Aufforderungscharakter die Sportart Hockey an sich schon hat.   Viele der Studierende hatten auch die Pflicht, die ihnen unbekannte Sportart Hockey kennen zu lernen. Die angehenden Sportlehrerinnen und Sportlehrer lösten sich zeitweise von ihrer ureigensten Domäne und schwärmten laut von der Sportart mit dem krummen Hockeystock.   Dabei passierte es, dass Weltmeister und Olympiateilnehmerinnen anderer Sportarten total vom Hockey eingefangen wurden. Nach ihren Pflichtstunden in der Leichtathletik kam die Weltklasse Sprinterin Jutta Heine immer freiwillig in die Hockey – AG. Da war auch der Olympiateilnehmer Herbert Missalla. Ich sah Gerhard Hetz, den Schwimmstar wie auch den Zehnkämpfer Willi Holdorf. In all den Jahren waren immer Kanonen aus anderen Sportarten gerne und sehr freiwillig bei unserem Hockey.

177   A) Prominente, die Hockey spielen.
B) Wer hat ein eigenes Hockey-Vereinslied?

Auf „XING" im Internet kann man unter dem Namen „Hamburger Hockey Lounge"
sehen, welche Prominente auch Hockey spielen bzw. gespielt haben: Da wären:
Alfred Heerhausen (ehemals Arbeitgeberpräsident
Axel Hacke (Schriftsteller)
Kate (Englisches Königshaus)
Manfred von Richthofen (ehemals Präsident des DOSB)
Matthias Wissmann (Bundesverkehrsminister)
Michael Schanze (Showmaster)
Wim Thoelke (Showmaster)
Dr. Henning Vorscherau (Erster Bürgermeister der Hansestadt Hamburg)
Holländischer Regierungschef im letzten Jahrzehnt (N.N.)
Curd Jürgens (Schauspieler)
Anna Moffo (Ital. Opernstar)

Zu B) Wer hat ein Hockey – Vereinslied?

Bonner THV,
Bully – Bären, Köln, CD mit 8 Titeln, die Mannschaft und ihre Frauen singen dort,
Pittermänner, Köln,
Bully Bären MSC Köln, „HoTeGo – Song",
Hockeyclub Den Bosch, s´Hertogenbosch/Holland,
Rüsselsheimer Ruder Klub, RRK Rüsselsheim,
Crefelder Hockey- und Tennisclub, Krefeld,
HTC Bad Neuenahr.

178 Sie müssen in dieses Buch,
weil sie für Hockey viel leisteten.

Frau Andrea Hübner, langjährige HTC – Clubsekretärin.

Die Clubvorsitzenden:
Dr. Dr. Erich Rütten, Dr. Josef Niessen, (mein erster Vorsitzender), Rudolf Peschel, (unser erster Tormann), Gunnar Simon, Dr. Hartmut Ketz, Herbert Rütten, Erich Maiwald, Rudi Frick, Dr. Karl-Horst Gödtel.

Der amtierende HTC – Präsident Dr. Gödtel

Hockeyleiter: Ernst Rütten, Erich Rütten, Heribert Brück, Toni Hansen, Youbbes Krosta, Doris Weber, Wolfgang Thill, Jens Heckenbach, Daniel Kloth, Lukas Radermacher, Erno Mahler. Hockeyjugendleiter: Heinz Pauker, Heinz Heidenreich, Mario Mahler, Gisela Mahler, Jan Mahler, Hans-Georg Heinzen, Jens Heckenbach, Tobias Ahlers, Felix Böhme, Schatzmeister: Hans Steinbach, Hans Gerhartz, Jörg Hahndorf, Fritz Rogge.

Fahnenträgerin Anna – Katharina Schneider trägt die Fahne der SG Pallotti Rheinbach in die PJG – Sporthalle. Diese Mannschaft gewann auch dieses Turnier.

179 Viele Aktivitäten in der eigenen Familie

Ehefrau Gisela, Sohn Jan, Tochter Jennifer spielten alle Hockey im HTC und hatten auch Ämter zu versorgen. Die Schwiegertochter Koko spielte in Celle und kurz in Bonn, die Enkeln Luisa und Julia haben beim HTC Schwarz – Weiß Neuss die Hockeyschläger gekreuzt. Vielleicht schwingt die kleine Charlotte auch mal den Krummstab.

Tochter Jennifer und Schwiegersohn Joachim Schneider haben die SG Pallotti Rheinbach mit Leben erfüllt und führen diesen Hockeybereich heute noch mit großem Erfolg. Viele Mannschaften, hin bis zu der Elternmannschaft, „Rheinbacher Glasperlen", sind entstanden. Joachim hat mit Vereinschef, Staffelleiter, Verbandsvorsitzender etc. viele Aufgaben zu erfüllen. Als ehemaliger Bundesligaschiedsrichter hat er auch Länderspiele geleitet. Ihre Kinder Moritz und Anna – Katharina spielen in Rheinbach, jetzt hauptsächlich beim Bonner THV.

Bruder Mario war Hockeyjugendleiter, ständiger Betreuer von Mannschaften und auch Turnierleiter. Seine Ehefrau Rosel hat Betreuertätigkeiten wahrgenommen und mit ihrem Ehemann in der „The Queen of Table Waters" gespielt. Alle ihre Kinder, Sara, Anja, Daniela und Michael sind Hockeyspieler geworden.

Jetzt haben Daniela und Anja mal wieder Gas gegeben und um ihre Kinder eine neue Hockeymannschaft gegründet. Jetzt wirbeln Timm, Max, Bennet und Leo der Hockeykugel nach. Auch Jonas ist Hockey nicht fremd.

Die Schwester Edeltraud kennt Hockey nur aus der Ferne, doch Schwester Solveig und Ehemann Willi haben viele Hockeykinder in ihren Autos befördert und für Hockey auch kräftig gespendet.

180 Wer stiftete dem HTC die Pokale für die Hockeyturniere?

Bundeskanzler Dr. Helmut Kohl, Bundesminister des Innern: Dr. Zimmermann und Dr. Seiters. Bundesminister der Verteidigung: Rudolf Scharping und Volker Rühe. Ministerpräsidenten: Peter Altmaier, Dr. Vogel, Dr. Helmut Kohl. Erster Bürgermeister der Hansestadt Hamburg: Dr. Henning Voscherau. Landesminister: Dr. Rudi Geil, Dr. Zöller, Dr. Renate Laurin. Regierungspräsident: Dr. Korbach, Landräte: Heinz Korbach, Dr. Christoph Stollenwerk, Dr. Egon Plümer, Joachim Weiler, Dr.

Jürgen Pföhler. Bürgermeister: Rudolf Weltken, Edmund Flohe, Dr. Hans – Ulrich Tappe, Guido Orthen. Kurdirektor: Herbert Rütten.

Firmen und Institutionen: Apollinaris & Schweppes, Sinziger Mineralbrunnen, Königsbacher Brauerei, Sektkellerei ADAMS – HENKEL, Weingut Brogsitter, Gebietsweinwerbung, DEHOGA, Provinzial Wirges und Hehle, Hartmetall Wilke, Deutsche Olympische Gesellschaft, LOG, Bundeswehr, Kreissparkasse Ahrweiler, Volksbank RheinAhrEifel, Stadt Bad Neuenahr – Ahrweiler, Kreis Ahrweiler,Metzgereien; Albrecht, Aljes, Windolf, Pröbstl, Konditoreien: Osswald, Veelmann, Irmgartz. **Privatpersonen:** Dr. Willi Daume, Gustav Jaenecke, Toni Hansen, Hans Cremer, Bernd Giffels,   Familie Hoff und Gerhartz, DHB – Präsident Jörg Schaefer, Sixtus sowie die HTC – **Tennissenioren.**

Pokale für die Miniturniere

Sehr erfolgreiche HTC – Herren

Jugend B mit Abteilungsleiter und Jugendleiter auf Clubhaus-Treppe

In Apolda bei Stand der Thüringer Würstchen

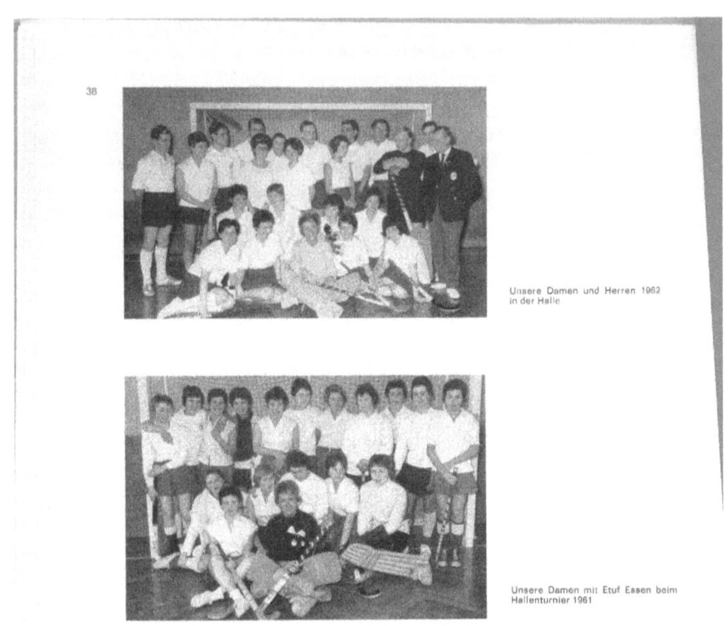

Unsere Damen und Herren 1962
in der Halle

Unsere Damen mit Etuf Essen beim
Hallenturnier 1961

**Edith Birkenhagen
spielt im Tor**

München
1972

In Erinnerung geblieben ist, wie die im olympischen Endspiel im Olympiastadion verloren gegangene Mannschaft aus Pakistan wütend und lustlos ihre Silbermedaille umher schleuderten sowie das tolle Siegtor von Dr. Michael Krause für die deutsche Mannschaft. Nie kann man vergessen, die Tragödie um die Sportler aus Israel im olympischen Dorf im Helene-Mayer-Ring am 5. September 1972, als die Terroristen des Schwarzer September 8 Israelische Sportler töteten. Uns ist auch bei den Gedanken an München 1972 immer in Erinnerung, wie wir als Zuschauer nach der Siegerehrung zu den deutschen Spielern in die Umkleideräume gelangen konnten, was heutzutage ganz undenklich ist.

Wir haben das Bild von hier geschossen.

182 Hockey gegen Tennis im Fußball, Wettkampf zwischen beiden Sparten.

Angefangen hat der Fußballwettstreit zwischen den beiden HTC – Abteilungen unseres HTC im Jahre 1958. Das erste derartige Spiel hat auf dem Fußballplatz in Lantershofen stattgefunden. Da gewann Hockey. In der dritten Halbzeit gab es ein Fässchen „Kölsch". Als Torwart bei den Tennisspielern fungierte Sepp Schmücker, ehemals vierfacher Olympiateilnehmer in der Leichtathletik. Im drauffolgenden Jahr rammte er bei der Fahrt zum erneuten Fußballspiel mit seinem kleinen VW – Käfer einen Lastwagen. Während wir auf ihn als Torwart warteten, lag er schon im Krankenhaus. Doch Sepp war ließ sich nicht unterkriegen und stand bald wieder zwischen den Pfosten.

HTC – Tennis (gelb) besiegt HTC – Hockey 7:3

Dann wurde nur noch alle drei Jahre gespielt bis es im Jahre 2011 wieder dieses interessanten Clubderby wieder mit Leben erfüllt wurde. In den letzten Jahren gewann die Ritter vom roten Sand ziemlich deutlich gegen die Hockeyspieler. Täglich Tennistraining macht halt stark.

183 Alte Freundschaften bleiben
irgendwie bestehen.

In der letzten Zeit ist es wieder passiert. Hockeyspieler, die vor Jahrzehnten beim Rotweinturnier bei uns gespielt haben oder auch bei anderen Turnieren, rufen plötzlich an und fragen nach unserem Befinden und ob wir ihnen ein Hotelzimmer reservieren lassen könnten. „Wir möchten gerne wieder mal an die Ahr kommen, wir haben das alles in angenehmer Erinnerung."

Dann springen wir natürlich, wollen doch ihre gute Erinnerung an uns nicht auswischen. Dann treffen wir uns zuweilen und erzählen von früheren schönen Hockeystunden bei uns, die doch „doppelt zählen" sollen. In diesem Jahr 2004 waren es bisher Spieler vom Limburger HC und von Uhlenhorst Mülheim. Wir sind immer wieder gerne für die Hockeyspieler tätig. Bei einem gemeinsamen Gläschen Rotwein werden die Erinnerungen wieder aufgefrischt.

184 Hockeyfreunde, die ich irgendwie
bewundere:

Hockey ist ein schöner Sport, zumindest für mich. Ich habe viele besondere Menschen bei dieser Sportart kennengelernt, die sich für unser Hobby sehr eingesetzt haben, gebrannt haben ohne Ende und auch viel geleistet haben. Daneben gibt es auch Hockeyfreunde, die einen geformt habe. Denke dabei gerne an meinen Lehrer an der Deutschen Sporthochschule Köln:
Prof. Dr. Hugo Budinger. Dann möchte ich nennen dürfen:
Willi Daume
Gustav Jaenecke
Paul Lissek
Markus Weise
Männi Maintzer
Dr. Eduard Thelen
Dierk Weber
Kay Milner
Timo Wess
Mario Mahler
Dr. Jörg Hillekamp
u.a.m.

Dreifacher Goldschmid
Markus Weise

Meine ehemaligen Mannschaftskameraden habe ich natürlich auch in netter Erinnerung: Mannes, Youbbes, Didi, Leo, Norbert, Pidi, Dieter, Fritz, Bernhard, Peter, Horst, Klaus, Günter, Phipps, Bub, Dieter und auch die nachfolgende Generation.

Fünf Hockeyspieler wurden auf dem HTC Weihnachtsfest geehrt. Vergleiche der Urkunden.

Eröffnung des Kunstrasenplatzes mit Architikt Claus Matthias und Beigeordneter Winfried Schneider und unseren Hockeyjugendlichen

185 Mit den „Golden Oldies" zu „Den Bosch"
in   s´Hertogenbosch / Holland.

Einige hundert leidenschaftliche Hockey – Oldies reisen alle zwei Jahre zu ihren Turnieren zu den weitesten Orten. Neuseeland oder Südamerika, Südafrika oder ein Inselstaat, es sind immer weite Reiseziele für dieses Häuflein von Hockeyenthusiasten. Vor einigen Jahren machte ich mir in s´Hertogenbosch in den Niederlanden ein sehr positive Bild über deren Fröhlichkeit und Heiterkeit. Es ist ein angenehmer Seniorensport in einem angenehmen Rahmen.Im Jahre 2015 soll erstmals ein deutscher Hockeyclub Gastgeber für die Spielerinnen und Spieler aus aller Welt sein.

Zum Ankommen zum abendlichen „Hockeyfestball" in einem mir ungekannten Ort in Holland suchte ich mit meinem Navigationsgerät eine mir angegebene Anschrift in der Stadtmitte. Hier sollten ca. 2.000 Hockeyfreunde ihr Fest feiern. Den Festsaal oder die Lokalität konnte ich nicht finden. Ich fuhr auf und ab in der Straße, aber wo ich hin sollte, da war eine Kirche. Da war jedoch der Ort, wo ich die nächsten Stunden bis in die Nacht hinein feiern sollte. Als Katholik musste ich schon mehrmals schlucken, in diese Kathedrale hineinzugehen. Ich versuchte also, mit meinem Gott einen Deal zu stemmen und ihn um Erlaubnis zu bitten, bei den Hockeyfreunden sein zu dürfen.

Die Kirche war nicht „entkernt" worden. Nur das „Ewige Licht" dort war erloschen. Fromme Bilder, Kerzen, Kirchenfenster, alles war noch vorhanden. Auf der Altarfläche stand die fetzige holländische Musikband, auf der Kanzel räkelten sich die „Go – Go – Girls", die Sakristei war ein Vorratsraum für die Speisen und Getränke. Es war schwer für mich, in diesem Haus in Stimmung zu kommen, doch die „rheinisch – fröhlichen Katholiken" schaffen das schon.

186 Heiterer Treff an der Ahr war ein Traum.

Hockeyspielerinnen und Hockeyspieler aus München, Berlin, Wiesbaden, Köln und Hamburg waren sehr glücklich, wenn auch kaum Hockey gespielt wurde.

Diese Dreitagesveranstaltung verlangt nach baldigster Wiederholung, dies war der Tenor einer sehr zufriedenen Gästeschar aus deutschen Hockeyhochburgen. Der Berliner Mannschaftsführer sprach das aus, was viele bewegte. HTC – Altmitglied Leo Wickert jun. hatte den HTC sportlich, aber besonders finanziell unterstützt.

In der Lourdes – Waldhütte spielte die bekannte Peanuts – Band. Leo Wickert hatte zum runden Geburtstag geladen. Das Essen kam vom Sternekoch, für die Kölner gab es gleich 5 verschiedene Sorten „Kölsch, für die Münchner bayrisches Bier, Essen und das Trinken waren für alle Teilnehmer an diesem Abend und in der Nacht frei, auch als es in einen tiefen Weinkeller, nach Mitternacht, ging.

Die Olympiasieger Dr. Eduard Thelen aus Köln und Dr. Michael Krause aus Dortmund
wurden viele Jahre nach ihrer Goldmedaille in München 72 nochmals mit schönen
Geschenken geehrt.

Gisela gewinnt Pokal

Irland überbringt Gastgeschenk, Rudolf Weltken
und Erno Mahler

Bundesverkehrsminister erhält HTC – Wimpel
belgische

Unsere HTC – Fahrt zum größten Club
in Belgien.

Kirsten Lauterbach und Bärbel Knieps unsere großen Hockeystützen.

Beim Bonner THV, Kay Milner begrüßt den Autor.

Unser HTC – Spende an den Verein
für bosnische Kinder.   6.000,-- DM

187 Was zeigt das Gästebuch?

Hockeyfunken springen über ! Mit diesem Spruch und dieser Losung zum **Apollinaris – Cup** mit 8 Nationen beginnt dieses Gästebuch. **Es folgen die ganz „Offiziellen Gäste"** des europäischen Hockey – Verbandes. Auf den folgenden Seiten sind die Autogramme aller 8 Ländermannschaften sichtbar. Jede Nationenseite ist mit bunten Wappen und manchmal mit unlesbaren Schriftzügen versehen.

Es folgen die Autogrammseiten der Hallenhockey – Europameisterschaften der Damen 1987. Auch hier haben die Spielerinnen und Trainerinnen unterschrieben.

Der Europapokalsieger 1991/92,der LIMBURGER Hockeyclub ist mit Bilder und Unterschriften für die Ewigkeit festgehalten.

Nun folgen die Universitätsmannschaften, die hier die Deutsche Hochschulmeisterschaft im Hallenhockey 1993 ausgetragen haben. Es fängt an mit der Uni Braunschweig an, die wie andere Universitätsmannschaften, lustige Dinge schreibt, es folgen Passau, Uni Tübingen, die Uni Tübingen schreibt es „sinnlich", die Uni Düsseldorf sucht hier nicht nur die DHM – schaft, nein auch ihr Altbier.

Die Deutsche Sporthochschule Köln dichtet:
„Wir machen jedes Jahr,
das ist so wunderbar,
eine Kur in Bad Neuenahr.
Die macht uns schlank und jung,
und gibt uns neuen Schwung,
drum fahren wir jedes Jahres
nach Bad Neuenahr.

Die Uni Heidelberg meint im Gästebuch: Heute gehen wir nicht nach Hause!
Und „Zweiter" ist Letzter. So schreiben witzig die deutschen Studentinnen und Studenten viele Seiten des Buches voll.

Es folgen die Autogramme der deutschen Bundeswehrauswahl zum Spiel gegen die Hockeyspieler aus den Niederlanden; nebst Unterschrift des Verteidigungsministers Volker Rühe. Danach folgen die Unterschriften der Teilnehmer zum Ständeturniers wie die der Juristen, Mediziner, Kaufleute, Studenten etc.

Weiter geht es mit den Autogrammen zu Olympia 2004, von weiteren Nationalmannschaftsspielern, Athleten von RACING Club de Paris, HC Mosquito, Bully – Bären, Die Krähen, Jahn München,German Hockey – Fellows, Olympiasieger Carsten Keller, wieder China, Argentinien, Niederlande – Deutschland, Bundestrainer Markus Weise, das Damenteam aus Neuseeland, wieder deutsche Hochschulmeisterschaften, Goldfeste, Dr. Jörn Hillekamp (Olympia – Stützpunkt Rheinland in Düren), die Goldherren von Peking,

188 Schlussbemerkungen:

Viele meiner Familienmitglieder erfreuen sich an der heilen Hockeywelt. Da tut mir gut. Ein ewiger Wunsch ist mir nicht in Erfüllung gegangen: Ein eigenes Hockeystadion zu erbauen an den Füßen der steilen Weinberge hier bei uns an der Ahr. Es sollte **„Weinberg – Stadion" heißen.**